Geschichte und Geist der koptischen Kirche

Wolfgang Boochs (Hg.)

Die Autoren:

Dr. Wolfgang Boochs, (Hg.).
Dr. Karl-Heinz Brune, Institut für Ägyptologie und Koptologie, Westfälische Wilhelms-Universität Münster.
Dr. Achim Budde, wissenschaftlicher Mitarbeiter am Institut für Kirchengeschichte der Katholisch-Theologischen Fakultät der Rheinischen Friedrich-Wilhelms-Universität Bonn.
Prof. Dr. Stephen Emmel, Professor für Koptologie, Institut für Ägyptologie und Koptologie, Westfälische Wilhelms-Universität Münster.
Prof. Dr. Heinz-Josef Fabry, Alttestamentliches Seminar, Universität Bonn.
Dr. Lucia Langener, Leiterin des Koptischen Museums der koptisch-orthodoxen Kirche in Deutschland in Höxter/Brenkhausen von 2000-2002.
Prof. Dr. Otto Meinardus, Ellerau.
Dr. Wolfram Reiss, Universität Rostock, Forschungsprojekt Schulbuchanalyse.
Dr. Siegfried G. Richter, Privatdozent am Institut für Ägyptologie und Koptologie Westfälische Wilhelms-Universität Münster.
Dr. Gesa Schenke, Seminar für Ägyptologie der Universität zu Köln.
Priv.-Doz. Dr. Gregor Wurst, Institut für Ägyptologie und Koptologie, Westfälische Wilhelms-Universität Münster.

Mit einem Grußwort von **Bischof Anba Damian**, Koptischer Bischof für Deutschland, Koptisch-orthodoxes Kloster der Heiligen Jungfrau Maria und des Heiligen Mauritius, Höxter-Brenkhausen

Impressum:

© 2004, 2009 by Bernardus-Verlag

2. überarb. Auflage
Alle Rechte vorbehalten

BERNARDUS-VERLAG
Büro: Abtei Mariawald
52396 Heimbach/Eifel
Tel.: 0 24 46 / 95 06 15
Fax.: 0 24 46 / 95 06 15

Zentrale:
BERNARDUS-VERLAG
in der Verlagsgruppe MAINZ
Süsterfeldstraße 83
52072 Aachen
Internet: http://www.verlag-mainz.de
E-Mail: bernardus @verlag-mainz.de
ISBN 3-934551-83-1

Druck
Druck & Verlagshaus Mainz GmbH
Süsterfeldstraße 83
52072 Aachen

Geschichte und Geist der Koptischen Kirche

Wolfgang Boochs (Hg.)

Grußwort:

Seite:

S.E. Bischof Damian   6
Bischof der Koptisch-Orthodoxen
Kirche in Deutschland.

Autoren:

1. **Otto Meinardus**   9
   Koptische Frömmigkeit heute

2. **Gregor Wurst**   29
   Koptische Liturgie und Heiligenverehrung

3. **Achim Budde**   49
   Das Hochgebet des Heiligen Basilius
   Ursprung und Entwicklung einer höchst
   lebendigen Tradition

4. **Karl-Heinz Brune**   75
   Die Koptische Kunst
   – eine Brücke zwischen Heiden- und
   Christentum

5. **Wolfgang Boochs**   115
   Die koptische Sprache und Literatur

6. **Siegfried G. Richter**   131
   Vom mönchischen Leben – Entwicklungslinien
   des Mönchtums in Ägypten

7. **Gesa Schenke**   151
   Der koptische Papyrus P. Köln VIII 354
   Zum Sonderstatus Ägyptens vor allen
   anderen Ländern

8. **Heinz Fabry**   **157**
   «Die Heilige Familie in Ägypten»
   Alttestamentliche Vorbilder und Aspekte

9. **Wolfram Reiss**   **177**
   Schritte der Erneuerung
   Von der Sonntagsschule zur Reform des Klerus
   und der gesamten Kirche

10. **Stephen Emmel**   **193**
    Die Kopten zwischen Vergangenheit
    und Zukunft

11. **Lucia Langener**   **205**
    Chronologie

Grußwort

Die koptisch-«ägyptisch»-orthodoxe Kirche ist eine sehr traditionsreiche und traditionsbewusste Kirche. Ihre Existenz gilt bis zum heutigen Tag als ein «echtes Weltwunder». Mit Stolz darf diese Kirche auf eine zweitausendjährige Geschichte zurückblicken. Gegründet wurde sie vom heiligen Evangelisten und Apostel Markus bereits im ersten Jahrhundert.

Mit Dankbarkeit erinnern wir uns der Überführung wertvoller Reliquien des heiligen Markus durch die katholische Kirche in der Amtszeit des Papstes Paul VI. von Venedig nach Kairo, wo dieses heute durch gläubige Pilger verehrt wird.

Die Ausstrahlung dieser nordafrikanischen Kirche war immer weit über die Grenzen Ägyptens hinaus zu erkennen. Ihre theologische alexandrinische Schule ist bis heute nicht in Vergessenheit geraten. Der heilige Athanasius gilt als Glaubensheld. Er hat unsere christliche Lehre vor der arianischen Häresie gerettet. Er wurde im vierten Jahrhundert nach Trier in die Verbannung geschickt. Dort wird er bis heute verehrt.

In Ägypten wurde das Mönchtum gegründet und von dort in die ganze Welt herausgetragen. Als Märtyrerkirche weist sie die größte Anzahl christlicher Märtyrer auf, einige sind auch in Europa bekannt, wie der heilige Mauritius, der Schutzpatron des Domes zu Magdeburg. Seine Kameraden sind die Schutzpatrone der Stadt Bonn.

Unter der Führung des Oberhauptes der koptischen Kirche, Seiner Heiligkeit Patriarch und Papst Shenouda III., 117. Nachfolger des heiligen Markus, erlebt die koptische Kirche weltweit eine Blütezeit. Es entstehen weitere Klostergemeinschaften in Ägypten, in den USA, Australien und in Europa. Die alten Männer- und Nonnenklöster werden wiederbelebt mit vielen hochausgebildeten Mönchen und Nonnen. Es werden weltweit neue Kirchengemeinschaften gegründet, so dass von einer universalen Kirche gesprochen werden kann. Die Spiritualität dieser Kirche ist weltführend. Die Erneuerung durch die Sonntagsschulbewegung und intensive Jugendarbeit sind ebenfalls Seiner Heiligkeit zu verdanken. Dadurch ist eine ganze Generation von Kopten mit besonderer Ausbildung und besonderem Eifer entstanden, die heute eine leitende Funktion in der koptischen Diözese übernimmt.

Die ökumenischen Aktivitäten und historischen Erfolge haben seine Amtszeit gekennzeichnet, z.B. die Vereinbarung in der Christologie mit der katholischen und der evangelischen Kirche. Die Pflege der ökumenischen Beziehungen durch lebhafte Auslandsreisen des Oberhauptes der koptischen Kirche haben für den Aufbau vieler freundschaftlicher und geschwisterlicher Beziehungen zwischen den Konfessionen, Nationalitäten und Kulturen gesorgt, aber auch den Bekanntheitsgrad dieser Kirche verbessert und das Interesse der Bevölkerung geweckt. Diese Kirche ist eine Hoffnungsträgerin für die heutige Christenheit und erhält eine enorme Aufgabe durch ihre langjährige Erfahrung im interreligiösen Dialog.

Die ausgewählten hochrangigen Experten, die dieses Buch mit ihren wunderbaren Beiträgen ermöglichten, beantworten viele Fragen, die immer wieder gestellt werden, helfen, die koptische Kirche Interessierten in präziser Form vorzustellen und regen den Appetit an, die Mutterkirche in ihrem Heimatland Ägypten zu besuchen oder eine koptische Gemeinde in der Nähe kennen zu lernen. Ihnen allen, dem Bernardus-Verlag Langwaden und dem Initiator der Idee und Herausgeber dieses Buches, Herrn Dr. Wolfgang Boochs, sagen wir ein «Vergelt's Gott».

Bischof Anba Damian
Koptischer Bischof für Deutschland
Koptisch-orthodoxes Kloster der Heiligen Jungfrau Maria und des Heiligen Mauritius
37671 Höxter-Brenkhausen

Die wunderbare Medaille der Immaculata

ÜBER DIE KOPTISCHE VOLKSFRÖMMIGKEIT

Otto F.A. Meinardus

Während die offizielle Theologie der Kopten aufgrund ihrer dogmatischen Glaubensaussagen unwandelbar und unveränderlich ist, passte sich die Volksfrömmigkeit den geschichtlichen und sozialen Gegebenheiten immer wieder an. Während die dogmatischen Lehrsätze der koptischen Kirche sich in den letzten 1600 Jahren – seit den Tagen des dritten ökumenischen Konzils von Ephesus 431 – als beständig erwiesen haben, reagiert die Frömmigkeitspraxis auf eine Vielzahl von aktuellen Bedürfnissen und zeitgemäßen Nöten. Außerdem, wo auch immer eine kultische «Transzendentalisierung» der Religion stattfindet, in der den Gläubigen ihr Gott als der «völlig Andere» dargestellt wird, da erwächst verständlicherweise das Bedürfnis nach geistlichen «Mittlern», sei es in der Form von Engeln, Heiligen, Sehern, Heilern, Propheten oder Priestern.

Offizielle Theologie versus Volksfrömmigkeit
Darüber hinaus ist die komplizierte Glaubenswelt der offiziellen Theologie mit ihren kulturfremden religiösen Begriffen für den einfachen Gläubigen nicht verständlich. Für den Christen des 21. Jahrhunderts hatte der Schweizer Theologe Hans Küng deutlich vermerkt, dass die chalzedonische Christologie nicht mehr verstanden wird und auch damals keineswegs identisch mit der biblischen Botschaft war (Christsein, dtv 1976, 150)! Theologische und christologische Feinheiten und abstrakte Begriffe, wie z.B. *«physis»* (2 Petr 1,4), *«hypostasis»* (Hebr 1,3) und *«prosopon»* (1 Petr 3,12), die alle Aspekte von «Natur», «Person», «Angesicht», «Wirklichkeit» bedeuten konnten, sind für die große Mehrzahl der christlichen Niltal-Bewohner ebenso unverständlich, wie sie es auch für die europäischen Christen sind. Dem oberägyptischen koptischen Fellachen ist die segensreiche «mia-physis-Formel», durch die das Mysterium der Fleischwerdung Gottes zum Ausdruck kommt, kaum erklärbar[1]. Seine religiösen Bilder finden sich auch nicht in den philosophischen Spekulationen der griechisch-alexandrinischen Welt wieder, sondern eher in den Vorstellungen und Auffassungen seiner pharaonischen Urväter. Nicht umsonst fühlen sich die Kopten als die wahren Söhne und Töchter der alten Ägypter.

Von der Maria lactans zum Ankh (s. Abb. Seite 9)
Mit der Evangelisierung des Niltals wurden bedeutende Teile des pharaonischen Kultes christianisiert. So gewann auch die altchristliche ägyptische Kunst viele ihrer Motive aus der Übernahme, Umdeutung oder leichten Abwandlung von antiken Themen. So hat man seit eh und je die stillenden Gottesmütter als Urbild der koptischen Maria lactans angesehen, gleich ob es sich um die Göttin Isis handelt, die ihrem Sohn Horus die Brust gibt, um die Fruchtbarkeitsgöttin

Renenutet, die den Korngott Neper stillt, oder um Sethos I., der an der Brust der Göttin Hathor trinkt. Im Christentum wurden solche Ausdrucksmöglichkeiten aufgenommen, um die eigenen Inhalte zu formulieren: der universale Archetyp der stillenden Göttin wurde zum Paten für die stillende Theotokos, die Gottesgebärerin Maria. Einen eindeutigen Kultur-Transfer haben wir jedoch in dem *Anch*, der altägyptischen Lebenshieroglyphe, Symbol des ewigen Lebens. Es sind die Götter, die das *Anch* dem König reichen und ihm damit auch «den Geist Gottes», den Atem des Lebens, übertragen. Dadurch wurde einst der Pharao zum «Sohn Gottes» und somit auch zu dessen Vertreter auf Erden. Die Verwendung des *Anch* war weit verbreitet und besaß religiöse und magische Bedeutung. Da es für die Christen keine vorbildliche Darstellung der Kreuzigung gab, weil diese erniedrigende Hinrichtungsart eben nicht Bestandteil der antiken Thematik war, übernahmen die ägyptischen Christen des 5. Jahrhunderts das altägyptische Lebenszeichen als Symbol ihres Glaubens an das ewige Leben durch den Kreuzestod Jesu Christi. Der lateinische Schriftsteller Rufinus aus Aquileia (5. Jahrhundert) war der erste, der in der vorchristlichen *crux ansata*, dem *Anch* oder Henkelkreuz ein Symbol des Kreuzes Christi erkannte. Ebenfalls die Kirchenhistoriker Sozomenos (5. Jahrhundert) und Sokrates Scholasticus (5. Jahrhundert) berichten von der Übernahme des Henkelkreuzes durch die Christen nach der Zerstörung des Serapeums von Alexandrien durch den koptischen Patriarchen Theophilus (384-412) um 391. So schreibt Sokrates Scholasticus: «Die Christen sagen, das Kreuz sei das Symbol des erlösenden Leidens Christi und dass das Zeichen ihnen gehöre. Sie deuteten das kreuzähnliche Zeichen für das kommende Leben». Im ägyptischen Christentum wird das *Anch* zum allgemeinen Glaubenssymbol, wenigstens bis zum 9./10. Jahrhundert. Bezeichnenderweise verliert sich der Gebrauch des *Anch* in der offiziellen kirchlichen Kunst der Kopten mit dem 10. Jahrhundert, zweifellos wegen der islamischen Bedrohung bezüglich aller Kreuzesbilder.

Stillende Isis, Bronze
Musée du Louvre, Paris

Stillende Maria, Kalkstein
Medinet al-Fajum, 4 Jh.
Berlin, Staatl. Museen

Über die inklusiven Praktiken: Heilungen, Dämonenaustreibungen

Die traditionelle alexandrinische Theologie der christologischen «Erhöhung» des Heilandes hat im Bewusstsein der Gläubigen zwangsläufig zu einer gewissen «Entmenschlichung» des historischen Jesus von Nazaret geführt, eine religiöse Entwicklung, die sich in der Volksfrömmigkeit niederschlägt. Während der offizielle kirchliche Kult sich gegenüber den «Uneingeweihten», den Heiden, abschließt und nur den «Eingeweihten», den Getauften, den Zugang zu den heilspendenden Mysterien, den Sakramenten der Kirche, erlaubt, vertritt die Volksfrömmigkeit eine allen Menschen gegenüber inklusive Praxis. Dämonenaustreibungen, Heilungen, Segnungen sind jene apostolischen Aufgaben und Herausforderungen der Jünger Christi, die auch an die Berufung gekoppelt sind (Mt 10,1). Diese missionarischen Pflichten sind auch an keine theologischen oder kirchlichen Vorbedingungen geknüpft. Aus oberägyptischen Wallfahrtsstätten wird berichtet, dass anlässlich der großen Festlichkeiten *(mawalid)* auch muslimische Frauen ihre Kinder in die koptische Kirche bringen, um sie von dem Priester «tauchen» zu lassen. Diese Kinder, so die Berichte, empfangen zwar den Exorzismus-Ritus, der ein Teil der christlichen Taufe darstellt. Sie werden somit vom Satan und den Dämonen befreit, werden aber nicht auf die heilige Dreifaltigkeit getauft. In diesen Fällen dient das «Tauchbad» als eine Art von apotropäischem Erlösungsritus. Die wiederholten Erscheinungen der Jungfrau Maria oder der Engel in den letzten Jahren wurden sowohl von Getauften als auch von Ungetauften, von Kopten, Katholiken, Moslems und Agnostikern wahrgenommen.

Für die Volksfrömmigkeit sind seit eh und je nun einmal außergewöhnliche religiöse Ereignisse von großer Bedeutung. So weist man auch immer auf die vielen Wundergeschichten im Alten und im Neuen Testament hin. Die Berichte der Bibel zeigen Jesus eindeutig als Wundertäter, als Heiler und als Exorzisten, so auch die Apostel. Celsus, der platonische Gegner der Christen (2. Jahrhundert), verspottete die Christen, da sich ihr Gott der armen, kranken und sündigen Menschen annahm. Auch für die koptische Volksfrömmigkeit spielen die neutestamentlichen Berichte der Heilungen, der Teufels- und Dämonen-Austreibungen eine zentrale Rolle: In einem Kulturkreis, der Reformation und mitteleuropäische Aufklärung nicht erlebt hat, besteht die antike Mentalität noch vielfach fort. Ereignisse, die westlichen Beobachtern «übernatürlich» erscheinen, haben in der koptischen Volksfrömmigkeit große Bedeutung.

Dynamische Offenbarungen
Im Rahmen der zeitgenössischen Erneuerungsbewegung in der koptischen Kirche haben «übernatürliche» Ereignisse in der Volksfrömmigkeit eine mehrfache Bedeutung erfahren. So sind sie einerseits Zeichen göttlicher Bestätigung der kirchlichen Bemühungen, andererseits vermitteln sie aber auch den Gläubigen die Gewissheit des «Angenommenseins», der «Erwählung», hatte nicht der Herr Zebaoth verkündet: «Gesegnet bist du, Ägypten, mein Volk» (Jes 19, 25 a)? Die Offenbarungen Gottes sind weder mit dem Tod des letzten Apostels noch mit dem Ende des kirchlichen Kanonisationsprozesses bezüglich der heiligen Schriften abgeschlossen. Jede Generation hat in den unterschiedlichsten Kulturkreisen lebendige Glaubenserfahrungen aufgrund von Erscheinungen und Visionen durch die Sinne des Sehens und Hörens gemacht.

Die Kreuzesvision von 312
Bekannt ist die Kreuzesvision, die Kaiser Konstantin 312 vor der Schlacht gegen seinen Rivalen Maxentius an den Pons Milvius gehabt hatte, als er nachmittags über der Sonne ein flammendes Kreuz mit der Inschrift «*in hoc signo vinces*» sah, so der Kirchenhistoriker Eusebius (vita 1,28).
Zweifelsohne sehen die Kopten in den vielen Marien- und Engelserscheinungen Zeichen göttlichen Segens. Einst waren Marienerscheinungen sehr seltene Ereignisse, heutzutage dagegen wird die Öffentlichkeit in Ägypten von Erscheinungsberichten fast überflutet. In diesem Sinn müssen die Aussagen und Angaben von privaten und öffentlichen Marienerscheinungen seitens der kirchlichen Behörden einer ernsthaften Untersuchung unterworfen werden. Es fällt unter die bischöflichen Pflichten, die Authentizität von Erscheinungen zu untersuchen und zu bewerten. Vier Kriterien sollten bei der Beurteilung Beachtung finden: der Wahrheitsgehalt der Aussage, die geistliche Integrität der Zeugen, die theologische Akzeptanz des Berichtes und die für den Glauben positiven Auswirkungen. In diesem Sinne sind drei Bewertungen möglich: Die Erscheinung ist ein übernatürliches Wunder (*constat de supernaturalitate*), die angebliche Erscheinung ist kein übernatürliches Wunder (*constat de non supernaturalitate*) oder es ist nicht offensichtlich, ob es sich um ein Wunder handelt (*non constat de supernaturalitate*).

Endogene Erscheinungen
Eine Sammlung koptischer Wundererzählungen aus Geschichte und Gegenwart sollen auf den folgenden Seiten zusammengestellt werden. Dabei kann es nicht darum gehen, der koptischen Volksfrömmigkeit Kritiklosigkeit vorzuwerfen, vielmehr soll der Reich-

tum emotionaler Glaubenserfahrung aufgezeigt werden. In diesem Zusammenhang können die vielen endogenen Erscheinungen nicht berücksichtigt werden, die sowohl durch Träume als auch in Gebeten, Meditationen und Ekstasen von einzelnen Personen wahrgenommen worden sind. Sie entsprechen z.B. den Träumen des Mundschenks und des Bäckers des Pharaos (Gen 40,5) oder Nebukadnezzars Traum von den vier Weltreichen (Dan 2, 1 ff). Dass Gott oder seine Engel im Traum erscheinen, erlebten Abimelech (Gen 20,3), Jakob (Gen 28,13), Mose (Num 12,5), Jesaja (Jes 6, 2f) und Josef (Mt 2,12).

Endogene Erscheinungen sind in den Überlieferungen der koptischen Kirche gang und gäbe. Allein im koptischen Synaxarium werden 11 Christus-, 37 Erzengel- und 6 Marienerscheinungen erwähnt. Entweder werden die Angesprochenen in ihrem Glauben bestätigt oder bestärkt oder es werden ihnen geistliche Ziele vermittelt, wie z.B. die Gründung einer Klostergemeinschaft oder die Entscheidung zum Martyrium.

Das Muqattam Wunder von 975

Für das liturgische Fasten der Kopten ist jene Mariophanie von großer Bedeutung, die der koptische Papst Abraham ibn Zar'ah (975-978) erfahren hat. Drei Tage vor dem 40-tägigen vorweihnachtlichen Fasten erinnern sich die Kopten an das Muqattam-Wunder zur Zeit des Fatimiden-Kalifen al-Mu'izz (972-975). In einem religiösen Gespräch mit dem Wesir ibn Killis und dem Juden Mose erinnerte der Wesir den Papst an das Christuswort: «Wenn ihr Glauben habt wie ein Senfkorn, so könnt ihr sagen zu diesem Berg ‹Heb dich dorthin›, so wird er sich heben, und euch wird nichts unmöglich sein» (Mt 17,20b). Der Kalif ließ den Papst kommen und verlangte von ihm dieses Wort vor seinen Augen zu verwirklichen, anderenfalls würde er ihn enthaupten. Zur geistlichen Vorbereitung fastete der Papst drei Tage, ein Aufschub, der ihm gestattet worden war. In der Zwischenzeit erschien ihm die Jungfrau Maria in der St. Marienkirche al-Mu'allaqah zu Alt-Kairo und sprach zu ihm: «Fürchte dich nicht, denn ich habe deine Tränen vernommen, die du in meiner Kirche für deine Gläubigen vergossen hast. Stehe auf und gehe zum Eisernen Tor[2]. Dort wirst du einen einäugigen Mann finden ... nimm dich seiner an, denn er wird das Wunder vollbringen». Der Papst traf den einäugigen Gerber Sama'an, der sich sein Auge ausgerissen hatte, um nicht in Sünde zu fallen (Mt 5,29). Der Papst betete dreimal und machte das Zeichen des Kreuzes, worauf sich das Gebirge dreimal bewegte und an der Stelle verblieb, wo sich heute die Muqattam Berge östlich von Kairo befinden[3].

*Die Marienerscheinung
von Zeitun, 1968*

Endogene Mariophanien
In der koptischen Patriarchengeschichte (III, iii, 257) werden mehrere Marienerscheinungen erwähnt, die der 97. Papst Matthäus I. (1378-1408) erlebte. In der St. Merkuriuskirche zu Alt-Kairo erschien ihm die Jungfrau Maria in der Höhle des hl. Barsum des Nackten und bestätigte ihm, dass Gott sein Flehen erhört hätte. Dem Rat des hl. Ruwais folgend sprach der Papst wiederholt mit der Jungfrau Maria vor ihrer Ikone in der Marienkirche, Harat Zuwailah. Von Papst Kyrillus VI. (1959-1971) wird berichtet, dass in seiner Jugend (1910) eine Marienerscheinung, die er als «Mutter des Lichtes» beschrieb, sein weiteres Leben entscheidend bestimmte. Einige der bekannten Äbtissinnen in Kairo haben wiederholt Erscheinungen der Jungfrau Maria erlebt, die ihnen auch Aufträge erteilte. Ummina Rifka (Rebekka) erzählte, dass schon bei ihrer Geburt die Jungfrau Maria ihrer Mutter erschien. Bei der schweren Entbindung machte die Jungfrau das Zeichen des Kreuzes auf die Stirn der neugeborenen Tochter, um sie dadurch für ihr späteres Leben zu beanspruchen. Mit 13 Jahren wurde sie Nonne und wusste, dass die Jungfrau sie berufen hatte. Ummina Martha vom St. Theodorkloster im Harat ar-Rum (1938-1988) erlebte die Erscheinung der Jungfrau Maria, die ihr am 5. April 1959 den Auftrag erteilte, eine Kirche mit drei Altären errichten zu lassen. In einer ähnlichen Erscheinung befahl die Jungfrau Maria der Ummina Irene vom Nonnenkloster Abu'l-Saifain in Alt-Kairo eine Marienkirche in ihrem Kloster zu bauen, hatte die Jungfrau Maria doch mit ihrer Familie an jenem Ort während der Flucht durch Ägypten eine Rast eingelegt.
Einige ungewöhnliche endogene Marienerscheinungen sollen das Bild abrunden. Bei einem Besuch in Jerusalem 1956 erschien die Jungfrau Maria dem Metropoliten Benjamin von Minufiya (1950-1963), als er in der koptischen Marienkapelle am Westende des Christusgrabes in der Grabeskirche die Eucharistie zelebrierte. Am 15. September 1982 erlebte der Moslem Ali Zaida eine Vision der Jungfrau Maria als die «schöne Taube» in Begleitung von St. Pachomius in der Marienkirche des oberägyptischen Edfu[4]. Am 22. August 1989 trat die Jungfrau Maria aus dem italo-byzantinischen Bildnis der Gottesmutter mit Kind (80 x 60 cm) an der nordwestlichen Säule der alten Marienkirche im Dair al-'Azab, Fajum, hervor und wurde auch von einigen Pilgern gesehen. Der Bruch im Bildglas wird noch heute als Beweis dieser ungewöhnlichen Marienerscheinung gezeigt.

Die Jerusalem Erscheinung von 1954
Anders als die endogenen werden die exogenen Erscheinungen im allgemeinen von vielen Menschen, Gläubigen, Zweiflern und Ungläubigen wahrgenommen, wie z.B. von den «Hirten auf dem

17

Felde» (Lk 2,9.13.14). Eine der ersten exogenen Marienerscheinungen neuerer Zeit im koptischen Raum ereignete sich am Montag, dem 21. Juni 1954, im Klassenzimmer des Dr. Shaker im St. Antonius-College neben der Grabeskirche zu Jerusalem. Abuna Butrus al-Baramusi, einer der koptischen Grabeswächter, berichtete mir, dass die Jungfrau Maria mit dem Christuskind an sieben aufeinanderfolgenden Montagen regelmäßig um 11 Uhr 30 von allen Studenten und den Dozenten gesehen worden war. Aufgrund der Erscheinungen ließ Anba Yaqubus, der koptische Metropolit von Jerusalem (1946-1956), das Klassenzimmer in eine Marienkapelle umwandeln. Seit jenen Jahren wird jeden Montag in der Marienkapelle die Eucharistie zelebriert.

Die Mariophanie von 1968
Hunderttausenden von Christen aller Glaubensrichtungen und Moslems erschien seit der Nacht vom 2. zum 3. April 1968 über 14 Monate lang immer wieder die Jungfrau Marie als Büste und in voller Gestalt auf der Kuppel der koptischen Marienkirche des Kairoer Vorortes Zeitun, Sharia Thumambay, unweit von al-Matariya[5]. Obwohl es dabei keine Botschaften der Jungfrau Maria gegeben hat, wurde ihre Erscheinung von den Kopten als Gottes Antwort auf die bedrückende gesellschaftliche, wirtschaftliche und politische Lage der Ägypter nach dem verlorenen Sechs-Tage-Krieg von 1967 interpretiert. Da es ihnen unmöglich war, Maria in ihrer Heimat in Palästina aufzusuchen, kam die Jungfrau nach Ägypten, um dort «ihre Kinder» zu segnen. Die Überlieferungen, bestätigt durch die von Papst Kyrillus VI. eingesetzte theologische Kommission, schildern die unterschiedlichen Erscheinungen der Jungfrau Maria mit Schleier und langem Gewand, segnend und den Menschen einen Ölzweig entgegenhaltend. Manchmal trug sie eine strahlende Lichtkrone[6]. Am 5. Mai erklärte Kyrillus VI. die Erscheinung als glaubwürdiges Wunder. Die Mariophanien von Zeitun prägten und hinterließen für die Kopten ein permanentes Marienbildnis[7].
Es zeigt die Jungfrau Maria als *Regina mundi* mit Lichtstrahlen, die aus ihren Händen strömen, und entspricht jenen Mariophanien, die die 23-jährige Catherine Labouré im Kloster der Filles de la Charité zu Paris 1830 schaute. Von dem Bild der «Immaculata der Wunderbaren Medaille» wurden bis zum Tod von Catherine Labouré 1876 eine Milliarde Medaillen geprägt, von denen viele auch nach Ägypten gelangten. Es ist dieses Gnadenbild, das die Darstellungen Marien in der St. Simeonskirche auf dem Muqattam (1977), in Edfu (1982), in Ard Babadeblu (1986), in Durunka (1990), in Shentana al-Hagar (1997), in Asyut (2001) und in den diversen koptischen Devotionalien-Kiosken der Kirchen und Klöster bestimmte.

*Marienerscheinung von Zeitun (1968)
von Ashraf Fayek George*

Die Immaculata von Zeitun
Als sich die politische Situation zwischen Präsident Anwar as-Sadat und Papst Shenuda III. im August 1982 zuspitzte, fühlten sich viele Kopten in ihrem Glauben gefordert. Am Vorabend des Marienfestes am 21. August 1982 erschien die Jungfrau Maria in der Marienkirche Sharia al-Gumhurya in Edfu als ein grelles Licht. Begleitet wurde die Mariophanie von lautem Donner. Dasselbe geschah am Vorabend des Geburtstages Marien am 19. September 1982. Diese Erscheinungen in der Gestalt der «Immaculata von Zeitun» wurden von vielen Kopten und Moslems gesehen. Zur Passionszeit 1986 erschien am 25. März die Jungfrau Maria auf dem Dach zwischen den beiden Glockentürmen der St. Damianakirche, Sharia Muhammad Abdel Mutael, Ard Babadeblu (Papadopoulos) in Shubra. Diese Erscheinungen wurden sowohl außerhalb der Kirche als auch in der Kirche über dem Altarraum von Gläubigen gesehen. Am 9. April 1986 sandte Papst Shenuda III. einen Untersuchungsausschuss, bestehend aus vier Bischöfen, zwei Priestern und einem Laien, um diese Phänomene zu begutachten. Auch in diesem Fall erschien die Jungfrau Maria in der Gestalt der «Immaculata von Zeitun.»
Dieselben oder ähnliche Erfahrungen haben Kopten bei den Mariophanien in Durunka südlich von Assiut und Shentana al-Hagar in Minufiya (zwischen Quweisna und Tanta) gemacht. Die Marienerscheinung im März 1999 in der koptischen St. Menaskirche zu Minya al-Qamh bei Zaqaziq in der Provinz Sharqiya wurde von dem Untersuchungsausschuss aus «Sicherheitsgründen» (?) nicht anerkannt. War es möglicherweise die Sorge um den interreligiösen Frieden, die zu dieser Entscheidung führte? Jede Art von Wallfahrten in Pkws und Bussen nach Minya al-Qamh wurde von Bishop Yakubus verboten.

St. Michael von Sharqiya
Genauso wie die Jungfrau Maria durch ihre Erscheinungen in Kairo, im Nildelta und in Oberägypten die koptischen Erneuerungsbewegungen segnete, so haben auch die himmlischen Heerscharen ihr positives Votum abgegeben. Erscheinungen von Engeln und Erzengeln sind in der koptischen Tradition gang und gäbe. In den Biographien vieler Asketen, Bekenner und Märtyrer spielen die Begegnungen mit Engeln eine entscheidende Rolle. So war es für die Kopten nichts Außergewöhnliches, dass 1995 und 1996 viele Kopten, aber auch Moslems unterschiedliche Visionen des Erzengels Michael in der Michaeliskirche zu Kafr Yusuf Samri in der Diözese Zaqaziq, Sharqiya, erlebten. Während einige Besucher meinten, den Erzengel außerhalb des Altarraums gesehen zu haben, berichtete der Gemeindepriester von Vermehrungen und Umwandlungen von

Wasser in Öl und von Heilungen von Infarkten, Tumoren, Ödemen usw. Aufgrund der innenpolitischen Lage der Kopten vertrauen die Gläubigen dem Erzengel, der, wie es die Bibel verspricht, für sein Volk in seiner Trübsal eintritt und es erretten wird, wie der Prophet Daniel weissagte (12,1).

Das Licht über dem Pauluskloster

In der Theologie und Frömmigkeit der Kopten haben Lichterscheinungen seit eh und je eine ganz besondere Rolle gespielt. Sie werden als Bestätigung einer besonderen Gottesgnade bewertet. Am 19. September 1975 bestätigte die koptische Kirchenleitung, dass am Donnerstag, dem 4. September 1975, um 19.30 Uhr ein großes Licht in der Form einer Kuppel über der alten Pauluskirche im Pauluskloster am Roten Meer erschienen sei. Dieses Licht, so bezeugen die Mönche und die Besucher des Klosters, verblieb für 25 Minuten über der Pauluskirche und erhellte die Umgebung. Die klösterliche Renaissance, so glauben die Mönche, erhielt durch die Lichterscheinung göttliche Bestätigung.

Die Bedeutung der Nilflut

In seiner Weissagung über Ägypten sprach der Prophet Jeremia: «Ägypten stieg empor wie der Nil und seine Wasser wälzten sich wie Ströme ...» (46,8). Generationen von Ägyptern haben das lebensspendende Wasser mit Ehrfurcht und Neugier betrachtet, und auch heute noch bedeutet für die Ägypter der Nil ihr tägliches Brot. Für die alten Ägypter entsprang der Nil aus jenen Quelllöchern bei Elephantine zwischen den beiden Felsen Krophi und Mophi. Für die Kopten ist der Nil jener biblische Paradiesesfluss Gihon (Gen 2, 13), der durch das Land Kusch (Äthiopien) fließt, bevor seine Wasser den Katarakt bei Assuan erreichen. Schon in der 1. Dynastie wurde die Höhe der jährlichen Überschwemmung aufgezeichnet. Mit typisch römischer Bündigkeit beschrieb Plinius (1.Jh.) die wirtschaftliche Nützlichkeit der Nilflut. «12 Ellen bedeuten Hunger, 13 ein gerade hinreichendes Auskommen, 14 Freude, 15 Sicherheit und 16 Ellen Überfluß und Fülle». Mit Gebeten, Opfern und Orakeln haben Priester den Nil beschworen. Bis ins 7. Jahrhundert, so der Historiker al-Maqrizi (15. Jahrhundert) opferten die Ägypter dem Nil alljährlich eine Jungfrau, um die Nilschwemme zu sichern. Für die Kopten war es der alttestamentliche Patriarch Joseph, der als erster die Höhe der alljährlichen Nilflut nach Ellen messen ließ und den ersten Nilometer in Memphis errichtete, so Abu 'l-Makarim (13. Jahrhundert).

Über Nilopfer
In der Biographie des Papstes Michael V. Ibn Dinistiri (1145-1146) wird berichtet, dass Gabriel II., sein Vorgänger (1131-1145), es untersagte, Reliquien des hl. Johannes von Sanhut (8. Bashans, 16. Mai) wegen der sündigen Kopten aus seiner Kirche in Shubra zu nehmen und diese in den Nil als Opfer zu werfen, um somit die Nilschwemme zu erwirken (HPEC III, 1, 64). Wegen örtlicher Unruhen wurde dieses Nilopfer 1302 verboten, aber 1337 wieder zugelassen, um endgültig 1354 nach der Zerstörung der Kirche und auch der Reliquien abgeschafft zu werden. Noch im 19. Jahrhundert, zur Zeit des Papstes Petrus VII. (1809-1852), wurden dem Nil Opfer dargebracht. Als der Nil nicht die erwartete Höhe erreichte, wandte sich die Regierung an den koptischen Papst. Im Beisein seiner Bischöfe zelebrierte er am Nilufer die hl. Eucharistie. Nach der Feier warf er das *Antidoron* (Laibe, die nach der Liturgie verteilt werden) in den Fluß, worauf das Wasser sofort so hoch anstieg, dass die Anwesenden Probleme hatten, sich vor der Flut zu retten (HPEC III, iii, 305).
Trotz moderner Einsichten, die auch das heutzutage verschmutzte Nilwasser nach seiner chemischen Zusammensetzung aus zwei Teilen Wasserstoff und einem Teil Sauerstoff auf die Formel H_2O bringen, behält gerade der Nil etwas «Urmythisches» für die Ägypter. Ich denke an die vielen Ägypter, Kopten und Moslems, die am orthodoxen Ostermontag, Shamm an-Nessim, an den Ufern des Nils den Zephyr, «den Westwind schnuppern» und den Tag «am Wasser» verbringen.

Die Bibel im Nil
In der koptischen Marienkirche zu Ma'adi, 13 km südlich von Kairo am Ostufer des Nils, wird eine evangelische, arabische Kanzelbibel der Smith-Van-Dyck-Übersetzung aus dem Jahre 1865 gezeigt. Diese Bibel, so die Berichte der Kirchenältesten, des koptischen Bischofs Gregorius und der Professorin Iris Habib al-Masri, sei am 13. Juni 1976 von einem koptischen Diakon aus dem Nil gehoben und bei den historischen Stufen, die von der Kirche zum Wasser führen, an Land gebracht worden. Aufgeschlagen war die Bibel zu der Jesaja-Weissagung: «Gesegnet bist du Ägypten, mein Volk» (19,25). Nach koptischer Überlieferung wurde bei diesen Stufen jenes Knäblein auf Anweisung der Pharaonentochter aus dem Wasser geborgen, den sie als Sohn annahm und Mose nannte (Ex 2,5-10). Außerdem glauben die Kopten, dass während ihrer Flucht nach Ägypten die heilige Familie und Salome hier das Boot bestiegen, mit dem sie nach Oberägypten segelten. So haben die steinernen Stufen, die vom Kirchengelände zum Nil herabführen, nicht nur der Pharaonentochter, sondern auch der heiligen Familie und dem koptischen Diakon

gedient, so dass an diesem Ort eine dreifache heilsgeschichtliche Rettung geschehen ist: Die Errettung des Mose, die Errettung des Heilands vor dem Mordanschlag des Herodes und die Errettung des Wortes Gottes aus den Fluten des Nils.

Eine Wasserweihe?
Klingt bei der Bergung der Bibel im Juni vielleicht die uralte Nilsitte der *Leylat an Nukhtah*, der Nacht des «wundersamen Tropfens» nach? Der 13. Juni entspricht dem 6. Ba'una. In der Nacht zum 11. Ba'una, so der Glaube der Ägypter, benetzt ein wundersamer Tropfen den Nil, der somit das Wasser ansteigen lässt. In der koptischen und melkitischen Liturgie wird vom 12. Ba'una bis 10. Babeh im eucharistischen Fürbittengebet eine Bitte für das segensreiche Steigen des Nils eingeschoben. Dachte man vielleicht durch das sommerliche Bibel-Wunder an eine Wiederbelebung der alten koptischen Nilwasserweihe durch das Wort Gottes? Diese wurde seit dem 12. Jahrhundert nicht mehr praktiziert.
Hieronymus Engberding OSB wies darauf hin, dass die liturgischen Lesungen zur Fußwaschung am Fest der hll. Petrus und Paulus in der koptischen Kirche ursprünglich zur Nilwasserweihe gehörten. Der Ritus der Fußwaschung am Fest der Apostelfürsten, der in die Zeit des steigenden Nils fällt, wurde erst im 12. Jahrhundert in der koptischen Kirche eingeführt, zu einer Zeit, als die Nilwasserweihe nicht mehr praktiziert wurde. So wurde die Fußwaschung am Fest der hll. Petrus und Paulus ein Ersatz für die in Wegfall gekommene Nilwasserweihe. Anstelle einer Feier am Fluss wurde ein abgewandelter Ritus an einem Becken im Kirchenschiff vorgenommen. Die meisten Lesungen zu diesem Anlass betonen das sprudelnde Wasser, das das ganze Land aus einer Wüste zu einem Paradies der Fruchtbarkeit umgestaltet, vergl. Jes 35,1-10; 43, 16 ff; Zach 8,7-19; 14, 8-11, etc..

Die «Blutweinende» Jungfrau
Es ist immer wieder berichtet worden, dass in den Zeiten religiöser Bedrängnis und kirchlicher Seelennot Ikonen, die nach orthodoxem Glauben mitempfinden und mitfühlen, Blut weinen. So geschah es z.B. im 9. Jahrhundert im St. Makariuskloster im Wadi 'n-Natrun, als aufgrund der Ungerechtigkeit der Richter gegenüber den Christen die Heiligen-Ikonen weinten und Ströme von Tränen aus ihren Augen flossen. Es ist in diesem Rahmen, dass man das «Blutweinen» der *Mater Dolorosa* betrachten sollte. Seit den islamischen Ausschreitungen und Gewalttätigkeiten gegen die Kopten in den 70er Jahren des letzten Jahrhunderts beherrscht das rührselige Gesicht der Schmerzensmutter, der *Mater Dolorosa* des Florentiner Meisters

Carlo Dolci (1616-1686) die koptische Marien-Ikonographie. Ein blaues Maphorion (Umschlagtuch) mit reichem Faltenwurf umgibt das Antlitz Marien, die den Verlust ihres göttlichen Sohnes betrauert. Nach koptischer Überlieferung begann am Mittwoch, dem 17. Mai 1989, ein Druck dieses Bildes (85 x 55 cm) in der St. Georgskirche im Dorf Wadi 'n-Natrun zwischen Kairo und Alexandrien 14 Tage lang «Blut zu weinen». Dieses «Blut» floss aus dem rechten Auge über den rechten Nasenflügel. Anstelle der einen Träne des Originals von Dolci in der Eremitage zu St. Petersburg zeigt die koptische Variante einen dunklen wachsähnlichen Streifen, der das aus dem Auge fließende Blut darstellen soll.

Dass sich die koptischen Emigranten um die Nöte ihrer Schwestern und Brüder am Nil kümmerten, wird durch mehrere Begebenheiten aus den Vereinigten Staaten bestätigt. Nur ein Beispiel soll hier erwähnt werden. Für mehrere Wochen, beginnend am 15. Mai 1990, dem Fest des hl. Athanasius, und wiederum vom 24. bis 26. August 1990, gaben die von Yusuf Bishara 1979 gemalten Marien- und Christusikonen in der koptischen Kirche des hl. Markus zu Cleveland, Ohio, eine ölige Flüssigkeit ab. Als Vertreter von Papst Shenuda III. bezeugte Bischof Tadros von Port Said das Wunder, das von mehr als 3.000 Besuchern gesehen wurde (Keraza 22.6 und 12.10.1990).

Ebenfalls im Rahmen der zeitgenössischen Erneuerung in der koptischen Kirche beobachtet man in den koptischen Gemeinden einen völlig neuen Vorgang, die Zusammenstellung von umfangreichen Reliquiaren oder Lipsanotheken als Ausdruck einer intensiven Heiligenverehrung.

Parallel zu der weltweiten Ausbreitung von koptischen Gemeinden, die heutzutage auf allen fünf Erdteilen vertreten sind, registrieren wir seit den 1990er Jahren eine «Globalisierung der ökumenischen *ecclesia triumphans*», die auch mit der Verehrung neuer Heiliger und Reliquien unterschiedlicher Herkunft einhergeht – so etwa in Deutschland die Märtyrer der Thebäischen Legion.

Die Thebäer in Ägypten

Völlig unerwartet erhielten die Märtyrer der Thebäischen Legion in der zweiten Hälfte des 20. Jahrhunderts die Aufmerksamkeit der Kopten. Weder in ihren historischen Quellen, der Patriarchengeschichte oder ihrem Synaxar (Heiligenkalender) noch in den mittelalterlichen und neuzeitlichen historischen Aufzeichnungen gibt es Hinweise auf die Legion oder auf einzelne Märtyrer der Legion. Als Zeichen ökumenischer Verbundenheit offerierten katholische Gemeinden aus Mitteleuropa in den 1980er Jahren den Kopten Reliquien der sagenumwobenen thebäischen Legionäre, die in der Schweiz und im Rheintal zur Zeit der Diokletianischen Verfolgung das Martyrium

erlitten. Aus Zurzach kamen die Reliquien der hl. Verena nach Kairo (1986), später nach dem oberägyptischen Qus (1998).
Aus der Benediktinerabtei Tholey, Saar, erhielten die Kopten Reliquien des hl. Mauritius (1989), aus Bonn jene der hll. Cassius und Florentius (1991) und aus Aachen die des hl. Gereon (1990). Heutzutage ruhen in vielen koptischen Kirchen Unter- und Oberägyptens Reliquien thebäischer Ritter, deren Existenz vor 50 Jahren in Ägypten noch völlig unbekannt war. In der koptischen Diözese von Los Angeles und Hawaii gibt es seit einigen Jahren in Anaheim eine St. Verena-, und in Chino Hills eine St. Mauritiuskirche. Seit einigen Jahren haben koptische Mönche und Nonnen die Namen der thebäischen Ritter und Jungfrauen erhalten.
In den 90er Jahren des letzten Jahrhunderts waren die südarabischen Märtyrer von Nagran (Jemen) den Kopten noch völlig unbekannt. Es handelt sich um den hl. Arethas (Harith) und 780 Gläubige, die im 6. Jahrhundert im himjarischen Reich des jüdischen Königs Dhu Nawas von Saba das Martyrium erlitten. Seit einigen Jahren finden die Reliquien der Nagran-Märtyrer in koptischen Klöstern (z.B. Dair al-Baramus im Wadi 'n-Natrun) und in mehreren Gemeindekirchen in Kairo ihre Verehrung.

Die unschuldigen Kinder von Betlehem
Eine für Ägypten neue «Reliquien Qualität» findet man seit 1998 in mehreren koptischen Kirchen Kairos und Oberägyptens, es sind die Reliquien der sagenumwobenen «144.000 unschuldigen Kinder von Betlehem» (Offb 14, 1-6), derer die koptische Kirche am 3. Tubeh (11. Januar) gedenkt. Die Reliquien dieser biblischen Kinder-Märtyrer genießen eine große Popularität bei den Christen Ägyptens, war es doch der Kindermord zu Betlehem, der die hl. Familie veranlasste, in Ägypten Zuflucht zu suchen.

Biblische Heilige
Völlig unerwartet befinden sich seit wenigen Jahren die Reliquien neutestamentlicher Persönlichkeiten in koptischen Kirchen Kairos, Alexandriens und Oberägyptens. Heilige, die im Mittelalter in den Kathedralen Mitteleuropas höchste Verehrung fanden, befinden sich heutzutage in hölzernen Röhren-Reliquiaren in koptischen Gemeindekirchen. Da sind die Gebeine der hl. Anna, der Mutter der Jungfrau Maria, des hl. Joseph, des Täufers Johannes und der drei Geschwister von Bethanien, sowie die Reliquien der zwölf Apostel. Im oberägyptischen Marienkloster al-Muharraq entdeckte man anlässlich von Umbauten am 12. Oktober 2000 die Gebeine von Yusi, einem Blutsverwandten des hl. Joseph, der von Betlehem nach Oberägypten gereist war, um die hl. Familie von den Plänen

des Königs Herodes zu warnen. In Oberägypten starb er, so die «Visionen» des Patriarchen Theophilus (384-412). Während in den letzten Jahrzehnten in der römisch-katholischen und auch in der russisch-orthodoxen Kirche viele Gläubige zu Ehren der Altäre erhoben wurden, hat sich die koptische Kirche in dieser Beziehung sehr zurück gehalten. In den letzten 40 Jahren wurden lediglich zwei Kopten zu Pfingsten 1985 von der Heiligen Synode heilig gesprochen, der blinde Qummus (Hegumen) Mikhail al-Bukhari al-Muharraqi (1847-1923) und der Diakon Sidhom Bishai, der am 26. März 1844 in Damiette das Martyrium erlitt.

Neue Heilige
Gleichermaßen jedoch existieren in der koptischen Volksfrömmigkeit Votivbilder und Heiligenviten von einer nicht unbedeutenden Anzahl von «Heiligen», deren Status etwa dem der sogenannten *beatificatio aquipollens* entspricht. Unter ihnen befindet sich z.B. Abuna Abd al-Masih al-Maqari al-Manahri aus dem oberägyptischen Dorf Manahra (1892-1963), Abuna Yustus al-Antuni vom St. Antoniuskloster am Roten Meer (1910-1976) oder der alexandrinische Gemeindepfarrer Abuna Bishoi Kamel (1931-1979), u.a.
Für die Volksfrömmigkeit, die die gesellschaftlichen und politischen Situationen des Landes und der Kirche widerspiegelt, sind Erscheinungen, neue Heilige, Dämonenaustreibungen und Heilungen erfahrbare Zeugnisse der Allmacht Gottes in Jesus Christus. Für die große Mehrzahl der gläubigen Kopten ist auch noch heutzutage wahr, was Goethe den Faust sagen ließ: «Das Wunder ist des Glaubens liebstes Kind».

Anmerkungen:

1 Mit der Formel «mia physis tou theou logou sesarkomene», von der «einen Natur des fleischgewordenen Wortes Gottes» des Patriarchen Kyrillus I. (412-444) legte er die christologische Basis für den Miaphysitismus nicht nur der Kopten, sondern aller Altorientalen.
2 Das «Eiserne Tor» der St. Marienkirche al-Mu'allaqah führte zum Großen Markt. Butler, A., The Arab Conquest of Egypt, Oxford 1902, 241.
3 History of the Patriarchs of the Egyptian Church. Kairo 1948, II, ii, 141-144. Abu 'l-Makarim (13. Jahrhundert) legt das Muqattam-Wunder in die Amtszeit des Kalifen al-Aziz (975-996).
4 Maria wird als «wundersame Taube» in der koptischen Weihrauchspende im Nachtgebet und im Festgesang Davids (Ps 86,16) bezeichnet.
5 In den koptischen Überlieferungen der Flucht der hl. Familie nach Ägypten spielt Matariya, das biblische Bet-Schemesch (Jer 43/13) oder das römische Heliopolis eine zentrale Rolle.

6 Palmer, P.J., OSB, Zeitoun. Die Frau kehrt nach Ägypten zurück. Würzburg 1970

7 Meinardus, O., «Von der Mariophanie zum Gnadenbild. Zur ikonographischen Entwicklung der Gnadenbilder von Zeitun und Ard Babadeblu», Ostkirchliche Studien 39,4, 1990, 289-299.

St. Maria, Ikonostase koptischeKirche des hl. Antonius Kröffelbach-Waldsolms, Hessen

KOPTISCHE LITURGIE UND HEILIGENVEREHRUNG

Gregor Wurst

Als Phileas, der Bischof der unterägyptischen Stadt Thmuis, im Jahr 306 dem Präfekten von Ägypten, Clodius Culcianus, zum Verhör vorgeführt wurde, beantwortete er die Frage, ob Christus Gott sei, mit einem eben so knappen wie eindeutigen «Ja».[1] Dieses aufrechte Zeugnis für seinen Glauben bezahlte Phileas mit seinem Leben, was nicht nur Gott ihm mit dem Siegeskranz als Zeichen der Erlösung lohnte, sondern was ihm auch den Ehrentitel eines *mártys*, eines Blutzeugen,[2] und somit das pietätvolle Andenken der Nachwelt einbrachte.

Insbesondere die sog. «Große» oder diokletianische Christenverfolgung der Jahre 303-311 hat im Gedächtnis des ägyptischen Christentums tiefe Spuren hinterlassen. Dies zeigt nicht nur die große Zahl der aus Ägypten überlieferten Märtyrerakten, die uns den Eindruck vermitteln, dass es in beinahe jeder Stadt und jedem Dorf zu ähnlichen Szenen gekommen sei, sondern dies belegt vor allem auch die Tatsache, dass die koptische Kirche bis heute einen eigenen Kalender verwendet, der als *aera martyrum*, als «Märtyrerära», bekannt ist. Da die kultische Verehrung von Menschen im frühen Christentum zunächst generell auf jene beschränkt war, die ihres Glaubens wegen gestorben waren,[3] liegt es im Kontext eines Überblicks zur Liturgie und Heiligenverehrung der Kopten nahe, hier einen ersten Schwerpunkt zu setzen. Die Ausweitung der Märtyrerverehrung auf andere Personenkreise, die allgemein mit dem 4. Jh. einsetzt, lässt sich sodann für das äyptische Christentum insbesondere am Beispiel der Heiligen aus der monastischen Welt illustrieren. Einige kurze Bemerkungen zu den liturgischen Büchern, die ihr Gedächtnis für die Vergegenwärtigung im Gottesdienst bewahren, bilden schließlich den Übergang zum zweiten Teil.

1. Die Heiligenverehrung

Der von der ägyptischen Kirche seit alters verwendete Kalender ist die Diokletiansära, die mit dem 1. Thôuth 284 n. Chr., dem Anfang des ersten Regierungsjahres dieses Kaisers, beginnt.[4] Nach altägyptischer Tradition ist der 1. Thôuth dabei als Neujahrstag der Tag des Einsetzens der Nilschwelle und des Siriusaufgangs. Seit der römischen Eroberung Ägyptens im Jahr 30 v. Chr. wurde er konventionell auf den 29. (in Schaltjahren 30.) August julianischer Zeitrechnung gelegt, und entsprechend beginnt das koptische Kirchenjahr bis heute mit diesem Datum.

Ursprünglich von paganen Gelehrten für astronomische und astrologische Zwecke geschaffen, wurde die Diokletiansära von der alexandrinischen Christengemeinde zur Berechnung des Ostertermins übernommen, dessen für die gesamte Ökumene verbindliche Festsetzung seit den Beschlüssen des Konzils von Nizäa (325 n. Chr.) ein Privileg der Patriarchen auf dem Stuhl des hl. Markus war. Mit dem Ende des achten Jh. setzen erste Belege für die Bezeichnung dieser Ära als «Märtyrerära» ein, eine Praxis, die sich bis ins elfte Jh. weitgehend durchsetzen wird und in der man ein Indiz dafür sehen mag, dass sich die nunmehr koptische Kirche angesichts der islamischen Vorherrschaft auf der Suche nach einer neuen Identität als «Kirche der Märtyrer» befand. In der Tat zeichnen die literarischen Quellen das spätantik-christliche Alexandrien als eine Stadt, die von mehreren Kultstätten für Märtyrer quasi gerahmt gewesen sein muß:[5] Befand sich im Westen, in der Nekropole unmittelbar jenseits der Stadtmauern, die Grabeskirche des 17. Patriarchen und «letzten Märtyrers» Petrus († 311 n. Chr.), so korrespondierte ihr im Osten das *Martyrion* des Evangelisten Markus, der nach alexandrinisch-hagiographischer Tradition nicht nur als Begründer des ägyptischen Christentums, sondern auch als der «erste Märtyrer» des Landes gilt;[6] und in etwas größerer Entfernung wiederholt sich diese Rahmung nochmals in den beiden Märtyrerheiligtümern der Menasstadt im Westen und Menuthis im Osten, deren erstes sich zu einem der bekanntesten Wallfahrtsorte der christlichen Antike entwickeln sollte.[7]

Als früheste und wichtigste literarische Quellen über ägyptische Märtyrer sind zunächst griechische Texte wie die eingangs zitierten *Acta* des Phileas sowie insbesondere die *Kirchengeschichte* des Eusebius von Cäsarea zu nennen, der Zeitgenosse und Augenzeuge der diokletianischen Verfolgung war und von «zehntausenden» Zeugen «in Alexandrien und in ganz Ägypten und der Thebais» spricht.[8] Einen Text vergleichbaren Alters in koptischer Sprache überliefert nun ein fragmentarisch erhaltener Papyrus der Duke-University in Durham, N.C., der erst seit wenigen Jahren publiziert ist (*P. Duke* inv. 438).⁹ Er enthält den Bericht über Prozess und Exekution des sonst kaum bekannten Märtyrers Stephanos, der der Gemeinde des mittelägyptischen Dorfes Lenaios als Priester diente und Ende des Jahres 305 n. Chr. durch Saturius Arianus, den *praeses* der Thebais, lebendig den Flammen übergeben wurde. Der kurze Text ist frei von den hagiographischen Ausschmückungen späterer Zeit und reproduziert im Wesentlichen das ursprünglich in griechischer Sprache aufgezeichnete Protokoll der Gerichtsverhandlung. Allein der mit «Amen» endende Schlusssatz, wonach Stephanos «sein Martyri[um in] Glückselig[keit] und Edelmut vollendet habe», sowie die Tatsache, dass es sich eben um eine koptische Übersetzung handelt, zeugen von einer liturgischen Verwendung: Es ist anzunehmen, dass er am Jahrestag des Martyriums entweder in der Dorfkirche oder am Grab des Stephanos[10] für die des Griechischen nicht mächtigen Teile der Landbevölkerung verlesen worden sein wird.

Dieser Papyrus bietet also ein frühes Zeignis für den sich seit dem Ende der Verfolgungen ausbreitenden Märtyrerkult, der ganz Ägypten allmählich mit einem wahren «Netz» von lokalen Heiligtümern überzogen hat.[11] Für das Ende des vierten Jh. berichtet z.B. Palladius in seiner dem Kammerherrn Lausos gewidmeten *Mönchsgeschichte*, dass während seines vierjährigen Aufenthalts in der mittelägyptischen Stadt Antinoë eine betagte Jungfrau – d. h. eine in ihrem Privathaus in der Stadt lebende Asketin – , auf ein Gesicht des Märtyrers Kolluthus hin einen Tag in dessen Heiligtum verbracht habe, um den Brauch des *refrigerium*, des Totengedächtnismahles, zu praktizieren, bevor sie in der folgenden Nacht unter seinem Schutz und seiner Fürsprache entschlafen sei.[12] Doch nicht nur christliche Autoren bezeugen schon früh die Existenz solcher Kultorte, sondern auch paganen Zeitgenossen blieb dies nicht verborgen, wie sich aus dem gehässigen Zeugnis des Christenfeindes Eunapius von Sardes (ca. 345 – nach 414) ergibt: Er beklagt die Tatsache, dass im östlich von Alexandria gelegenen Isis-Heiligtum Menuthis bei Canopus Mönche die «Gebeine und Schädel» von Menschen sammelten, die «wegen vieler Vergehen» verurteilt worden seien, nun aber von den Christen als «Märtyrer» und «Vermittler der Bitten an die Götter» verehrt würden.[13] In der Tat hatte Kyrill von Alexandrien zu Beginn seines Patriarchats (ab 412 n. Chr.) auf Grund einer Vision die Gebeine der Märtyrer Kyros und Johannes von Alexandrien nach Menuthis transferieren lassen und auf diese Weise den paganen Isis- durch einen christlichen Märtyrerkult ersetzt.[14]

Die große Popularität der Märytrerverehrung im Ägypten des beginnenden siebten Jh. spiegelt sich schließlich in einer kleinen «Räubergeschichte», die in einem angeblich von Bischof Konstantin von Assiut verfassten *Encomium* dieser Zeit enthalten ist: Dort berichtet der Verfasser von drei heidnischen Dieben, die auf einem ihrer Beutezüge nacheineinander die *Martyrien* der hll. Kolluthus, Victor Stratêlatês, Timotheus, Claudius und Helias geplündert hätten – und setzt damit für die Zeit um 600 die Existenz von nicht weniger als fünf Kultstätten zwischen Antinoë und dem rund 50 km südlich gelegenen Lykopolis voraus, die offenbar kostbar genug ausgestattet waren, um die Aufmerksamkeit krimineller Zeitgenossen zu erregen.[15]

Wie sich am Beispiel des genannten Heiligtums des Kyros und Johannes in Menuthis gut zeigen lässt, lebten in der Verehrung der Märtyrer pagane Frömmigkeitspraktiken wie etwa die *Inkubation* fort. So weiß der zu Beginn des siebten Jh., also rund 200 Jahre nach der Christianisierung des Heiligtums von Menuthis schreibende Sophronius von Jeruslem von immerhin 70 Wundern zu berichten, die sich – im wesentlichen durch dieses Medium des Tempelschlafs vermittelt – am Grab der beiden Heiligen ereignet hätten.[16] Dabei handelt es sich jedoch keineswegs um ein für Menuthis singuläres Phänomen, wie sich aus dem Schrifttum des einflussreichsten koptischen Theologen des fünften Jh., des Klosterabt Schenute von Atripe, erschließen lässt:[17] Auch er kennt Berichte über fromme Pilger, die sich eine Nacht schlafend in Märtyrer-Heiligtümern aufgehalten hätten und dabei göttliche Offenbarungen empfangen oder wunderbare Heilungen von ihren körperlichen Gebrechen erlebt haben wollen. Ja mehr noch, manche behaupteten sogar, ihnen seien im Traum bislang unbekannte Märtyrer erschienen, die ihnen mitgeteilt hätten, wo ihre Gebeine bestattet seien. Als die Pilger dann an den bezeichneten Stellen im Boden gegraben hätten, seien sie auch fündig geworden und wollten den ihnen erschienenen Heiligen am Fundort ihrer Reliquien nun neue Kultstätten errichten. Die Schärfe, mit der Schenute nicht nur solche *Inventionen*, solche Auffindungen von Gebeinen aufgrund von Traumgesichtern, sondern die Anwendung dieser «heidnischen» Praktiken in den Martyrien generell verurteilt, belegt dabei nur, wie populär sie in den Kreisen der ägyptischen Bevölkerung gewesen sein müssen.

Von der Ausweitung der Heiligenverehrung auf Personen, die nicht eines gewaltsamen Todes für ihren Glauben gestorben sind, legen in Ägypten insbesondere die Quellen zum frühen Mönchtum Zeugnis ab. In diesem Kontext ist zunächst die für das literarische Genus der christlichen Heiligenvita so prägende Lebensbeschreibung des «Vaters des Mönchtums», die *Vita* des Antonius aus der Feder des alexandrinischen Patriarchen Athanasius, zu nennen. Geschrieben vor 375 n. Chr., stellt Athanasius das Leben seines Helden als ein durch strenge Askese und zahlreiche Dämonenkämpfe charakterisiertes «tägliches Martyrium» dar. Er schildert Antonius (s. Abb. S. 36) als «Mann Gottes», dem seit seiner 20-jährigen selbstgewählten Klausur in einem verlassenen Kastell in der Wüste nicht nur das Charisma trostspendender und Frieden stiftender Rede, sondern auch die Vollmacht zu heilen und Dämonen auszutreiben gegeben sind. Entsprechend beginnt das gläubige Volk, Wallfahrten zu ihm zu unternehmen, und dies etwa ab dem Jahr 305, wenn man dem chronologischen Gerüst der *Vita* Glauben schenken darf.[18] Ihre rasche Verbreitung über die Grenzen Ägyptens hinaus – im Jahr 375 lag sie bereits in einer lateinischen Übersetzung vor – wird dabei ihren Teil dazu beigetragen haben, dass in zunehmendem Maß auch Pilger von weiter her in die ägyptische Wüste kamen: So gelten die Wüstenväter dem anonymen Verfasser der *Historia Monachorum in Aegypto*, der um das Jahr 395 als Mönch eines nicht genannten Klosters auf dem Ölberg einen Reisebericht für seine Mitbrüder verfasst hat, schlicht als «Bürger des Himmels», «durch die allein der Erdkreis noch Bestand» habe.[19] Auch die bereits erwähnte *Mönchsgeschichte* des Palladius ist letztlich nur ein Bericht über eine Pilgerreise zu den *philótheoi ándres*, den «Gottesfreunden».[20] Und dass die vornehme Nonne Egeria, die aus dem lateinischen Westen, wahrscheinlich aus dem südlichen Gallien stammte, auf ihrer Pilgerfahrt ins Heilige Land ebenfalls einen Abstecher nach Ägypten eingeplant hat,[21] zeugt vom sozusagen internationalen Ruf, den die Mönche sich mittlerweile erworben hatten – kurz, diese «neuen Propheten»[22] müssen auf spätantike Christen eine immense Anziehungskraft ausgeübt haben.[23]

Dass solche Schilderungen der ägyptischen Mönche als christliche Thaumaturgen, die aufgrund ihres Wandels «gottgleiche Macht»[24] besäßen, nicht nur als religiöse Propaganda eines Athanasius oder der anderen Autoren und somit als fromme Legenden zu interpretieren sind, sondern dass sie als solche *auch* die Mentalität des ägyptischen Christentums dieser Zeit spiegeln,[25] zeigen einige dokumentarische Papyri aus dem vierten Jh., die an monastische Persönlichkeiten adressierte Briefe von Privatpersonen enthalten. Die Absender tragen darin nicht nur ihre kleineren und größeren Alltagssorgen und -nöte vor, sondern hier wird den Asketen und Mönchen in der Tat ihr «Bürgerrecht im Himmel» schon zu Lebzeiten zugesprochen.[26] Von den Gebeten der Mönche erhofft man sich etwa die Heilung von Krankheiten oder auch nur ganz allgemein eine wirksame, da professionelle, Fürsprache bei Gott, weil sich, so lautet eine der Begründungen, «durch Asketen und Gottesfürchtige Offenbarungen (in der Welt) zeigen».[27] Vor diesem Hintergrund erscheint es dem modernen Leser nicht mehr so befremdlich, wenn ein gewisser Ammonios seinem «Vater» Paphnutios gegenüber sogar bekennen kann: «Nach Gott bist Du meine Erlösung»![28]

Neben den bislang genannten, von Einzelnen praktizierten und somit eher privaten Formen der Heiligenverehrung entwickelte sich insbesondere an den Kultstätten der Märtyrer das offizielle, am Todestag jährlich zu begehende Märtyrerfest. Wie aus einem vollständig nur arabisch überlieferten kirchenrechtlichen Text des Mittelalters, den sog. «Kanones des Athanasius», hervorgeht, bestand die Liturgie eines solchen Festes aus einer Nachtwache, die mit Psalmengesang, Gebeten und Lesungen ausgefüllt war, sowie einer Eucharistiefeier am folgenden Morgen.[29] Da zu solchen Anlässen oft sehr viele Menschen zusammenkamen, scheinen sich diese Märtyrer- zu wahren Volksfesten entwickelt zu haben, was durchaus das Missfallen der kirchlichen Autoritäten erregt zu haben scheint: Nicht genug, dass Händler dazu anreisten und ihre Waren feilböten, nein, es fänden auch Trinkgelage statt und selbst Prostituierte mischten sich unter die Menge, klagt wiederum Schenute.[30] Wenn es auch richtig ist, dass es sich bei solchen Schilderungen aus der Feder kirchlicher Prediger um ein beliebtes *sujet* der spätantiken Homiletik überhaupt handelt, so ist doch bezeichnend, dass Mönchen und Nonnen die Teilnahme am nächtlichen Treiben tatsächlich untersagt war.[31]

Die dokumentarischen Quellen belegen immerhin teils beachtliche Lieferungen an Lebensmitteln, vor allem an Fleisch und Wein, für die Ausrichtung solcher Festtage.[32] Und auch hinter Klostermauern wurde an diesen Tagen Wein ausgeschenkt, wie aus einem inschriftlich überlieferten lokalen Festkalender hervorgeht, der im Jeremiaskloster zu Saqqara gefunden wurde.[33] Insgesamt lassen die Indizien darauf schließen, dass zum Märtyrerfest in Ägypten regelmäßig auch ein kommemoratives Festmahl gehörte, das, wie die Papyri zeigen, mit dem schon im Urchristentum für das gemeinschaftliche Sättigungsmahl verwendeten Begriff *Agapê* bezeichnet wurde.[34]

Eine besondere ägyptische Form der Heiligenverehrung belegt die Sitte, die Leichname von heiligen Märtyrern nicht in der Erde zu bestatten, sondern sie zu mumifizieren und auf Holzgestelle zu legen. In seinem 41. *Osterfestbrief* vom Jahr 369 rügt Athanasius dies zwar als Praxis der heterodoxen Gruppe der «Meletianer», in der *Vita Antonii* jedoch schreibt er beiläufig, dass die «Ägypter» insgesamt diesen Brauch pflegten, und zwar insbesondere im Fall der «heiligen Märtyrer». Deshalb habe der große Mönchsvater auch selbst vor seinem Tod dafür Sorge getragen, an unbekanntem Ort bestattet zu werden, damit sein Leichnam später nicht auf diese Weise offen der Verehrung ausgesetzt sei.[35] Das sich in diesem Brauch spiegelnde Weiterleben von Elementen des altägyptischen Totenkultes im koptischen Christentum lässt sich darüber hinaus noch in einem

Älteste Darstellung des Heiligen Antonius
Wandmalerei aus dem Apollon-Kloster zu Bawît, ca. 6. Jh.

literarischen Motiv nachweisen, das einen großen Teil der überlieferten koptischen Märtyrerlegenden prägt. Es besteht darin, dass der Märtyrer in diesen Legenden des «Koptischen Konsenses», wie Th. Baumeister sie genannt hat, im Verlauf seines Leidens mehrfach auf wundersame Weise wieder geheilt wird oder von den Toten ersteht, bevor er endgültig und, trotz vorangegangener Verstümmelungen, *mit unversehrtem Leib* stirbt – worin man das urägyptische Streben nach Bewahrung der leiblichen Integrität über den Tod hinaus in christlichem Gewand wiedererkennt.[36]

Die oben erwähnte Inschrift aus dem Jeremiaskloster ist einer der wenigen frühen Belege aus Ägypten für den beginnenden Prozess einer Sammlung hagiographischer Überlieferungen und ihrer Erfassung zu – zunächst lokalen – Heiligen- oder Festkalendern. Weitere Beispiele sind etwa aus dem Apollonkloster zu Bawit oder aus den Eremitagen von Esnah bekannt.[37] Die Etablierung solcher Kalender muss schon früh eingesetzt haben, doch handelt es sich dabei um ein noch weitgehend unerforschtes Gebiet der Koptologie. Den Endpunkt dieses Sammlungsprozesses bildet jedenfalls die wohl ins 13. Jh. zu datierende Redaktion des koptischen *Synaxariums*, das, dem griechischen Beispiel des konstantinopolitanischen Vorbildes folgend, die Lebensbeschreibungen der Tagesheiligen für den liturgischen Gebrauch bietet.[38] Neben Märtyrern und Mönchsvätern wird hier auch den Heiligen der biblischen Überlieferung, vielen als Heilige verehrten alexandrinischen Patriarchen oder auch bestimmten Ereignissen der ägyptischen oder allgemeinen Kirchengeschichte gedacht.[39] In mehreren Rezensionen in arabischer Sprache überliefert, geht es auf unterschiedliche, sowohl griechische als auch koptische Vorlagen zurück. In seiner unterägyptischen Rezension ist es bis heute fester Bestandteil der liturgischen Bücher der koptischen Kirche und findet in der Messfeier regelmäßig Verwendung.[40]

Als weiteres liturgisches Buch ist in diesem Kontext das im bohairischen Dialekt gehaltene *Difnar* zu nennen, das zu jedem Tag des Kirchenjahres zwei kurze Hymnen – in verschiedenen Tönen – auf den Tagesheiligen bietet, von denen einer je nach Wochentag an verschiedenen Stellen im *Offizium*, dem Stundengebet bzw. der Tagzeitenliturgie, seinen Platz finden kann.[41] Bei diesem Hymnenbuch handelt es sich jedoch um ein spätes Werk, dessen früheste Handschriften aus dem 18. Jh. stammen, und das inhaltlich auf dem arabischen *Synaxar* fußt. Älter ist das im Manuskript M 575 der Pierpont Morgan Library, New York, enthaltene sahidische *«Buch der heiligen Antiphonen der Martyrer und der Tage von Heiligenfesten. Wir haben sie nacheinander geschrieben, wie die Lehrer der Kirche sie angeordnet haben»*, das bislang jedoch unpubliziert ist.[42] Die Handschrift datiert in das Jahr 893 n. Chr. und setzt in ihrer

Anlage, wie aus dem Zitat hervorgeht, eine von den «Lehrern der Kirche» schon festgesetzte Ordnung der koptischen Märtyrer- und Heiligenfeste voraus.

2. Die Liturgie der Kopten

Das griechische Wort *leiturgía*, das ursprünglich die Wahrnehmung eines öffentlichen Amtes oder bestimmter Aufgaben zum Wohl der Wohngemeinde bedeutet, wurde in der griechischen Übersetzung des AT, der *Septuaginta*, als Bezeichnung für den levitischen Kultdient am Jerusalemer Tempel übernommen, von wo es Eingang in den christlichen Sprachgebrauch fand. In einem weiteren Sinn kann es – unserem heutigen, westlichen Sprachgebrauch parallel – für jede Form gottesdienstlicher Ordnung stehen, in engerer Bedeutung versteht man unter den verschiedenen «Liturgien» der Alten Kirche die unterschiedlichen, unter dem Namen anerkannter Theologen des christlichen Altertums figurierenden Messordnungen, die in den spätantiken Teilkirchen in Gebrauch waren.[43] Diesem engeren Verständnis folgend bietet dieser Überblick nun zunächst eine Darstellung des eucharistischen Gottesdienstes, wie er heute in der koptischen Kirche begangen wird, sowie einige historische Bemerkungen zu den eucharistischen Hochgebeten, den *Anaphoren*.

Die Liturgiesprache der koptischen Kirche ist der unterägyptische oder *bohairische* Dialekt, der die frühere Literatursprache, das *Sahidische*, ab dem zwölften Jh. verdrängt hat. Für wesentliche Teile wie Schriftlesungen, bestimmte Gebete und die Sakramentenspendung wird heute jedoch das Arabische verwendet.[44] Bemerkenswert ist, dass nach wie vor zahlreiche Elemente der koptischen Liturgie in griechischer Sprache gehalten sind, insbesondere auch Responsionen der Gemeinde, worin ein Reflex der liturgiegeschichtlichen Entwicklung zu sehen ist:[45] Die ursprüngliche Liturgiesprache des ägyptisch-koptischen Christentums war das Griechische, das auch in Mittelägypten in manchen Klöstern noch lange gepflegt wurde, wie der wichtige Fund eines frühen *Euchologions*[46] des siebten Jh. aus dem Apollonkloster von Bala'izah beweist.[47] Erst im Laufe der Zeit hat das Koptische sich in seinen verschiedenen Dialekten durchgesetzt. Heute enthält das koptische *Euchologion* den Text der eucharistischen Liturgie in koptisch-bohairischer und arabischer Sprache, so dass also die modernen gedruckten Ausgaben in der Textdisposition die Traditionen der mittelalterlichen liturgischen Handschriften weiterführen, wovon die Abb. Seite 70/71 einen Eindruck vermittelt.[48]

Der eucharistischen Liturgie der Kopten geht heute regelmäßig die abendliche und morgendliche *Weihrauchdarbringung* voraus. Dabei handelt es sich um Überreste des alten *Gemeindeoffiziums*, so dass die koptische Messfeier ursprünglich fest in die Tagzeitenliturgie eingebunden war.[49] Entsprechend finden sich die betreffenden liturgischen Texte ebenfalls im *Euchologion*.[50]

In Anlehnung an die deutsche Übersetzung von O. und S. Hanna hat A. Gerhards den Aufbau der eucharistischen Liturgie der Kopten, die sich in *Vormesse*, *Wortgottesdienst* und *Eucharistiefeier* gliedert, folgendermaßen wiedergegeben:[51]

Vormesse[52]
- Vorbereitungsgebete und Händewaschung der Priester
- «Lammprozession» um den Altar
- Bereitung der Gaben
- Darbringung
- Absolution der Dienenden[53] (ursprünglich Introitusgebet)

Wortgottesdienst
- Inzensation (ursprünglich Eingangsbeweihräucherung)
- Lektionen:
    aus den Paulusbriefen,
    aus den katholischen Briefen,
    aus der Apostelgeschichte
    aus dem *Synaxar*[54]
- *Trishagion*
- Evangeliumsgebet und -prozession
- Lesung aus dem Evangelium
- Predigt
- allgemeines Gebet

Eucharistiefeier
- Prae-*Anaphora*:
    Altarzutritt
    Glaubensbekenntnis
    (*Nicaeno - Constantinopolitanum*)
    Versöhnungsgebet und Friedenskuss
- *Anaphora* (= eucharistisches Hochgebet)
- Teilung des eucharistischen Brotes
- Vaterunser und Embolismus
- Absolution[55] und Bekenntnis
- Vorbereitungsgebete
- Kommunion
- Gebete nach der Kommunion
- Entlassung

Frühchristlicher Tradition folgend, wonach die Taufbewerber bei der eigentlichen Eucharistiefeier nicht zugelassen waren, werden *Wortgottesdienst* und *Euchariatiefeier* auch als «Katechumenen-» und «Gläubigenmesse bzw. -liturgie» bezeichnet,[56] was allgemein orthodoxem Gebrauch entspricht.[57] Augenfällig sind an diesem Ablauf insbesondere die Verlegung des *Zurüstungsaktes*, d. h. der Gabenbereitung, an den Anfang der Feier, was wiederum seine Parallele in der *Prothesis* bzw. *Proskomidie* des byzantinischen Ritus findet,[58] sowie die Tatsache, dass sich unter den insgesamt fünf Lektionen keine aus dem AT findet. Alttestamentliche Lesungen sind in der koptischen Liturgie nur während der Fastenzeit vorgesehen.[59]

Das zentrale Element der eucharistischen Liturgie ist die *Anaphora*, das vom Zelebranten gesprochene Eucharistische Hochgebet, in dem sich durch «die Grundakte Danksagung (*Eucharistia*), Gedächtnis (*Anamnese*) und Bitte (*Epiklese*) die sakramentale Vergegenwärtigung des Pascha-Mysteriums Christi in den eucharistischen Gaben ereignet».[60] Die *Anaphora* selbst gliedert sich wiederum in folgende Grundelemente:[61]

- Eröffnungsdialog
- *Oratio ante Sanctus*
- *Sanctus*
- *Oratio post Sanctus*
- Einsetzungsbericht (*Institutio*)
- *Anamnese*
- *Epiklese*
- Schlussdoxologie

Hinzukommen zwei variable Elemente, die *Interzessionen* (Fürbitten) und die Einfügung einer ersten *Epiklese*. Anhand der Stellung dieser variablen Elemente werden die zahlreichen eucharistischen Liturgien der orientalischen Kirchen, die aus frühchristlicher Zeit überliefert sind, in drei Liturgiefamilien klassifiziert. Stehen die Interzessionen vor dem *Sanctus* und findet sich außerdem noch eine erste *Epiklese* vor dem Einsetzungsbericht, handelt es sich um eine Anaphora «alexandrinischen» Typs. Finden sie sich hingegen vor bzw. nach der Epiklese, liegt eine «ostsyrische» bzw. «antiochenische» Anaphora vor.

Die drei im heutigen koptischen *Euchologion* enthaltenen Anaphoren sind die *Markos-Anaphora*, die von den Kopten als *Kyrillos-Anaphora* bezeichnet wird, sodann die *Basileios-Anaphora* und die *Gregorios-Anaphora*. Die erste gehört dem alexandrinischen Typ an und bildet die bodenständige Liturgieform der ägyptischen Christenheit, die durch Fragmente auf Papyrus ab dem vierten bis fünften Jh. für ganz Ägypten belegt ist.[62] Die *Basileios-Anaphora,* die in einer jüngeren byzantinischen und einer älteren ägyptischen Rezension überliefert ist, gehört auch in dieser zuletzt genannten Form ebenso zur antiochenischen Gruppe wie die *Gregorios-Anaphora* – in beiden Fällen handelt es sich also um Importe. Trotzdem bildet die *Basileios-Anaphora* heute die Normalform der eucharistischen Liturgie, während die *Gregorios-Anaphora* der Liturgie der großen Christfeste wie Weihnachten, Epiphanie, Ostern usw. vorbehalten ist. Die genuin ägyptische *Markos-* bzw. *Kyrillos-Anaphora* wird so gut wie nicht mehr im Gottesdienst verwendet.[63]

Vollständig überliefert ist der Text dieser drei Anaphoren in der koptischen Tradition nur in der bohairischen Version. Bei Zeugen liturgischer Texte im sahidischen Dialekt handelt es sich hingegen, mit einer wesentlichen, sogleich zu nennenden Ausnahme, fast ausschließlich um Fragmente. Gerade in der sahidischen Tradition, die *grosso modo* die liturgische Landschaft des ersten christlichen Jahrtausends spiegelt, finden sich jedoch zahlreiche Belege für weitere, teils unbekannte, teils heute nicht mehr gebräuchliche Anaphoren wie etwa die im *Euchologion* aus dem Kloster des Schenute, dem sog. «Weißen Kloster» bei Sohag, vollständig überlieferte *Matthäus-Anaphora*.[64] Einen informativen Überblick über die zahlreichen sahidischen Anaphoren-Fragmente, die in der Zusammenschau «den Eindruck großer Vielfalt und lebendiger Produktion gottesdienstlicher Texte im frühen Christentum am Nil» erwecken,[65] bietet jetzt die Arbeit von J. Henner.[66]
Im Gegensatz zu anderen liturgischen Traditionen weist die koptische Kirche in ihrer eucharistischen Liturgie die Eigenart auf, dass die Anaphora und damit das zentrale Hochgebet der Liturgie vom Priester weitgehend laut und vernehmbar gesprochen wird. Die Gemeinde ist dabei stark einbezogen, indem sie durch häufiges, respondierendes «Amen» ihre Zustimmung artikuliert.[67] Damit hat die koptische Kirche an ganz wesentlicher Stelle ihres gottesdienstlichen Handelns das frühchristliche Erbe einer unmittelbaren Teilnahme der Gläubigen an der Liturgie bis in die Gegenwart bewahrt.

Beginn der Gregorios-Anaphora im Codex Vaticanus copt. 17 f. 66 r/v

(aus E. Hammerschmidt, Symbolik des Orientalischen Christentums.
Tafelband (=Symbolik der Religionen, 14),
Stuttgart 1966, 68-69 = Taff. 46-47)

Anmerkungen:

[1] A. Pietersma, *The Acts of Phileas Bishop of Thmuis (Including Fragments of the Greek Psalter)*, (Cahiers d'Orientalisme, 7), Genf 1984, 54 f; zu Phileas allgemein s. jetzt Th. Baumeister, «Der ägyptische Bischof und Märtyrer Phileas», in: M.-B. von Stritzky, Chr. Uhrig, (Hgg.), *Garten des Lebens. Festschrift für Winfried Cramer*, (MThA, 60), Altenberge 1995, 33-41.

[2] Das griechische Wort *mártys*, das in der christlichen Latinität als *martyr* begegnet und profangriechisch allgemein den «Zeugen» bezeichnet, trägt in christlichem Kontext seit den Schriften des NT die Bedeutung «Blutzeuge»; *martýrion/martyrium* dient als Bezeichnung sowohl für (den Bericht über) das Leiden und Sterben eines Blutzeugen als auch für seine Kult- bzw. Grabstätte.

[3] Vgl. dazu ausführlich Th. Baumeister, Art. «Heiligenverehrung», in: RAC, 14, 1988, 96-150.

[4] Zum Folgenden vgl. H. Engberding, «Die Koptische Liturgie», in: M. Krause (Hg.), *Ägypten in spätantik-christlicher Zeit. Einführung in die koptische Kultur*, (Sprachen und Kulturen des christlichen Orients, 4), Wiesbaden 1998, 194 f. sowie L.S.B. MacCoull, K.A. Worp, «The Era of the Martyrs», in: R. Pintaudi (Hgg.), *Miscellanea Papyrologica*, (Papyrologica Florentina, 7), Florenz 1980, 375-408.

[5] Vgl. H. Brakmann, «Die Kopten – Kirche Jesu Christi in Ägypten. Ihre Geschichte und Liturgie», in: A. Gerhards, H. Brakmann (Hgg.), *Die koptische Kirche. Einführung in das ägyptische Christentum*, (Urban-Taschenbücher, 451), Stuttgart 1994, 11.

[6] Zu den größtenteils nicht archäologisch, sondern nur in literarischen Quellen belegten frühen Kirchen Alexandriens vgl. jetzt A. Martin, *Athanase d'Alexandrie et l'église d'Égypte au IVe siècle (328-373)*, (Collection de l'École française de Rome, 216), Rom 1996, 142-153 (bes. 152 f.); zu den hagiographischen Traditionen über Markus und Petrus s. A. Papaconstantinou, *Le culte des saints en Égypte des Byzantins aux Abbasides*, (Coll. «Le monde byzantin»), Paris 2001, 141-143; 176 f.

[7] Zu den beiden Wallfahrtsorten vgl. jetzt P. Grossmann, *Christliche Architektur in Ägypten*, (Handbuch der Orientalistik, Sektion I, 62), Leiden 2002, 210-221.

[8] Eusebius, *Historia ecclesiastica* VIII 13,7; vgl. auch VIII 9-10 = H. Kraft, *Eusebius von Caesarea, Kirchengeschichte*, München 21981, 376 f; 368-373.

[9] P. van Minnen, «The Earliest Account of a Martyrdom in Coptic», in: Analecta Bollandiana, 113, 1995, 13-38.

[10] Die Existenz seiner Kultstätte belegt für das fünfte Jh. der Papyrus *P.Amst.* 1, 81 Zz. 9-12, wo von dem «*m(a)r(tyrion)* des heiligen Stephanos» die Rede ist; vgl. Papaconstantinou (s. Anm. 6) 192 f.

[11] Vgl. Th. Baumeister, *Martyr invictus. Der Martyrer als Sinnbild der Erlösung in der Legende und im Kult der frühen koptischen Kirche. Zur Kontinuität des ägyptischen Denkens*, (Forschungen zur Volkskunde, 46), Münster 1972, 72 f.

[12] Palladius, *Historia Lausiaca* cap. 60 = J. Laager, *Palladius, Historia Lausiaca. Die frühen Heiligen in der Wüste*, Zürich 1987, 271 f.

[13] W. C. Wright, *Philostratus and Eunapius, The Lives of the Sophists*, (Loeb

Classical Library), London; Cambridge, Mass., 1961, 425.

[14] S. dazu ausführlich R. Herzog, «Der Kampf um den Kult von Menuthis», in: Th. Klauser, A. Rücker (Hgg.), *Pisciculi. Studien zur Religion und Kultur des Altertums* (Festschrift F.J. Dölger), Münster 1939, 117-124.

[15] J. Drescher, «Apa Claudius and the Thieves», in: Bulletin de la Société d'Archéologie Copte, 8, 1942, 63-87.

[16] Herzog (s. Anm. 14) 121.

[17] Die Einzelnachweise für das Folgende bei Baumeister (s. Anm. 11) 69 f.

[18] Athanasius, *Vita Antonii* cap. 14, 46 und 93; zur Chronologie des Lebens des Antonius vgl. K. Heussi, *Der Ursprung des Mönchtums,* Tübingen 1936, 100-108 (bes. 103 Anm. 1).

[19] So ihre Charakterisierung im Prolog der *Historia monachorum in Aegypto,* § 9; deutsch bei K.S. Frank, *Mönche im frühchristlichen Ägypten,* Düsseldorf 1967, 32.

[20] Palladius, *Historia Lausiaca* prol. ; Laager (s. Anm. 12) 10 f . übersetzt das griechische *philótheos anêr* nicht sehr treffend mit «gottliebender Mann».

[21] Vgl. G. Röwekamp (Hg.), *Egeria, Itinerarium. Reisebericht,* (Fontes Christiani, 20), Freiburg/Br. 22000.

[22] *Historia Monachorum* prol. 5 = Frank (s. Anm. 19) 30.

[23] Entsprechend handelt es sich bei einem der frühesten bekannten Wallfahrts- und Pilgerorte in Ägypten auch um die Eremitage eines Einsiedlers, u. zw. die Klause des Johannes von Lycopolis, vgl. Grossmann (s. Anm. 7) 208-210.

[24] *Historia Monachorum* prol. 5 = Frank (s. Anm. 19) 30.

[25] Grundlegend dazu P. Brown, «Aufstieg und Funktion des Heiligen in der Spätantike», in: ders., *Die Gesellschaft und das Übernatürliche. Vier Studien zum frühen Christentum,* Berlin 1993, 21-47.

[26] So in dem Text *SB* I 2266 Z. 7 f. = A. Deissmann, Licht vom Osten. Das Neue Testament und die neuentdeckten Texte der hellenistisch-römischen Welt, Tübingen ⁴1923, 183; vgl. die in Anm. 19 zitierte Stelle aus der *Historia Monachorum.*

[27] P. Jews 1926, 8-10 = H.I. Bell, W.E. Crum, *Jews and Christians in Egypt. The Jewish Troubles in Alexandria and the Athanasian Controversy,* Westport/Connecticut, 1972, 108 f.

[28] P. Jews 1923, 13-15 = Bell/Crum (s. Anm. 27) 104.

[29] W. Riedel, W.E. Crum, *The Canons of Athanasius,* (Text and Translation Society, 9), Amsterdam 1973, 58.

[30] Belege bei Baumeister (s. Anm. 11) 67.

[31] Riedel/Crum (s. Anm. 29) 58-60.

[32] Vgl. Papaconstantinou (s. Anm. 6) 317-322.

[33] C. Wietheger, *Das Jeremiaskloster zu Saqqara unter besonderer Berücksichtigung der Inschriften,* (Arbeiten zum spätantiken und koptischen Ägypten, 1), Altenberge, 1992, 170-173.

[34] Papaconstantinou (s. Anm. 6) 320-322.

35 Athanasius, *Vita Antonii* cap. 90.

[36] Vgl. Baumeister (s. Anm. 11) 87-183.

[37] Vgl. den Überblick bei S. Sauneron, *Les ermitages chrétiens du désert d'Esna.*

IV. Essai d'histoire, (Fouilles de l'Institut français d'archéologie orientale du Caire, 29,4), Kairo 1972, 50-52.

[38] Die vorliegenden Editionen und Übersetzungen des *Synaxars* erfüllen heutige Normen kritischer Textausgaben nicht, und ebensowenig sind seine Entstehungsbedingungen bislang befriedigend geklärt worden, vgl. R.-G. Coquin, A.S. Atiya, Art.: «Synaxarion: Copto-Arabic», in: A.S. Atiya (Hg.), *The Coptic Encyclopedia*, New York 1991, Bd. VII, 2171-2190 ff.

[39] Zum Inhalt vgl. O. Meinardus, «A Comparative Study on the Sources of the Synaxarium of the Coptic Church», in: Bulletin de la société d'archéologie copte, 17, 1963/64, 111-156, M. de Fenoyl, *Le Sanctoral copte*, (Recherches publiées sous la direction de l'institut de Lettres orientales de Beyrouth, 15), Beirut 1960 und v. a. E. De Lacy O'Leary, *The Saints of Egypt*, Amsterdam 1974, ein alphabetisch geordneter *Index sanctorum* mit kurzen Inhaltsangaben auf der Grundlage des Textes des *Synaxars*.

[40] Vgl. u. die Struktur des koptischen eucharistischen Gottesdienstes.

[41] Publiziert von E. De Lacy O'Leary, *The Difnar (Antiphonarium) of the Coptic Church*, London 1926-1930. Zum koptischen Stundengebet vgl. grundlegend H. Quecke, *Untersuchungen zum Koptischen Stundengebet*, (Publications de l'Institut orientaliste de Louvain, 3), Löwen 1970.

[42] Zitat des Titels nach Quecke (s. Anm. 41) 88. Die Übersetzung «Lehrer» statt «Schreiber» – das zugrundeliegende koptische Wort kann beides bedeuten – erwägt Quecke dabei nur in einer Fußnote. Auszüge des *Antiphonars* in deutscher Übersetzung bei M. Cramer, *Koptische Liturgien. Eine Auswahl*, (Sophia. Quellen östlicher Theologie, 11), Trier 1973, 68-79 sowie dies., Koptische Hymnologie in deutscher Übersetzung, Wiesbaden 1969. Eine Publikation wird von M. Krause vorbereitet.

[43] Vgl. H.-J. Feulner, Art. «Liturgie», in: S. Döpp, W. Geerlings (Hgg.), *Lexikon der antiken christlichen Literatur*, Freiburg/Br. 32002, 458-462.

[44] F. Heiler, *Die Ostkirchen*, München/Basel 1971, 355.

[45] Vgl. Brakmann (s. Anm. 5) 18.

[46] *Euchologion* ist der Name des wichtigsten liturgischen Buches der orthodoxen Kirchen und entspricht in etwa dem römischen Missale.

[47] Publiziert von C.H. Roberts, B. Capelle, *An Early Euchologium*. The Dêr-Balizeh Papyrus Enlarged and Reedited (Bibliothèque du Muséon, 23), Löwen 1949.

[48] Zu den liturgischen Büchern der Koptischen Kirche vgl. allgemein die Zusammenstellung von C.D.G. Müller, Art.: «Liturgische Bücher. III. Kopten», in: J. Aßfalg, P. Krüger (Hgg.), *Kleines Wörterbuch des Christlichen Orients,* Wiesbaden 1975, 229 f.; zu den gedruckt vorliegenden Ausgaben s. H. Malak, «Les livres liturgiques de l'Église copte», in: *Mélanges Eugène Tisserant. Vol. III. Orient chrétien*, (Studi e testi, 233), Vatikanstadt 1964, 1-35.

[49] Belege bei Quecke (s. Anm.41) 2-13.

[50] Vgl. den Titel von Hanna/Hanna (s. Anm. 51).

[51] Die Übersicht ist übernommen aus: A. Gerhards, «»*Meine Natur hast Du in Dir gesegnet"*. Zur Gestalt, Theologie und Spiritualität der koptischen Eucharistiefeier,

besonders des eucharistischen Hochgebets», in: Gerhards/Brakmann (s. Anm. 5) 46-63 (hier: 48-49); vgl. O. Hanna, S. Hanna, *Die koptische Liturgie des Heiligen Basilios und des Heiligen Gregorios mit Abend- und Morgenweihrauch*, (Schriftenreihe des Zentrums patristischer Spirizualität Koinonia – Oriens im Erzbistum Köln, 35), Köln: 1990.

[52] Es handelt sich um den *Zurüstungsakt* bzw. die Gabenbereitung, in deren Verlauf Brot («Lamm») und Wein für die spätere Eucharistiefeier vorbereitet werden.

[53] Auch «Absolution des Sohnes» genannt, vgl. u. Anm. 55.

[54] Vgl. o. S. 102.

[55] Sog. «Absolution des Vaters», vgl. o. Anm. 53.

[56] Vgl. Hanna/Hanna (s. o. Anm. 51) 14; vgl. auch Erzbischof Basilios, Art.: «Mass of the Catechumens» und Art.: «Mass of the Faithful», in: A.S. Atiya (Hg.), *The Coptic Encyclopedia*, New York 1991, Bd. V, 1562-1568.

[57] Vgl. die entsprechenden Kapitel bei Heiler (s. Anm. 44).

[58] Ebd. 355.

[59] Vgl. Hanna/Hanna (s. o. Anm. 51) 10.

[60] Gerhards (s. Anm 51) 49. Zu den vielfältigen Bedeutungen des Begriffs «Anaphora» vgl. den entsprechenden Artikel von A. Baumstark in: RAC, 1, 1950, 418-427.

[61] Zum Folgenden vgl. den guten Überblick von G. Winkler, Art.: «Meßliturgien», in: Aßfalg/Krüger (s. Anm. 48) 266-269.

[62] Vgl. Brakmann (s. Anm. 5) 14.

[63] Entsprechend bietet die deutsche Übersetzung von Hanna/Hanna (s. Anm. 51) auch nur den Text der *Basileios*- und *Gregorios-Anaphora*.

[64] Der Text dieses wichtigsten liturgischen Manuskripts in sahidischer Übersetzung wurde publiziert von E. Lanne, *Le grand euchologe du Monastère blanc*, (Patrologia Orientalis, 28,2), Paris 1958.

[65] Brakmann (s. Anm. 5) 14.

[66] J. Henner, *Fragmenta Liturgica Coptica,* (Studien und Texte zu Antike und Christentum, 5), Tübingen 2000.

[67] Vgl. Engberding (s. Anm. 4) 190.

DAS HOCHGEBET DES HEILIGEN BASILIUS

Ursprung und Entwicklung einer höchst lebendigen Tradition

Achim Budde

Am besten, man erlebt es mit: wie die uralten Melodien erklingen; wie Zimbel und Triangel ihre mitreißenden Rhythmen entfalten; wie der Priester, seit alters in schlichtes Weiß gekleidet, feierlich den Altar beräuchert, umschreitet und wieder beräuchert; wie sich das ganze Volk mit der Stirn zu Boden wirft, um seinem Herrn zu huldigen; wie die Gemeinde in einen intensiven Wortwechsel mit Priester und Diakon eintritt und dabei Rufe im Munde führt, die bereits in den antiken Quellen stehen; wie insgesamt einer der ältesten Riten, die in der Kirche lebendig sind, in jener unvergleichlichen Mischung aus Ehrfurcht und Herzlichkeit vollzogen wird, die so nur die orientalischen Christen kennen – all dies kann in schriftlicher Form nicht eingefangen werden; man muss es sich anschauen.

Dafür muss man gar nicht nach Ägypten fahren; denn auch im deutschsprachigen Raum feiern Kopten heute an mehreren Dutzend Stätten regelmäßig Eucharistie und benutzen dabei jenes eucharistische Hochgebet (Anaphora), um das es im Folgenden geht. Einer herzlichen Aufnahme darf sich der Besucher sicher sein, ebenso der Einladung zur aktiven Teilnahme am Psalmengebet, an Wortgottesdienst, Glaubensbekenntnis, Vaterunser und Friedensgruß. Der Empfang der Eucharistie ist allerdings orientalisch-orthodoxen Christen vorbehalten, weil diese höchste Form der kirchlichen Gemeinschaft nach alter Überzeugung erst den krönenden Abschluss auf dem Weg zur Einheit bilden soll. Die anschließende Austeilung des nicht konsekrierten Brotes zeigt aber, dass dies eine Frage der Eucharistie-Auffassung und nicht der Gastfreundschaft ist. Dieses Brot wird oft über Nacht in einer langen und geistlich gestalteten Prozedur gebacken, in deren Verlauf der gesamte Psalter rezitiert und gewissermaßen in den Teig mit eingeknetet wird.

So ist es im Grunde mit der ganzen Eucharistiefeier: Im Laufe bald zweier Jahrtausende wurde die liturgische Gestalt dieses Mysteriums nach und nach mit Inhalt angereichert, und die meisten Details transportieren mehr Sinn, als sich auf Anhieb erschließt. Wer die Eucharistie zum Kern des kirchlichen Lebens zählt und Freude am Vollzug frühchristlicher Traditionen hat, der kann bei der Feier der koptischen Basilius-Anaphora leicht in Begeisterung geraten. Vorausgesetzt natürlich, dass er versteht, was geschieht. Dafür wollen die folgenden Seiten eine Hinführung sein[1].

1. Als Detektiv auf der Spur des Basilius

«Kombiniere ... der Täter hat keine Fingerabdrücke hinterlassen, aber die Indizien verraten ihn doch!» So hätte wohl Sherlock Holmes die vertrackte Überlieferungslage zu den Ursprüngen des Gebets zusammengefasst; und es erfordert in der Tat eine Menge detektivischen Scharfsinns, die heiße Spur bis zum Ausgangspunkt zurückzuverfolgen.

1) Das beginnt mit dem Namen. Das hier behandelte Gebet ist nur in Ägypten überliefert, trägt aber den Namen eines Heiligen aus Kappadokien in der heutigen Zentraltürkei. Zu oft wurden Gebeten solche Namen erst nachträglich verliehen, als dass man dieser Zuschreibung einfach glauben dürfte. Allerdings ist Basilius von Caesarea († 378) auch in Byzanz als Patron eines Hochgebets bekannt und die beiden Texte sind tatsächlich miteinander verwandt[2]. Weil sie aber seit der Spätantike bis ins Mittelalter hinein von unterschiedlichen Kreisen tradiert und gefeiert wurden, bleiben nur zwei Möglichkeiten: Entweder es haben sich zwei weit voneinander entfernte Bearbeiter völlig unabhängig und rein zufällig denselben Namen für die beiden Texte ausgedacht, deren Verwandtschaft dann viel später auch nachgewiesen wurde. Das ist aber sehr unwahrscheinlich. Oder der Name des Basilius wurde schon vor der Verzweigung mit dem Gebet in Verbindung gebracht. So dürfte es wohl gewesen sein.

2) Diese Verzweigung aber geschah durch eine umfangreiche Überarbeitung, die allgemein im 4. Jahrhundert angesetzt wird[3] und aus der dann die byzantinische Fassung mit ihren Ablegern hervorging. Wer diese Überarbeitung durchgeführt hat, ist dem Text selbst leider nicht zu entnehmen. Man weiß zwar, dass Basilius auch auf dem Feld der Liturgie literarisch tätig war[4] und dass der Übergang vom frei improvisierten zum vorgeschriebenen Gebet im 4. Jahrhundert besonders von den Bischöfen der Großstädte forciert wurde[5]. Aber die sprachliche Nähe der ‹Anaphora des Basilius› zu dessen überlieferten Schriften ist viel zu vage, um seine Autorschaft nachzuweisen[6]. Es kommen also grundsätzlich auch andere Persönlichkeiten des 4. Jahrhunderts in Frage.

3) Nun gibt es Indizien, die tatsächlich eine Verbindung des Gebets zu seinem Namensgeber herstellen: Aus Armenien sind einige sehr alte Eucharistiegebete überliefert, die zum Teil in ihrer Konzeption und auch im Vokabular der Basilius-Anaphora auffällig nahe stehen[7]. Diese Texte aber stammen aller Wahrscheinlichkeit nach aus dem 4. Jahrhundert und aus Caesarea in Kappadokien, also

exakt aus der Bischofsstadt und aus der Zeit Basilius' des Großen. Das bedeutet: Die Gebetstradition im engeren Sinn, aus der heraus die beiden Fassungen der Basilius-Anaphora niedergeschrieben wurden, ist in Kappadokien zuhause und dürfte dem Bischof der dortigen Metropole Caesarea wohl vertraut gewesen sein.
Damit ist Basilius nicht im juristischen Sinne überführt. Aber zumindest ist es angesichts dieser Faktenlage wahrscheinlicher, dass Basilius tatsächlich etwas mit den nach ihm benannten Gebeten zu tun hatte, als dass es ihm jemand anders etwa zur gleichen Zeit fälschlich untergeschoben hätte.

2. Rekonstruktion einer altkirchlichen Eucharistie-Auffassung

Die andere Frage ist natürlich, was genau der Anteil des Basilius gewesen sein mag. Autorschaft, wie wir sie von literarischen Texten kennen, kommt bei Liturgien so kaum vor. Nur wenige Passagen sind überhaupt zur kreativen Ausgestaltung geeignet. Es kann also sein, dass Basilius gar nicht so viele persönliche Gedanken in seine Version des Eucharistiegebets einfließen ließ. Vor allem die ägyptische Basilius-Anaphora enthält überwiegend Formulierungen, die bereits im 4. Jahrhundert alte, mündliche Gewohnheiten waren[8]. Der Kern des hier besprochenen Gebetes ist also vermutlich der Versuch Basilius' des Großen, jene Tradition aufzuzeichnen, die ihm vorauslag und in der er selbst noch frei zu beten gelernt hatte.
Diese erstmals notierte Fassung lässt sich nicht mehr rekonstruieren. Zu viele haben inzwischen an dem Gebet gefeilt, und zu vital verläuft insgesamt die Entwicklung liturgischer Texte. Wenn die Überlieferung vor der Zeit der ältesten Handschrift auch nur halb so beweglich war, wie man es seitdem beobachten kann, dann haben wir keine realistische Chance, frühere Stadien im Wortlaut sicher wiederherzustellen.
Sehr wohl aber kann man den Inhalt beschreiben: die gedankliche Konzeption und die Eucharistie-Auffassung, die dem Gebet bereits damals zugrunde lagen. Das ist allerdings ein mühseliges Geschäft, das eher an das zähe Aktenstudium eines Kriminalbeamten erinnert als an den sprühenden Geist eines literarischen Meisterdetektivs. Die Methode ist im Grunde ganz einfach: Man sucht in anderen antiken Hochgebeten nach Ähnlichkeiten – nicht um darin direkte redaktionelle Vorlagen oder Plagiate zu finden, sondern um herauszufinden, ob nicht der ganze Gedankengang mit seiner festgelegten Abfolge von Unterthemen auch anderswo überliefert ist. Entscheidend ist dabei, ob die Ähnlichkeiten auch in derselben Reihenfolge auftreten. Sonst sind es nur geläufige Formeln.
Tatsächlich lassen sich solche traditionellen Grundgerüste aufspüren; und es erstaunt, dass sich nicht nur die Themenfolge, sondern

zu jedem Thema auch ganz konkrete Stichworte und Kurzformeln identisch wiederfinden, obwohl die Texte in ihrer grammatischen Substanz ansonsten völlig unterschiedlich sind. Offenbar haben wir es mit einer Improvisationstechnik zu tun, wie sie heute im Jazz zur Anwendung kommt: Das Harmonieschema und einzelne melodische Motive sind feste Tradition, der Rest wird beim Vortrag frei gestaltet[9]. Die engsten Verwandten der Basilius-Anaphora sind die bereits erwähnten, nur auf Armenisch erhaltenen kappadokischen Anaphoren, die nach den Heiligen Sahak und Kyrill benannt sind[10]. Im Heilsgedächtnis bieten die Jerusalemer Jakobus-Anaphora[11] und die ostsyrische Nestorius-Anaphora[12] auffällige Übereinstimmungen. Alle diese Gebete gehen mittelbar auf antiochenische Traditionen des 4. Jahrhunderts zurück. Und dass ihre markanten Gemeinsamkeiten tatsächlich noch dieses ursprüngliche Milieu widerspiegeln, wird zum Teil durch Parallelen in den Katechesen Theodors von Mopsuestia bestätigt, die etwa in dieselbe Zeit und Gegend gehören[13].

Hat man diese traditionellen Struktur- und Text-Elemente in den später überlieferten Fassungen einmal erkannt, kann man sie wie Puzzleteile zu einem theologischen Konzept der Eucharistie zusammensetzen.

3. Das hinterlassene Mysterium

Beginnen wir mit der Struktur: Das Gebet folgt der im antiochenischen Liturgieraum üblichen Zweiteilung in einen erinnernden, ‹anamnetischen Teil› und einen bittenden, ‹epikletischen Teil›. Zunächst erfolgt im Erzählstil das Gedächtnis des an uns geschehenen Heiles (2); dann wird im Imperativ neu um Gottes Gedenken gebetet (5)[14]. An der Grenze dieser beiden Hälften wird das heilige Mahl thematisiert: Der ‹anamnetische Teil› mündet in die ausführliche Erzählung des Letzten Abendmahls (3); der ‹epikletische Teil› knüpft direkt daran an und beginnt mit der Bitte um die Heiligung der heute auf dem Altar liegenden Gaben (4). Eingerahmt wird alles vom Lobpreis Gottes (1 & 6). Diese Verschränkung und Verklammerung der sechs Abschnitte lässt sich schematisch darstellen:

	1. Schöpfungslobpreis		
Anamnetischer	2. Heilsgedächtnis		
Teil	3. Einsetzungsbericht	*Mahl-*	*Doxologischer*
Epikletischer	4. Epiklese	*geschehen*	*Rahmen*
Teil	5. Memento		
	6. Doxologie		

Zu Abschnitt (1): Bereits im 4. Jahrhundert war es üblich, einen doxologischen Gebetsauftakt mit dem Sanctus zu krönen[15]. Die Anerkennung des Schöpfers und der eigenen Geschöpflichkeit sind die Grundkonstanten des christlichen Gebets. Sie finden ihre Erfüllung im Lobpreis Gottes, der zugleich die Voraussetzung und das Ziel des Gebetes ist. Mehr lässt sich zum damaligen Inhalt des ersten Abschnitts nicht mehr sagen.

Zu Abschnitt (2): Das Heilsgedächtnis ist streng geschichtlich aufgebaut und umfasst zum ersten Mal in der greifbaren anaphorischen Überlieferung die gesamte Heilsgeschichte von der Schöpfung bis zum Jüngsten Gericht. Dabei wurden zwei vormals einzeln kursierende Erzähl-Zyklen miteinander verbunden: a) einer von der Erschaffung des Menschen über den Sündenfall, die Vertreibung aus dem Paradies und die bleibende Zuwendung Gottes bis zum Erscheinen des Erlösers; b) der zweite von der Inkarnation Christi über die klassischen Stationen seines Heilswerks bis zur Himmelfahrt und der Ankündigung seiner Wiederkehr im Gericht. Durch diesen Vorgriff auf die Zukunft und auch durch die Aspekte ‹Taufe› und ‹Sammlung des Gottesvolkes› (Verse 34f) gerät bereits hier die Zeit nach Jesu Fortgang mit in den Blick: die Zeit der Kirche und der Eucharistie.

Zu Abschnitt (3): Aus diesem Grund wird dann das Letzte Abendmahl auch nicht in der chronologischen Reihenfolge vor dem Kreuzestod erzählt, sondern erst ganz am Ende, nach dem Vorausblick auf die Wiederkehr Christi, unter der bemerkenswerten Überschrift: «Er hinterließ uns aber dieses große ‹Geheimnis des Glaubens›» (Vers 43). Die auch dem Römischen Kanon bekannte Formel *mysterium fidei* ist hier der Name für die Eucharistie als Ganze. Sie ist das Sakrament, durch das Christus seine hinterbliebene Gemeinschaft zu einem Leben in Frömmigkeit (eusebeia) befähigt, damit sie in den Anfechtungen der Welt und im Jüngsten Gericht bestehen kann. Durch diesen kompositorischen Kunstgriff wird auf der einen Seite das Letzte Abendmahl aus der kalendarischen Abfolge der Heilsereignisse formal herausgelöst, auf der anderen Seite aber die Eucharistie der Kirche sachlich in genau diese Heilsgeschichte eingebunden. Denn Thema des Einsetzungsberichtes ist dann nicht in erster Linie, was Jesus selber damals tat, sondern was er seiner Gemeinde für die Zukunft aufgetragen hat. Diese Zukunft aber ist Gegenwart, jedesmal wenn das Gebet gesprochen wird.

Zu Abschnitt (4): So bildet der Gedächtnis- und Wiederholungsauftrag Christi (Verse 72–74) den Höhepunkt der Erzählung und leitet direkt über zur Epiklese, zur Bitte um die Heiligung der Gaben auch im aktuell gefeierten Mahl. Auch dort zeigt sich die ekklesiologische Ausrichtung der ursprünglichen Konzeption: Nicht die persönliche Erlösung des Einzelnen steht im Mittelpunkt, sondern die Stärkung der kirchlichen Gemeinschaft (Vers 98). Die Auferbauung und eschatologische Sammlung des Gottesvolkes ist das eine große Ziel im Heilsplan Gottes – und der eine große Auftrag der Kirche. Genau diesem Ziel sind auch die Heiligung und der Empfang der Gaben in der Eucharistie dienend zugeordnet.

Zu Abschnitt (5): Ob es im 4. Jahrhundert schon ein umfangreiches anaphorisches Memento gegeben hat, entzieht sich unserer Kenntnis. Wenn es bereits üblich war, dann blieb die Durchführung offenbar so frei, dass sich dazu im späteren Verbreitungsgebiet dieser Tradition kaum mehr gemeinsame Standards gehalten haben. In jedem Fall müsste es der Epiklese gefolgt und eine reine Entfaltung dessen gewesen sein, was dort bereits grundsätzlich zum Ausdruck kam: dass die versammelte Eucharistiegemeinde Teil einer größeren Communio ist – und Teil eines größeren Plans.

Zu Abschnitt (6): Diesen Rahmen bringt die abschließende Doxologie wieder ins Bewusstsein: Am Ende sollen alle und alles in den ewigen Lobpreis des Schöpfers einbezogen sein.

4. Eine kurze Geschichte des Heils

Mit der heilsgeschichtlichen Ausrichtung ihrer Danksagung in Abschnitt (2) ‹Heilsgedächtnis› steht die Basilius-Anaphora ganz im Trend des 4. Jahrhunderts: Damals beginnt die Kirchengeschichtsschreibung[16]; und in Jerusalem werden die wichtigsten Schauplätze der christlichen Heilsgeschichte mit prachtvollen Kirchenbauten versehen und liturgisch in einen historisierenden Zyklus von Festtagen eingebunden, der bis heute unserem Kirchenjahr zugrunde liegt[17]. Viele Eucharistiegebete haben diesem Perspektivenwandel in ihrem Heilsgedächtnis Rechnung getragen. Neu und einzigartig ist aber in der ägyptischen Basilius-Anaphora, dass nicht nur dieser eine Abschnitt, sondern das ganze Gebet als universale Geschichte des Heils komponiert und in diesem Sinne auch bis in die jüngste Vergangenheit hinein ausgestaltet wurde.

Der Gedankengang beginnt mit der Erschaffung der sichtbaren und der unsichtbaren Welt (Verse 14.16) und endet mit dem das All umfassenden Lobpreis, den die Schöpfung ihrem Gott am Ende der Zeiten entgegenbringen wird (Verse 193.196). Zwischen Anfang und Ende sind alle anderen Abschnitte eingespannt: Nimmt die Erzählung im Paradies ihren Ausgang (Vers 26), so mündet das Memento in die Bitte um Aufnahme der verstorbenen Gläubigen in eben dieses «Paradies der Wonne» (Vers 191). Wird vorne der Rettung der gefallenen Menschheit und der Sammlung des Gottesvolkes durch Jesus Christus gedacht, so wird im Memento das Schicksal dieses Gottesvolkes in allen Facetten dem Gedenken Gottes anheim gestellt. Eingespannt zwischen das erste Erscheinen Christi in der Menschwerdung (Vers 29) und sein zweites Erscheinen in der endzeitlichen Wiederkunft (Vers 41) ist auch die Zeit der Kirche eine Epoche von fundamentaler Bedeutung im Heilsplan Gottes. Das Konzept, auch die Gegenwart und die Zukunft in den heilsgeschichtlichen Duktus einzubinden, kulminiert im Thema ‹Eucharistie›. So hat Christus uns das Mysterium der Eucharistie eigens hinterlassen, um auch nach seinem Aufstieg in den Himmel leiblich präsent zu sein und uns für den Weg durch die Zeiten Stärkung zu geben. So ist die Eucharistiefeier, zu der sich die Gemeinde versammelt hat, nicht nur der äußere Anlass zur Danksagung (*eucharistia*), sondern selbst ein wesentlicher Bestandteil jener Heilsgeschichte, für die dem Schöpfer Lob und Dank gebühren.

Dies ist, vereinfacht und mit heutigen Worten gesagt, das theologische Konzept, das sich im antiochenischen Umfeld entwickelte und im 4. Jahrhundert in Kappadokien zu einer ersten schriftlichen Fixierung gelangte. Die sechsteilige Komposition und die streng heilsgeschichtliche Perspektive bilden bis heute das Gerüst des Gebetes, auch wenn es um zahlreiche weitere Aspekte angereichert wurde.

5. Der Himmel über Ägypten

Einige sprachliche und strukturelle Details verraten, dass das kappadokische Gebet eine Zeitlang von der Liturgie der Kirche Syriens geprägt wurde. Irgendwann aber ist es nach Ägypten gelangt – vermutlich, als im 6. Jahrhundert der in Antiochien verfolgte Patriarch Severos in Alexandria Zuflucht suchte und von dort aus das kirchliche Leben der Kopten neu organisierte[18]. Seit dieser Zeit sind zahlreiche syrische Traditionen in der Liturgie Ägyptens belegt. Diese Vorgänge sind deshalb für uns interessant, weil sie für ein altes Rätsel, das das Hochgebet des heiligen Basilius uns aufgibt, die Lösung bereitstellen könnten: Der eröffnende Abschnitt (1) ‹Schöpfungslobpreis› mit dem Sanctus ist mit dem byzantinischen Paralleltext so wenig verwandt, dass nichts auf jene gemeinsame Vorgeschichte der beiden Fassungen hindeutet, die für andere Abschnitte klar nachweisbar ist[19]. Außerdem fehlt dem Text eine trinitarische Deutung des Dreimal-Heilig, wie sie in allen antiochenischen Anaphoren üblich ist. Umgekehrt erweist sich der Wortlaut in diesem Passus klar als ägyptisch inspiriert: Fast alle seine Formulierungen sind auch anderswo in den Quellen Ägyptens belegt, und der Text ist sprachlich auf die bereits seit langem in Ägypten üblichen Aufrufe des Diakons abgestimmt. Das bedeutet, dass Abschnitt (1) ‹Schöpfungslobpreis› wahrscheinlich nicht zum alten, kappadokischen Bestand gehört, sondern erst anlässlich der Übernahme des Gebetes in den alexandrinischen Ritus redaktionell gestaltet wurde.

Dafür gab es einen triftigen Grund. Denn in Ägypten hatte gerade das Sanctus eine ganz eigene Tradition liturgischer Verwendung, der auch ein ganz eigenes inhaltliches Konzept zugrunde lag. In der Markus-Anaphora[20] etwa diente es nicht nur zur Ausgestaltung einer doxologischen Gebetseröffnung, sondern bildete geradezu die kompositorische und theologische Voraussetzung für den Vollzug der Eucharistie: So wie die Herrlichkeit Gottes Himmel und Erde erfüllt, so sollen auch die Gaben von Gottes Geist erfüllt werden. Ähnlich zentral wird das Sanctus auch in der Taufwasserweihe eingesetzt[21]. Dabei wird der von Jesaja (Jes 6) überlieferte Wortlaut des himmlischen Lobpreises in Ägypten nicht nur zitiert und von der ganzen Gemeinde mitgesungen, sondern immer auch szenisch umgesetzt: Der Diakon ruft die Gemeinde auf, sich zu erheben und nach Osten zu wenden, wo der Himmel liturgisch angesiedelt ist. Diese Umsetzung ist in der Basilius-Anaphora besonders schlüssig, wo im Priestertext die himmlische Welt als liturgisches Geschehen beschrieben wird: Die Engel singen und preisen, sie stehen aufrecht um ihren Herrn (Verse 20.22), und allein dieser sitzt auf seinem himmlischen Thron (Vers 17). Wenn nun die Gemeinde sich ebenfalls erhebt (Vers 19) und dann den Lobgesang der Engel selber singt (Vers 24), dann tritt sie gewissermaßen in die himmlische Liturgie mit ein. Die Vereinigung von Himmel und Erde zum Lobpreis Gottes ist für das alte ägyptische Liturgieverständnis zentral und wird durch die Teilhabe an den Gaben sakramental Wirklichkeit.

Auf diese Weise wurde das Mysterium der Eucharistie in Ägypten vornehmlich in kosmologischen Kategorien mit Gott in Verbindung gebracht, während im kappadokischen Kern der Basilius-Anaphora die Heilsgeschichte das entscheidende Bindeglied zwischen der

Gemeinde und ihrem damals in den Himmel aufgestiegenen Herrn ist. Als das Gebet von den ägyptischen Christen übernommen wurde, war man offenbar bemüht, den Aspekt der Kosmologie, die Verschmelzung der irdischen mit der himmlischen Liturgie, in die neue Struktur einzubinden. Auf diese Weise entstand ein Gebet, das in seinem Gedankengang antiochenisch-heilsgeschichtlichem Usus folgt, in der Gebetseröffnung jedoch auch die gewohnte ägyptische Denkweise entfaltet[22]. Diese Verschmelzung zweier theologischer Eucharistiekonzepte dürfte eine bewusste Maßnahme anlässlich der Übernahme des Gebetes durch die koptische Kirche gewesen sein.

6. Die Dominanz der liturgischen Praxis

In vielen anderen Fragen sind ägyptische Eigenheiten unmerklich in das Gebet eingedrungen – einfach dadurch, dass es nun in Ägypten benutzt wurde und mit seinem neuen kulturellen und liturgischen Umfeld in Beziehung trat. Dass unser Gebet ein «lebendiger Text» im wahrsten Sinne des Wortes ist, zeigt sich daran, dass keine zwei Handschriften denselben Wortlaut bieten. Während sich diese Vitalität aber in den ersten beiden Abschnitten kaum bemerkbar machte, hat sich der Rest des Gebetes im Laufe der Zeit noch stark verändert. So wurde etwa der frei nach den biblischen Abendmahlsberichten gestaltete Grundstock des Einsetzungeberichts über die Jahrhunderte um zahlreiche weitere Elemente ergänzt. Und wenn man sich einmal damit abgefunden hat, dass wir aus diesen Ergänzungen zwar nichts über das historische Abendmahl erfahren, aber vieles über die Liturgie jener Zeit, zu der sie eingefügt wurden, dann ergeben sich ganz erstaunliche Bezüge. So erweitern beispielsweise die koptischen Versionen die Aufforderung Christi «Nehmt und esst!» zu «Nehmt und esst *alle* davon!» (Verse 57.69); in der Epiklese wird «Mach uns würdig zu empfangen» zu «Mach uns alle würdig ...» (Vers 97). Darin spiegelt sich die liturgische Praxis wider, dass in der koptischen Kirche alle Getauften, die zur Eucharistiefeier versammelt waren, auch tatsächlich am Mahl teilnahmen[23]. In dem Vers «Er nahm Brot» wurden irgendwann die Hände Christi erwähnt: «Er nahm Brot in seine heiligen ... Hände» (Vers 46). Dies steht mit einem gesteigerten Empfinden für die Heiligkeit der Eucharistie in Zusammenhang, die seit dem 4. Jahrhundert auf die mit der Eucharistie in Berührung kommenden Geräte und Personen abzustrahlen beginnt: In derselben Quelle, die erstmals die heiligen Hände Christi erwähnt, erscheint auch die Handwaschung der Liturgen[24]! Diese Ehrfurcht wird nun in das Letzte Abendmahl zurückprojiziert.

Auch der immer wieder so genannte «Symmetrietrieb»[25] erweist sich als eine späte Folge der *zeremoniellen* Gestaltung, nicht als geometrisches Phänomen. Die wichtigste symmetrische Angleichung, die identische Abfolge der drei Heiligungstermini «er dankte, er segnete, er heiligte» beim Brot und beim Kelch findet nämlich nur in Gegenden statt, wo der Text durch eine dreifache Bekreuzigung der Gaben und ein dreifach akklamiertes «Amen» der Gemeinde auch rituell rhythmisiert wird (Verse 49–54.61–66). Wenn schließlich dem Brechen des Brotes nicht das Vergießen, sondern das Kosten des Weines gegenübersteht (Verse 56.68), beides aber von einer kurzen Berührung durch den Priester begleitet wird, dann ist die gestische Parallelisierung sogar noch stärker als die textliche.

An diesen Beispielen zeigt sich, dass ein Gebet wie die Basilius-Anaphora seine sprachliche Gestalt nicht nur aus theologischen Erwägungen erhält. Als Bestandteil einer komplexen rituellen Handlung wird der Text auch von der liturgischen Praxis stark geprägt.

7. Nilkultur in Reinkultur

Vor allem im Abschnitt (5) ‹Memento› erhielt die Anaphora einen unverwechselbar ägyptischen Zuschnitt. Das Paradebeispiel für gelungene Inkulturation betrifft die Agrikultur. Das landwirtschaftliche und damit das gesamte gesellschaftliche Leben Ägyptens war Jahrtausende lang vom Rhythmus des jährlichen Nilhochwassers geprägt, an den sich auch die drei ägyptischen Jahreszeiten anlehnen[26]. In der koptischen Kirche wird dieser Ablauf seit alters durch jeweils passende Fürbitten begleitet, die sich zunächst außerhalb des Eucharistiegebets entwickelten und dann irgendwann in die Anaphoren übernommen wurden. Während der Monate der Nilschwemme, also von Juni bis Oktober, war das rechte Maß der Flut das wichtigste Thema (Verse 121f), weil davon dann die Fruchtbarkeit der Felder und die Höhe der Ernte abhängig waren[27]. Von November bis Januar wird für eine erfolgreiche Aussaat und das gute Wachstum der Feldfrüchte gebetet (Verse 125f). Von Januar schließlich bis Juni stehen die fruchttragenden Bäume im Mittelpunkt, die das heiße Sommerwetter unbeschadet überstehen sollen (Verse 129f). Dann steigt erneut der Nil. Natürlich leidet diese Berücksichtigung der äußeren Lebensbedingungen heute nicht unerheblich darunter, dass es seit dem Bau des Assuan-Staudamms keine Nilflut mehr gibt.

Bevor es aber überhaupt dazu kommen konnte, dass wichtige Gebetsanliegen aus anderen Kontexten in die Basilius-Anaphora übernommen wurden, musste ein Sinneswandel stattfinden. Denn eigentlich war das Memento nicht einfach eine Wiederholung des Fürbittgebets, das die Gläubigen bereits vor der Anaphora abgehalten hatten. Vielmehr hatte es ursprünglich die Funktion, im Kontext der heilsgeschichtlichen und eschatologischen Bestimmung der versammelten Gemeinde die größere Gemeinschaft der gesamten Kirche ins Gedächtnis zu rufen (s. o.). Dass sich nun in Ägypten das Thema ‹Fürbitte› wie ein Firnis über das gesamte Memento legt, ist zu einem guten Teil dem Einfluss des liturgischen Umfelds zu verdanken. Denn hier war es üblich, dass der Diakon die Anliegen des Priestertextes in Form kurzer Gebetsaufrufe an die Gemeinde weiterleitete. Als die Basilius-Anaphora in Ägypten übernommen wurde, behielt der Diakon die gewohnten Texte seiner Aufrufe bei, die allerdings tatsächlich aus dem Kontext von Fürbitten stammen und konkrete Anliegen verfolgen. So kommt es, dass das «Gedenke der Kirche!» aus dem Munde des Priesters vom Diakon als «Betet für *den Frieden* der Kirche!» an die Gemeinde weitergegeben wird. Auf lange Sicht sollte der Diakon sich mit seinem Verständnis durchsetzen: Im Gedenken der Kirche trägt der Priester irgendwann den Aspekt des Friedens aus dem folgenden Diakonenvers nach und macht damit auch seinen eigenen Text zu einer Bitte um konkreten Vorteil (Verse 99f)[28]. Hier ist der Inhalt von den Gepflogenheiten des liturgischen Umfelds durchdrungen worden.

Eine Ägyptisierung ganz anderer Art zeigt sich im Heiligengedächtnis. So wie das Memento der Lebenden seine Aufzählung mit den hochrangigen Klerikern beginnt, so stehen im Memento der Verstorbenen die Heiligen am Anfang. Während es aber die meisten Anaphoren mit Maria, Stephanus und ein paar weiteren Einträgen genug sein ließen, wurde die ägyptische Liste auf zum Teil über 80 Posten erweitert (Verse 142–162). Ungeachtet der Frage, inwieweit dieser langwierige Passus den Spannungsbogen des Eucharistiegebetes beeinträchtigt, führt die Zusammenstellung in das Zentrum ägyptischer Frömmigkeit. Denn mit den Namen sind nicht nur Lebensgeschichten längst vergangener Zeiten verbunden, sondern immer auch Klöster und Pilgerzentren, die sich dem Gedächtnis und dem Patronat einzelner Heiliger in besonderer Weise verschrieben haben – einschließlich der liturgischen und architektonischen Monumente, die sie hervorgebracht haben. Die Aufnahme einzelner Namen in die Liste steht daher in zweifacher Verbindung zur jeweils zeitgenössischen Erinnerungskultur. a) Einerseits gestalten die einzelnen Tradentenkreise die Liste danach aus, welche Heiligen für ihre Identität, ihre Region, ihr Kloster wichtig sind. b) Umgekehrt wird der einzelne Gläubige nicht nur die hagiographischen Daten assoziiert haben, wenn die Namen verlesen wurden, sondern immer auch dieses Kloster oder jene Reliquie, einen bestimmten Festtag oder ein selbst erfahrenes Wunder. Nur vor diesem Hintergrund konnte die namentliche Erwähnung der wichtigsten Heiligen eine Bedeutung und einen Umfang annehmen, der das ursprüngliche Memento der Heiligen an blanker Textmenge leicht um das Achtfache übersteigt. Eine Übersicht über die Lebensgeschichten und die Verehrungstraditionen aller genannten Heiligen ergäbe einen guten Querschnitt durch die Geschichte der koptischen Kirche. Und der hohe Anteil an Mönchen und Patriarchen gibt dabei auch einen Hinweis darauf, in welchen Kreisen die später amtliche Fassung des Gebets benutzt und gestaltet wurde.

8. Die Stimme des Volkes

Eine ganz andere Eigenart des koptischen Eucharistiegebets ist oft bewundert worden: Der Gemeinde wuchs in Ägypten eine aktive Teilnahme zu, die jeden sonst in den Kirchen üblichen Rahmen sprengt. Möglich wurde dies nur, weil das Gebet bei den Kopten immer laut gesprochen und immer wieder auf die mehrfach wechselnde Volkssprache umgestellt wurde. So konnten die Gläubigen dem Inhalt stets innerlich folgen. Dabei erstaunt es, dass ausgerechnet das Volk, dem die Übersetzung der Gebete doch zugute kommen sollte, seine eigenen Texte in der alten Sprache beibehielt. Der Eröffnungsdialog, das Sanctus, die Gerichtsakklamation, die Antwort auf den Gedächtnisauftrag und die Doxologie werden bis heute auf Griechisch akklamiert. Andere Rufe entstanden in der Zeit, als das Volk Koptisch sprach, und verlauten bis heute in dieser Sprache, während der Haupttext längst auf Arabisch gebetet wird. Die Gemeinde hat sich also ihre einmal eingewöhnten Rollentexte nicht wieder nehmen lassen und ihr Repertoire im Lauf der Jahrhunderte durch neue Einsätze nach und nach behutsam ausgeweitet.

Ein wichtiger Faktor dafür war die überregionale Angleichung verschiedener Traditionen. Wenn etwa in Unterägypten jeweils nach jedem einzelnen der drei oben erwähnten Heiligungstermini im Einsetzungsbericht ein kurzes «Amen» gerufen wurde (Verse 50–54.62–66), so stand in Oberägypten erst am Ende der Reihe, die hier unterschiedlich lang sein konnte, ein feierliches Bekenntnis: «Wir glauben und bekennen und preisen» (Verse 55.67) In der späteren, gesamtägyptischen Fassung steht dann beides nebeneinander. Durch solche gegenseitigen Übernahmen wurde den Einwohnern verschiedener Regionen die aktive Teilnahme am Gottesdienst der jeweils anderen Provinz erleichtert. Auch für unsere Gegenwart, in der kaum ein Christ sein Leben lang in jener Kirchengemeinde bleibt, in der er sozialisiert wurde, wird es immer bedeutsamer für die liturgische Kompetenz der Gläubigen, dass ihre Gewohnheiten überregional kompatibel sind und die verinnerlichten Rollentexte auch nach einem Ortswechsel noch zur Anwendung kommen können.

Eine besonders wichtige Akklamation soll noch zur Sprache kommen, weil sie der lutherischen Agende ebenso bekannt ist wie dem römischen Messbuch: der Ruf «Deinen Tod, o Herr, verkünden wir

...» nach den Einsetzungsworten (Vers 75). Ihr voller Gehalt kommt allerdings in ihrem ursprünglichen Kontext ungleich besser zum Vorschein als in den jüngsten Adaptationen der Kirchen des Westens. Denn im Osten werden die Einsetzungsworte Christi seit alters durch die umformulierten Worte des Paulus aus 1 Kor 11, 26 fortgeführt. Christus sagt dann mit Blick auf die Zukunft (Verse 72-74): «Denn jedes Mal, da ihr dieses Brot essen werdet und diesen Kelch trinken, werdet ihr meinen Tod verkündigen [...], bis ich wiederkomme.» Die Verkündigung seines Todes erscheint hier als der zentrale Gehalt des eucharistischen Mahles. Und die Gemeinde vollzieht daraufhin diese Verkündigung in direkter Antwort an ihren Herrn: «Deinen Tod, Herr, verkündigen wir, und deine heilige Auferstehung und Himmelfahrt bekennen wir.» Damit erfüllt die Gemeinde die Verheißung Christi und schafft so die Voraussetzung für die unmittelbar folgende Bitte, Gott möge durch das Kommen seines Heiligen Geistes auch die heute vorliegenden Gaben Brot und Wein zum Leib und Blut Christi machen. Der entscheidende Übergang von der Erinnerung an die Einsetzung der Eucharistie im Letzten Abendmahl hin zur aktuellen Heiligung der Gaben für das Mahl (oben im Schema vom ‹anamnetischen Teil› zum ‹epikletischen Teil›) geschieht nach dieser Konzeption durch die Akklamation des Volkes. Die kompositorische und theologische Bedeutsamkeit dieses gemeinsamen Bekenntnisses kommt in der heute im Abendland üblichen Form nicht annähernd so klar zum Ausdruck wie im Eucharistiegebet der Kopten.

9. Ökumenische Aktualität

In einer beeindruckenden Rezeptionsgeschichte hat die hier besprochene Gebetstradition weite Teile der Weltchristenheit geprägt. Das beginnt bereits im 4. Jahrhundert mit jener Überarbeitung durch vermutlich Basilius den Großen selbst, deren Weiterentwicklung heute in allen orthodoxen Kirchen byzantinischer Prägung gefeiert wird und die in wiederum eigenständigen Überarbeitungen auch in den Kirchen Armeniens und Syriens zum Einsatz kam. Aber auch die ägyptische Fassung hat weit über Ägypten hinaus ausgestrahlt. In der reformreichen 2. Hälfte des 20. Jahrhunderts stand sie im lateinisch geprägten Westen als Orientierungsgröße gleichberechtigt neben dem vermeintlich «ältesten» Eucharistiegebet der sogenannten Traditio Apostolica. Weil sie in ihrem klassischen Aufbau und ihrer stringenten Durchführung alle wesentlichen Elemente antiker Eucharistiegebete enthält, zugleich aber in einer außergewöhnlich einfachen und biblisch geprägten Sprache gehalten ist, ist sie heutigen Menschen viel leichter zugänglich als andere berühmte Anaphoren des 4. und 5. Jahrhunderts, deren theologische Spekulationen sich erst nach gründlichem Studium erschließen.

Aus diesem Grund hat die anglikanische Kirche eine moderne Fassung des Gebetes in ihr Messbuch übernommen[29]. Und auch in der Liturgiereform nach dem 2. Vatikanischen Konzil wurde ernsthaft erwogen, die koptische Basilius-Anaphora gleich der der Traditio Apostolica als Auswahltext in das Römische Messbuch aufzunehmen. Diesen Schritt hat man damals nicht gewagt, sondern statt dessen das 4. Hochgebet mit seinen zahlreichen Anklängen an die östlichen Anaphoren neu komponiert. Ein offizielles letztes Wort ist in der Frage aber bis heute nicht gesprochen. Und durch die Hintertür ist die ägyptische Basilius-Anaphora tatsächlich auch in die katholische Kirche geraten: Seit dem 17. Jahrhundert gibt es eine kleine koptisch-katholische Kirche in Ägypten, die zwar in Gemeinschaft mit dem römischen Papst steht, den koptischen Ritus jedoch beibehalten hat. In ihren Kirchen feiern Katholiken heute Sonntag für Sonntag mit demselben Gebet Eucharistie, das die koptisch-orthodoxe Kirche rund eineinhalb Jahrtausende lang gepflegt und gestaltet hat.

Durch ihre alte Tradition und ihr großes Comeback stellt die ägyptische Basilius-Anaphora heute so etwas wie einen ökumenisch anerkannten Schlüsseltext dar, einen Klassiker unter den Anaphoren der Welt, der in der Zukunft auch außerhalb Ägyptens durchaus noch eine große Rolle spielen könnte. Es lohnt sich also, sich mit dem Gebet zu beschäftigen, seinen Text, aber auch seine gestische und musikalische Durchführung kennen zu lernen. Dabei helfen qualitätvolle Einspielungen auf CD[30] und die unlängst erschienene vollständige Notierung in Notenschrift, die neben dem koptischen Text auch seine Umschrift und eine englische Übersetzung präsentiert[31]. Mit diesen Hilfsmitteln ist man gut gerüstet, um sich auch den lebendigen Vollzug zu erschließen und die Feier bewusst und aufmerksam mitzuerleben. Neben der «mystischen Atmosphäre», die schon vielen einen emotionalen Zugang zu den Liturgien des Orients verschafft hat, kann man dann auch die edle Schlichtheit des Ausdrucks und vor allem die gedankliche Klarheit genießen, mit der kaum ein Eucharistiegebet des Westens mithalten kann.

So sollte also bei der nächsten Ägyptenreise unbedingt auch dieses bedeutsame Monument lebendiger Überlieferung auf dem Programm stehen[32] – auch wenn dadurch für die eine oder andere Pyramide keine Zeit mehr bleibt.

Anmerkungen

[1] Alle Texte und Argumentationen sind im Einzelnen bei A. Budde, Die ägyptische Basilios-Anaphora. Text – Kommentar – Geschichte = JThF 7 (Münster 2004) dargelegt. Zahl und Umfang der Anmerkungen dürfen daher im Folgenden klein gehalten werden. Auch die im Anschluss wiedergegebene wörtliche Übersetzung des koptischen Textes und die Verszählung sind von dort übernommen. Der griechische Text nach der Handschrift Paris. gr. 325 aus dem 14. Jahrhundert ist mit lateinischer Übersetzung bei A. Hänggi / I. Pahl, Prex Eucharistica I. Textus e variis liturgiis antiquioribus selecti, 3. Aufl. hrsg. v. A. Gerhards / H. Brakmann (Freiburg/Schweiz 1998) 348-357 wiedergegeben. Eine deutsche Übersetzung dieses Textes bietet R. Meßner, Einführung in die Liturgiewissenschaft = UTB 2173 (Paderborn 2001) 383-386.

[2] H. Engberding, Das eucharistische Hochgebet der Basileiosliturgie. Textgeschichtliche Untersuchungen und kritische Ausgabe = Theologie des Christlichen Ostens. Texte und Untersuchungen 1 (Münster 1931) konnte nachweisen, dass das Heilsgedächtnis der byzantinischen Fassung auf der Überarbeitung einer Frühform des entsprechenden Abschnitts in der ägyptischen Fassung beruht.

[3] Diese zeitliche Ansetzung ergibt sich von selbst, wenn Basilius als Autor angenommen wird; vgl. B. Capelle, Étude complémentaire. Les liturgies «basiliennes» et saint Basile: J. Doresse / E. Lanne, Un témoin archaïque de la liturgie copte de S. Basile (Louvain 1960) 45-74. Sie ergibt sich aber auch durch eine Reihe äußerst ähnlicher armenischer Anaphoren, deren Herkunft aus derselben Region und Epoche sehr wahrscheinlich ist; vgl. die Angaben in Anm. 7. Im 5. Jahrhundert schließlich muss die überarbeitete Fassung bereits in Armenien verbreitet gewesen sein, da sie im Geschichtswerk des Ps.-Faustus von Byzanz zitiert wird; vgl. N. G. Garsoïan, The Epic Histories Attributed to P'awstos Buzand (Buzandaran Patmut'iwnk') = Harvard Armenian Texts and Studies 8 (Cambridge, MA 1989) 6-16 zur Datierung; Text ebd. 208f.

4 Vgl. Greg. Naz. or. 43, 34 (SC 384, 200, 10 Bernardi).

[5] Dafür spricht ihr Aufgabenprofil, das vom Kampf gegen Häresien ebenso geprägt war wie von der Verantwortung für auswärtige Liturgiestätten, deren Gottesdienst sie nicht persönlich durchführen konnten; vgl. bei Budde, Basilios-Anaphora (s. Anm. 1) in Teil (C) ‹Geschichte› das Kapitel (2) ‹Das Jahrhundert der Ordnung›.

[6] Vgl. die grundsätzlichen Überlegungen zu solchen Nachweisen bei G. J. Cuming, Pseudonymity and authenticity, with special reference to the liturgy of St. John Chrysostom: Studia Patristica 15 (1984) 532-538.

[7] Vgl. dazu P. Ferhat, Denkmäler altarmenischer Meßliturgie 2. Die angebliche Liturgie des hl. Katholikos Sahak: Oriens Christianus N. Ser. 3 (1913) 16; R. F. Taft, The Armenian «Holy Sacrifice (Surb Patarag)» as a mirror of Armenian liturgical history: R. F. Taft (Hrsg.), The Armenian Christian Tradition. Scholarly symposium in honor of the visit to the Pontifical Oriental Institute, Rome of His Holiness Karekin I Supreme Patriarch and Catholicos of All Armenians – December 12, 1996 = Orientalia Christiana Analecta 254 (Roma 1997) 175-197, hier 180f; G. Winkler, Zur Geschichte des armenischen Gottesdienstes im Hinblick auf den in mehreren

Wellen erfolgten griechischen Einfluss: Oriens Christianus 58 (1974) 160.

[8] Vgl. bei Budde, Basilios-Anaphora (s. Anm. 1) in Teil (C) ‹Geschichte› das Kapitel (1) ‹Geronnene Freiheit›.

[9] Vgl. A. Budde, Improvisation im Eucharistiegebet. Zur Technik freien Betens in der Alten Kirche: Jahrbuch für Antike und Christentum 44 (2001) 127-141.

[10] Lateinische Übersetzungen bei Hänggi / Pahl, Prex Eucharistica (s. Anm. 1) 332-341.

[11] Griechischer Text bei Hänggi / Pahl, Prex Eucharistica (s. Anm. 1) 244–261.

[12] Lateinische Übersetzung bei Hänggi / Pahl, Prex Eucharistica (s. Anm. 1) 387-396.

[13] Deutsche Übersetzung bei P. Bruns, Theodor von Mopsuestia. Katechetische Homilien, 2 Bände = Fontes Christiani 17/1–2 (Freiburg u. a. 1994 & 1995); die entscheidenden Kapitel der 16. Katechese ebd. 422–432.

[14] Dieser Abschnitt wird auch «anaphorisches Fürbittgebet» oder «Interzessionen» genannt. Weil aber die Fürbitte ursprünglich nicht der zentrale Inhalt war, ist die neutrale Bezeichnung als «Memento» (nach dem Imperativ «Gedenke!») vorzuziehen.

[15] Das legen verbreitete Konventionen in der Überleitung nahe; vgl. bei Budde, Basilios-Anaphora (s. Anm. 1) den Kommentar zu V. 25.

[16] Vgl. G. W. Trompf, Early Christian Historiography. Narratives of retributive justice (London / New York 2000) 109-142, zusammenfassend 134.

[17] Vgl. J. Wilkinson, Christian pilgrims in Jerusalem during the Byzantine period: Palestine Exploration Quarterly 108 (1976) 82, der das Bauprogramm Jerusalems als Umsetzung der heilsgeschichtlichen Stationen altkirchlicher Glaubensbekenntnisse auffasst. Zur liturgischen Entfaltung der Heilsgeschichte an diesen Schauplätzen und in der historischen Reihenfolge vgl. G. Röwekamp, Egeria. Itinerarium = Fontes Christiani 20 (Freiburg 22000) 72-76.

[18] Vgl. H. Brakmann, Zu den Fragmenten einer griechischen Basileios-Liturgie aus dem koptischen Makarios-Kloster: Oriens Christianus 66 (1982) 119; Ders., Die Kopten – Kirche Jesu Christi in Ägypten. Ihre Geschichte und Liturgie: A. Gerhards / H. Brakmann (Hrsg.), Die Koptische Kirche. Einführung in das ägyptische Christentum = Urban-Taschenbücher 451 (Stuttgart u. a. 1994) 16-19.

[19] Vgl. bei Budde, Basilios-Anaphora (s. Anm. 1) die Ergebnisse des Kapitels (1) ‹Schöpfungslobpreis› in Teil (B) ‹Kommentar›.

[20] Griechischer Text einer Handschrift aus dem 12. Jahrhundert mit lateinischer Übersetzung bei Hänggi / Pahl, Prex Eucharistica (s. Anm. 1) 102-115.

[21] Vgl. Ord. Bapt. bei J. A. Assemani, De Baptismo = Codex liturgicus ecclesiae Universae 2 (Paris /Leipzig 1902; Nachdruck der Ausgabe Rom 1749) 172f.

[22] A. Gerhards, Die griechische Gregoriosanaphora. Ein Beitrag zur Geschichte des Eucharistischen Hochgebets = Liturgiewissenschaftliche Quellen und Forschungen 65 (Münster 1984) bes. 175. 243 konnte einen entsprechenden Vorgang bereits an der Gregorios-Anaphora beobachten.

[23] Vgl. dazu H. Brakmann, Le Déroulement de la messe Copte. Structure et histoire: Triacca, A. M. / Pistoia, A. (Hrsg.), L'eucharistie: célébrations, rites, piétés.

Conférences Saint-Serge XLIe semaine d'études liturgiques. Paris, 28 Juin – 1 Juillet 1994 (Roma 1995) 122$_{78}$.

[24] Vgl. Const. Apost. 8, 11, 12 (SC 336, 176, 46/8 Metzger).

[25] Die These stammt von F. Hamm, Die liturgischen Einsetzungsberichte. Im Sinne vergleichender Liturgieforschung untersucht = Liturgiegeschichtliche Quellen und Forschungen 23 (Münster 1928).

[26] Vgl. A. Herrmann, Der Nil und die Christen: Jahrbuch für Antike und Christentum 2 (1959) 37-50. Für die Daten der Jahreszeiten vgl. O. H. E. Burmester, The Egyptian or Coptic Church. A detailed description of her liturgical services and the rites and ceremonies observed in the administration of her sacraments (Le Caire 1967) 12. 69; E. Hammerschmidt, Die koptische Gregoriosanaphora. Syrische und griechische Einflüsse auf eine ägyptische Liturgie = Berliner Byzantinische Arbeiten 8 (Berlin 1957) 53.

[27] Am 12. Paoni (19. Juni) lösten im Glauben der Alten Ägypter die Tränen der Isis um ihren Gemahl Osiris die Flut des Niles aus. In der Kirche wird dieser Tag später als Fest des Erzengels Michael begangen, der dann als Fürbitt-Patron des Nilhochwassers fungiert; vgl. H. Engberding, Der Nil in der liturgischen Frömmigkeit des christlichen Ostens: Oriens Christianus 37 (1953) 78; K. Treu, Liturgische Traditionen in Ägypten (zu P. Oxy. 2782): P. Nagel (Hrsg.), Studia Coptica = Berliner Byzantinische Arbeiten 45 (Berlin 1974) 62f.

[28] Ganz ähnlich wird die Formel «Gedenke dieses Ortes!» aus dem Priestertext vom Diakon mit «Betet für *das Heil* dieses Ortes!» wiedergegeben. Der spätere Priestertext hat das Wort ‹Heil› (*soteria*) dann aufgegriffen (Verse 116.118).

[29] Vgl. «Eucharistic Prayer F» in: Common Worship. Services and Prayers for the Church of England (London 2000) 198–200; dazu K. Stevenson, Do this. The Shape, Style and Meaning of the Eucharist (Norwich 2002) 148–150. Leider entspricht die Stellung des Sanctus dort nicht der überlieferten Struktur.

[30] Besonders empfehlenswert ist die 1967 am Institute of Coptic Studies – Departement of Coptic Music unter der Leitung von R. Moftah eingespielte Version, die 1999 auf vier CDs bei COEPA (Coptic Orthodox Electronic Publishing, Australia) erschien.

[31] R. Moftah, The Coptic Orthodox Liturgy of St. Basil. With Complete Musical Transcription (Cairo 1998).

[32] Am besten in einem der Wüstenklöster, in denen die Hochform der Liturgie auf koptisch gepflegt wird.

Die Anaphora des heiligen Basilius
nach dem bohairischen Euchologion übersetzt.

[ERÖFFNUNGSDIALOG]
² D: Um darzubringen nach der Sitte, steht auf gemäß der Furcht! Nach Osten schaut! Lasst uns aufmerken!
³ V: Gnade des Friedens, Opfer des Lobes.
⁴ P: Der Herr mit euch allen!
⁵ V: Und mit deinem Geiste!
⁶ P: Empor eure Herzen!
⁷ V: Wir haben sie beim Herrn.
⁸ P: Lasst uns danken dem Herrn!
⁹ V: Würdig und recht!

[1. SCHÖPFUNGSLOBPREIS]
¹⁰ P: Würdig und recht, würdig und recht, ja wahrhaft in Wahrheit würdig und recht! ¹¹ Der du bist, Gebieter, Herr, Gott der Wahrheit, ¹² der du bestehst vor den Ewigkeiten und König bist in Ewigkeit, ¹³ der du bestehst in dem, was hoch ist, und schaust auf das, was erniedrigt ist, ¹⁴ der du geschaffen hast den Himmel und die Erde und das Meer und alles, was in ihnen ist, ¹⁵ Vater unseres Herrn und Gottes und Erlösers Jesus Christus, ¹⁶ dessen, durch den du alles geschaffen hast: das, was man sieht, und das, was man nicht sieht, ¹⁷ der du sitzest auf dem Throne deiner Herrlichkeit, ¹⁸ der du angebetet wirst durch jegliche heilige Kraft, ¹⁹ D: Sitzende, steht auf!
²⁰ P: der, vor dem sich aufstellen die Engel und die Erzengel, die Urmächte, die Gewalten, die Throne, die Herrschaften, die Kräfte,
²¹ D: Nach Osten schaut!
²² P: denn du bist es, um den herum sich aufstellen die Cherubim voller Augen und die Serafim, derer sechs Flügel sind, indem sie hymnieren in Beharrlichkeit ohne zu schweigen, indem sie sagen:
²³ D: Lasst uns aufmerken!
²⁴ V: Heilig, heilig, heilig, Herr Zebaoth, voll der Himmel und die Erde deiner heiligen Herrlichkeit!

[2. HEILSGEDÄCHTNIS]
²⁵ P: Du bist heilig, du bist heilig, du bist heilig in Wahrheit, Herr, unser Gott, ²⁶ der du uns formtest und uns schufst und uns in das Paradies der Wonne setztest. ²⁷ Als aber wir dein Gebot übertraten durch die Arglist der Schlange, da fielen wir heraus aus dem ewigen Leben, und wir wurden ausgegrenzt aus dem Paradies der Wonne. ²⁸ Du wiederum hast uns nicht vollends verlassen, sondern uns heimgesucht in Beharrlichkeit durch deine heiligen Propheten.
²⁹ Und am Ende der Tage erschienst du uns; uns, die wir in Düsternis saßen und im Schatten des Todes, ³⁰ durch deinen einziggeborenen Sohn, unseren

Herrn und Gott und Erlöser Jesus Christus, [31] jener, der aus dem heiligen Geist und aus der heiligen Jungfrau Maria
[32] V: Amen.
[33] P: Fleisch annahm und Mensch wurde und uns Wege des Heiles wies, [34] indem er uns begnadete mit der Geburt von oben her durch Wasser und Geist. [35] Er machte sich uns zu einem gesammelten Volk. Er ließ uns heilig sein durch deinen heiligen Geist. [36] Jener, der die Seinen in der Welt liebte, er gab sich selbst als Lösegeld für uns dem Tod, der Herrscher über uns war, jenem, von dem wir ergriffen waren, indem wir Verkaufte waren durch unsere Sünden. [37] Er begab sich hinab in die Unterwelt durch das Kreuz.
[38] V: Amen, ich glaube.
[39] P: Er erhob sich von den Toten am dritten Tag. [40] Er begab sich hinauf in die Himmel. Er setzte sich zu deiner Rechten, Vater, [41] indem er einen Tag der Vergeltung bestimmte, jenen, an dem er erscheinen wird, um dem Erdkreis Gericht zu geben in Gerechtigkeit; und er wird geben einem Jeden nach seinen Werken.
[42] V: Nach deiner Barmherzigkeit, Herr, und nicht nach unseren Sünden!

[3. EINSETZUNGSBERICHT]
[43] P: Er hinterließ uns aber dieses große Geheimnis der Frömmigkeit:
[44] Denn dazu bestimmt, sich zum Tod zu geben für das Leben der Welt,
[45] V: Wir glauben.
[46] P: nahm er Brot in seine heiligen, makellosen und unbefleckten und seligen und belebenden Hände,
[47] V: Wir glauben, dass dies es ist in Wahrheit, Amen.
[48] P: blickte hinauf in den Himmel zu dir, der sein Vater ist, Gott und Gebieter eines jeden, [49] er dankte,
[50] V: Amen.
[51] P: segnete es,
[52] V: Amen.
[53] P: heiligte es,
[54] V: Amen. [55] Wir glauben und bekennen und preisen.
[56] P: brach es, gab es seinen heiligen Jüngern und heiligen Aposteln, indem er sagte: [57] «Nehmt, esst von ihm alle! Denn dies ist mein Leib, [58] der zerbrochen werden wird für euch selbst und andere Scharen und gegeben werden zum Erlass der Sünden. Dies: Tut›s zu meinem Gedächtnis!»
[59] V: Dies ist es in Wahrheit, Amen.
[60] P: Derart auch den Kelch nach dem Mahl, er mischte ihn aus Wein und Wasser, [61] er dankte,
[62] V: Amen.
[63] P: segnete ihn,
[64] V: Amen.
[65] P: heiligte ihn,
[66] V: Amen. [67] Und wiederum glauben und bekennen und preisen wir.

[68] P: kostete, gab auch ihn seinen heiligen Jüngern und heiligen Aposteln, indem er sagte: [69] «Nehmt, trinkt von ihm alle! [70] Denn dies ist mein Blut des neuen Bundes, das vergossen werden wird für euch selbst und andere Scharen und gegeben werden zum Erlass der Sünden. Dies: Tut's zu meinem Gedächtnis!»
[71] V: Auch dies ist es in Wahrheit, Amen.
[72] P: «Denn jedes Mal, da ihr essen werdet von diesem Brot da, [73] und trinken aus diesem Kelch da, [74] werdet ihr meinen Tod verkündigen, werdet ihr meine Auferstehung bekennen, werdet ihr mein Gedächtnis tun, bis ich komme.»
[75] V: Amen, Amen, Amen. Deinen Tod, Herr, verkündigen wir, und deine heilige Auferstehung und Aufnahme bekennen wir. [76] Dich loben wir, dich preisen wir, dir danken wir, Herr, und bitten dich, unser Gott.

[4. EPIKLESE]

[77] P: Indem wir also unsererseits gedenken seiner heiligen Leiden und seiner Auferstehung von den Toten und seines Aufstiegs in die Himmel und seines Sitzens zu deiner Rechten, Vater, [78] und seiner zweiten Ankunft, die von den Himmeln her kommt, die furchtbar ist und voller Ruhm, [79] bringen wir dir diese Gaben dar, die die deinigen sind, aus denen, die die deinigen sind, gemäß jeder Sache und wegen jeder Sache und in jeder Sache,
[80] D: Huldigt Gott in Furcht und Zittern!
[81] V: Wir lobsingen dir, wir preisen dich, wir dienen dir, wir huldigen dir.
[82] P: und bitten dich, Herr, unser Gott, wir, deine Sünder und unwürdigen Knechte, [83] wir huldigen dir durch die Zustimmung deiner Gütigkeit, [84] damit dein heiliger Geist herabkomme [85] auf uns und auf diese Gaben da, die ausgebreitet sind, und sie reinige und sie wandle und sie offenbare als Heiliges deiner Heiligen.
[86] D: Lasst uns aufmerken! Amen.
[87] P: Und dieses Brot aber mache er zum heiligen Leib
[88] V: Ich glaube.
[89] P: unseres Herrn und Gottes und Erlösers Jesus Christus, [90] der gegeben wird zum Erlass der Sünden und ewigen Leben für die, die von ihm nehmen werden,
[91] V: Amen
[92] P: und diesen Kelch aber auch zum geehrten Blut seines neuen Bundes,
[93] V: Und wiederum glaube ich.
[94] P: unseres Herrn und Gottes und Erlösers Jesus Christus, [95] das gegeben wird zum Erlass der Sünden und ewigen Leben für die, die von ihm nehmen werden.
[96] V: Amen. Herr, erbarme dich, Herr, erbarme dich, Herr, erbarme dich!
[97] P: Mach› uns alle würdig, unser Gebieter, von diesen deinen heiligen (Gaben) zu empfangen, zur Reinigung unserer Seelen und Leiber und Geister, [98] auf dass wir ein einziger Leib werden und ein einziger Geist,

und Anteil und Erbe finden mit allen Heiligen, die dir von Ewigkeit her wohlgefielen!

[5. MEMENTO
5.1 DER FRIEDEN DER KIRCHE]

[99] Gedenke, Herr, des Friedens deiner einen, einzigen heiligen, katholischen, apostolischen Kirche,
[100] D: Betet für den Frieden der heiligen, alleinigen und katholischen und apostolischen orthodoxen Kirche Gottes!
[101] V: Herr, erbarme dich!
[102] P: die du dir erwarbst durch das geehrte Blut deines Christus!
[103] Hüte sie in Frieden und alle orthodoxen Bischöfe, die in ihr (sind)!
[104] Zuerst aber gedenke, Herr, unseres seligen Vaters, des geehrten Erzbischofs, unseres Patriarchen Abba N., [105] und auch seines Mitliturgen, unseres Vaters, des Bischofs Abba N.,
[106] D: Betet für unseren Hohenpriester Papst Abba N., Papst und Patriarch und Erzbischof der Großstadt Alexandria, und unsere orthodoxen Bischöfe!
[107] V: Herr, erbarme dich!
[108] P: und derer, die mit ihm das Wort der Wahrheit auslegen in Geradheit!
[109] Schenke sie deiner heiligen Kirche, indem sie deine Herde in Frieden weiden! [110] Gedenke, Herr, der Hegoumenen und der orthodoxen Presbyter und Diakone,
[111] D: Betet für die Hegoumenen und Presbyter und Diakone und Subdiakone, sieben Gruppen der Kirche Gottes!
[112] V: Herr, erbarme dich!
[113] P: und jeden Dieners und aller derer in Jungfräulichkeit und Reinheit, deines ganzen gläubigen Volkes, [114] gedenke, Herr, dich unser aller zusammen zu erbarmen!
[115] V: Erbarme dich unser, Gott, Vater, Allherrscher!

[5.2 DAS WOHL DER MENSCHEN]

[116] P: Gedenke, Herr, des Heiles dieses heiligen Ortes, er ist deiner,
[117] und jeden Ortes und jeden Klosters unserer orthodoxen Väter,
[118] D: Betet für das Heil der Welt und dieser unserer Stadt und aller Städte und Länder und Inseln und Klöster!
[119] V: Herr, erbarme dich!
[120] P: und derer, die in ihnen wohnen im Glauben Gottes! [121] Geruhe, Herr, die Wasser des Flusses in diesem Jahr, segne sie!
[122] D: Betet für den Anstieg der Wasserflüsse in diesem Jahr, damit Christus, unser Gott, sie segne, und er sie zur Höhe bringe nach ihren Maßen, und dem Angesicht der Erde Freude gebe, und uns ernähre, die Menschenkinder, und dem Vieh Bestand gebe, und uns unsere Sünden nachlasse! [...]
[124] V: Herr, erbarme dich! (3x)

¹²⁵ P: Geruhe, Herr, die Saaten und die Kräuter und die Früchte des Feldes in diesem Jahr, segne sie!

¹²⁶ D: Betet für die Saaten und die Kräuter und die Früchte des Feldes in diesem Jahr, damit Christus, unser Gott, sie segne, und sie wachsen und sich mehren, bis sie voll aufgehen in großer Frucht, und er sich seines Geschöpfes erbarme, das seine Hände geschaffen haben, und uns unsere Sünden nachlasse! [...]

¹²⁸ V: Herr, erbarme dich! (3x)

¹²⁹ P: Geruhe, Herr, die Lüfte des Himmels und die Früchte der Erde in diesem Jahr, segne sie!

¹³⁰ D: Betet für die Lüfte des Himmels und die Früchte der Erde und die der Bäume und die der Weinberge und für jeden fruchtgebenden Baum auf dem ganzen Erdkreis, damit Christus, unser Gott, sie segne, und er ihnen Fülle gebe in Frieden ohne Schaden, und uns unsere Sünden nachlasse! [...]

¹³² V: Herr, erbarme dich! (3x)

¹³³ P: Bringe sie nach ihren Maßen zur Höhe, nach deiner Gnade gib dem Angesicht der Erde Freude; ihre Furchen mögen sich betrinken, mehren mögen sich ihre Früchte. ¹³⁴ Bereite sie für Samen und Ernte und haushalte unser Leben nach dem, was Nutzen macht! ¹³⁵ Segne den Kranz des Jahres durch deine Milde, wegen der Armen deines Volkes, wegen der Witwe und des Waisen und des Fremden und des Gastes, und wegen unser aller, die auf dich hoffen und zu deinem heiligen Namen beten! ¹³⁶ Denn unser aller Augen, sie hoffen auf dich; denn du (bist es), der ihnen ihre Nahrung gibt zur rechten Zeit. ¹³⁷ Handle an uns nach deiner Güte, der Nahrung gibt allem Fleisch, erfülle unsere Herzen mit Heiterkeit und Freude, damit auch wir selbst, indem bei uns zu jeder Zeit Genüge an jedem Ding (herrscht), Überfluss haben an allen guten Werken!

¹³⁸ V: Herr, erbarme dich!

¹³⁹ P: Gedenke, Herr, derer, die dir diese Gaben dargebracht haben, und derer, für die sie sie dargebracht haben, und derer, durch die sie sie dargebracht haben! Gib ihnen allen den Lohn, der aus den Himmeln ist!

¹⁴⁰ D: Betet für diese heiligen, werten Gaben und unsere Opfer und die Darbringenden!

¹⁴¹ V: Herr, erbarme dich!

[5.3 DIE GEMEINSCHAFT DER HEILIGEN]

¹⁴² P: Weil es ja, Herr, Befehl deines einziggeborenen Sohnes ist, dass wir teilhaben am Gedächtnis deiner Heiligen, ¹⁴³ geruhe, Herr, aller Heiligen zu gedenken, die dir von Ewigkeit her wohlgefielen: ¹⁴⁴ unserer heiligen Väter, der Patriarchen, der Propheten, der Apostel, der Verkündiger, der Evangelisten, der Märtyrer, der Bekenner und jeden wahrhaften Geistes, der im Glauben vervollkommnet wurde! ¹⁴⁵ Besonders aber der ruhmreichen Heiligen, die zu jeder Zeit Jungfrau ist, der heiligen Gottesgebärerin, der heiligen Maria, derer, die Gott, das Wort, gebar in Wahrheit, ¹⁴⁶ und des heiligen Johannes des Vorläufers, Täufers und Märtyrers, und des heiligen

Stephanos, des Archidiakons und Erstmärtyrers, und des Gottsehers, des Evangelisten Markos, des heiligen Apostels und Märtyrers, [147] und des heiligen Patriarchen Severos, und des Meisters Dioskoros, und des heiligen Athanasios, des Apostolischen, und des heiligen Petros, des Hieromärtyrers, des Hohenpriesters, und des heiligen Johannes, des Goldmundes, [148] und des heiligen Theodosios, und des heiligen Theophilos, und des heiligen Demetrios, und des heiligen Kyrillos, und des heiligen Basilios, und des heiligen Gregorios, des Theologen, und des heiligen Gregorios, des Wundertäters, und des heiligen Gregorios, des Armeniers, [149] und der 318 Versammelten zu Nikäa, und der 150 von Konstantinopel, und der 200 von Ephesos, [150] und unseres gerechten Vaters, des großen Abba Antonios, und des wahrhaften Abba Paule, und der drei heiligen Abba Makari, und jedes ihrer kreuz-tragenden Jünger, [...] [160] und der ganzen Schar deiner Heiligen. [161] Aufgrund deren Bitten und Flehungen erbarme dich unser aller zusammen, [162] und gib uns Rettung wegen deines heiligen Namens, der über uns gerufen wurde!

[5.4 DIE RUHE DER VERSTORBENEN]

[163] D: Die, die lesen, mögen die Namen unserer heiligen Väter Patriarchen, die entschlafen sind, aufsagen. Herr, gib all ihren Seelen Ruhe! Und er lasse uns unsere Sünden nach.

[164] P: Gedenke aber auch, Herr, all derer, die entschlafen sind (und) Ruhe fanden im Priestertum, und derer im ganzen Stande der Laien. [165] Geruhe, Herr, all ihren Seelen Ruhe zu geben im Schoße unserer heiligen Väter Abraham und Isaak und Jakob! [166] Labe sie am Ort des Grünens, am Wasser der Ruhe, im Paradies der Wonne, [167] dem Ort, von dem Herzeleid und Kummer und Seufzen geflohen sind, im Glanze deiner Heiligen! [...]

[190] V: Ehre dir, Herr; Herr, erbarme dich, Herr, erbarme dich, Herr, segne, Herr, gib Ruhe, Amen!

[191] P: Denen nun, Herr, da du ihre Seelen genommen hast, gib Ruhe im Paradies der Wonne, im Lande derer, die in Ewigkeit leben im himmlischen Jerusalem, an jenem Ort. [192] Uns selbst aber, die Fremde sind an diesem Ort, bewahre uns in deinem Glauben, gewähre uns deinen Frieden bis zum Ende! [193] Weise uns den Weg hinein in dein Königreich,

[6. DOXOLOGIE]

[194] V: Wie es war, so ist es auch und wird es sein, in die Generationen der Generationen und in alle alle Ewigkeiten der Ewigkeiten, Amen. [...]

[196] P: damit auch darin, entsprechend auch in jedem Zustand, verherrlicht und gesegnet und erhöht werde dein großer, in allen Dingen heiliger, geehrter und gesegneter Name, mit Jesus Christus, deinem geliebten Sohn, und dem Heiligen Geist.

DIE KOPTISCHE KUNST

– eine Brücke zwischen Heiden- und Christentum

Karl-Heinz Brune

Wissenschaftsgeschichtliche Einführung
Die koptische Kunst fand lange Zeit weder in der allgemeinen Kunstgeschichte noch in der Archäologie oder Ägyptologie die gebührende Aufmerksamkeit. So gab es im Zuge der Ägyptenbegeisterung des 19. Jahrhunderts zwar Dutzende von Expeditionen nach Ägypten, die aber dienten weniger wissenschaftlichen Zwecken, sondern ihr Ziel war es, möglichst rasch möglichst viele und wertvolle Antiquitäten aus pharaonischer Zeit zu erbeuten. Daher kamen die ersten so genannten Forscher in Wahrheit nur in seltenen Fällen über den Rang von Schatzsuchern hinaus. Bei dieser Schatzsuche wurde alles, was einem tatsächlichen oder vermeintlichen Fund im Wege stand, z.B. Bauten aus späteren Zeiten, rücksichtslos dem Erdboden gleichgemacht. Somit ging auch wertvolles koptisches Kulturgut unwiederbringlich verloren. Der erste, der den Wert der koptischen Kunst erkannte, war der damalige Direktor des *Egyptian Antiquities Service* (heute: *Antiquities Organization*) Gaston Masperó. Er stellte in seinem Museum ab 1881 entsprechende Räumlichkeiten allein für koptische Kunstdenkmäler bereit. Später erfolgte ihre Einquartierung in eine eigene Dependance im Kairiner Vorort Boulaq, was schließlich 1910 in der Gründung des Koptischen Museums gipfelte. Aber nicht nur in Ägypten selbst, sondern auch in Europa begannen gegen Ende des 19. Jahrhunderts zumindest einige wenige Kunsthistoriker, sich mit der koptischen Kunst zu befassen.[1] Zusätzlich führten entsprechend ambitionierte Ägyptenreisende koptische Kleindenkmäler, insbesondere Textilien, nach Europa ein, die von etlichen Museen begierig ihrem Fundus einverleibt wurden. So entstanden die großen Sammlungen koptischer Textilien beispielsweise in London, Paris oder St. Petersburg und speziell in Deutschland u.a. in Berlin, Düsseldorf, Trier und Krefeld. Aber trotz alledem konnte sich diese Kunstrichtung weder im Kanon der auf den westlichen Mittelmeerraum fixierten allgemeinen Kunstgeschichte noch der klassischen oder christlichen Archäologie etablieren. Das lag nicht zuletzt daran, dass man die koptische Kunst zunächst als eine «Volkskunst» bezeichnet hatte. So entpuppte sich dieses erste Interesse als ein kurzes Strohfeuer, und die koptische Kunst versank erneut in einen Dornröschenschlaf, der bis in die fünfziger Jahre des vorigen Jahrhunderts dauern sollte. Die damals aufkeimenden Bemühungen, beflügelt auch durch den Fund der koptischen Bibliothek von Nag Hammadi (1945), gipfelten schließlich in den sechziger Jahren in zwei Ausstellungen in Essen (1963) und Paris (1964)[2], durch die versucht wurde, das Interesse einer breiten Öffentlichkeit für die koptische Kunst zu wecken. Man kann sagen, dass dies der Startschuss war für eine ganze Reihe von Publikationen zur Koptologie im Allgemeinen und zur koptischen

Kunst im Besonderen. Und es ist natürlich kein Zufall, dass just in diese Zeit auch die Schaffung eines Lehrstuhls für Koptologie in Deutschland, und zwar an der Universität Münster, fiel (1969), wo seitdem vor allem das historische koptische kulturelle Erbe eine wissenschaftliche Heimat gefunden hat.
Nach wie vor haftete aber der koptischen Kunst zunächst noch das Etikett «Volkskunst» an, das nun noch durch den angeblichen Mangel an monumentalen Kunstwerken verstärkt wurde. Nichtmonumentalen Gütern (sog. materielle Kultur, z.B. Kleinplastik, Bronzearbeiten, Textilien) billigte man höchstens den Rang eines Kunsthandwerks zu.[3] Diese Unterteilung wird aber der tatsächlichen Sachlage nicht gerecht. Denn dass es im Bereich der materiellen Kunst auch viele Stücke aus organischen Materialien gibt, kann nicht wundern – konnten sich doch dank des heißen, trockenen Wüstenklimas in Ägypten andernorts leicht vergängliche Stoffe gut erhalten. Natürlich ist darunter auch eine Menge «Kulturmüll», aber auch der ist zumindest von historischem Interesse; und versehen mit dem Altersbonus[4], kann man auch ihn heute getrost unter den Oberbegriff «koptische Kunst» subsumieren. Das methodologische Kernproblem in der Bezeichnung «Volkskunst» besteht darin, dass es keine verbindliche Definition dieses Begriffes gab und gibt. Ja sogar die Volkskunde selbst ist mit diesem Terminus überhaupt nicht glücklich.[5] Man kann sagen: so viele Artikel über Volkskunst, so viele Volkskünste. Mithin ist dieser Begriff ziemlich nichtssagend, da er kaum etwas zur Charakterisierung der koptischen Kunst beiträgt. Zwar zeigt die koptische Kunst Stilmerkmale, die nach allgemeiner Übereinkunft volkskunst*typisch* sind. Aber sie sind eben nicht alle auch volkskunst*spezifisch*. Denn alle sogenannten Volkskunstmerkmale haben inzwischen längst Einzug in die «hohe» Kunst gehalten. Insofern ist die entsprechende Unterteilung des Kunstbegriffs aufgrund dieser Merkmale als obsolet zu bezeichnen und würde nur noch dann Sinn machen, wenn man einem veralteten Kunstbegriff im Sinne der Renaissance anhinge. Entsprechend wird heute die koptische Kunst nicht mehr als eine Volkskunst angesehen.[6]
Nachdem nun klar ist, was die koptische Kunst nicht ist, stellt sich natürlich die Frage: Was ist sie dann? Die Frage ist nicht so einfach zu beantworten, denn wir haben es hier mit zwei Begriffen zu tun, von denen der eine (Kunst) so gut wie gar nicht zu beantworten ist. Aber auch mit dem scheinbar problemlosen Begriff «koptisch» tut sich die Wissenschaft vergleichsweise außerordentlich schwer. Was den Begriff «Kunst» angeht, so können wir dieses Problem getrost den Philosophen überlassen. Wir können es in diesem Fall bei der *opinio communis* bewenden lassen. Anders sieht es mit dem Begriff «koptisch» aus: Während etwa Begriffe wie «griechisch» oder

«ägyptisch» im Bereich der Kunstgeschichte eine fest umrissene Bedeutung haben, bleibt der Inhalt des Wortes «koptisch» zunächst vielschichtig und vage zugleich. Denn das Wesen der koptischen Kunst manifestiert sich nicht als einheitlicher Stil oder einheitliche Form der künstlerischen und/oder handwerklichen Wiedergabe. Insofern kann eine Geschichte der koptischen Kunst zwar ihre Gegenstände darstellen, auch als koptisch einstufen, vielleicht sogar erklären – aber ihren Gesamtgegenstand künstlerisch und allgemeingültig zu definieren, fällt entsprechend schwer. Das liegt vor allem daran, dass der Begriff «koptisch» sowohl im raumzeitlichen als auch im literarischen, anthropologischen und religiösen Sinne angewandt wird. Vor allem die Fokussierung auf die religiöse Komponente engt den Forschungsgegenstand ungebührlich ein und tradiert die heute zwar richtige, für die Spätantike (d.h. die wissenschaftlich relevante Kernzeit) aber irreführende Gleichung koptisch = christlich.[7] Die Einschränkung wäre so stark, dass eine sinnvolle wissenschaftliche Beschäftigung mit der koptischen Kunst, die diesen Namen auch verdiente, kaum mehr möglich wäre. Dabei ist eine solche Einschränkung nicht recht einsichtig, denn sie wird den tatsächlichen Gegebenheiten in der Spätantike nicht gerecht. Schließlich wurden von den Arabern nach der Eroberung Ägyptens *alle* Bewohner, egal welchen Glaubens, als (arab.) *qibt* = Kopten bezeichnet: Diese Bezeichnung erfuhr erst im Zuge der fortschreitenden Islamisierung eine Bedeutungsverengung, so dass sie letztlich nur noch für die christlich gebliebenen Ägypter beibehalten wurde.[8] Es besteht von daher kein Grund, die Bezeichnung «koptische Kunst» auf christliche (oder gar lediglich mono-physitische) Denkmäler zu beschränken.[9] Auch die Kopten selbst wollen die koptische Kunst keineswegs nur auf christliche oder gar nur monophysitische Werke beschränkt wissen, schon gar nicht halten sie den Begriff «koptische Kunst» für inakzeptabel. So lesen wir z.B. bei Pahor Labib: «Koptische Altertümer sind von großer Bedeutung für unsere nationale Geschichte, weil sie das verbindende Glied zwischen der ägyptischen und griechisch-römischen Periode auf der einen Seite und der arabischen Periode auf der anderen Seite bilden. Sie stellen also eine neue Phase der frühchristlichen Archäologie dar ... Die koptische Kunst spiegelt aber nicht nur die mönchische und kirchliche Richtung mit ihrer religiösen Intention wider, sondern sie offenbart uns auch ein Bild des ägyptischen täglichen Lebens. Man darf nicht vergessen: ‹koptisch› = qibt meint Ägypten oder Ägypter, bevor sich seine Bedeutung auf ‹die Christen Ägyptens› verengte.»[10] Diese Verbindungsfunktion wird mehrfach betont, u.a. auch von Sarwat Okasha (ehemaliger ägyptischer Kulturminister).[11]

Deswegen werden im Folgenden in rein geographisch-historischen Sinne, ohne Rücksicht auf unterschiedliche Religions-, Volks- oder Stammeszugehörigkeiten, solche Denkmäler als koptisch bezeichnet, die in dem Zeitraum in Ägypten entstanden sind, als man dort überwiegend koptisch sprach, d.h. die koptische Kunst ist die Kunst Ägyptens im Wesentlichen in spätantiker und frühmittelalterlicher Zeit. Die Denkmäler dieser Epoche bilden den Haupt-Gesamtgegenstand der koptischen Kunst, die allerdings in bestimmten christlichen Zweigen (z.B. Architektur, Wandmalerei, Ikonen) noch bis heute andauert.

Frühe Einflüsse
Es sind hauptsächlich drei Quellen, die die koptische Kunst in ihren Anfängen beeinflussten: die klassische antike/hellenistische, die römische und die altägyptische Welt. Für das griechische Erbe stehen unter den frühen koptischen Denkmälern neben Skulpturen und Reliefs mit anonymen geflügelten Viktorien, girlandentragenden Eroten, Nereiden mit geblähtem Schleier auch ganz konkrete Gestalten der griechischen Religion und Mythologie wie Aphrodite, Leda, Dionysos oder Herakles. Römische Einflüsse sind etwa in der Jagdthematik dominant. Altägyptische Einflüsse dagegen lassen sich beispielsweise auf Grabsteinen nachweisen. Aber auch Mischeinflüsse kommen vor, so wenn Gestalten in vornehmer antiker Tracht, hingestreckt auf einer Liege, ein Glas Wein in der Hand, vom schakalköpfigen Gott Anubis und dem Falkengott Horus flankiert werden. Auch das sogenannte Henkelkreuz, die altägyptische Hieroglyphe für «Leben», konnte sich in der koptischen Kunst einen festen Platz erobern, oft in Einheit mit Alpha und Omega, was die christliche Umdeutung dieses Motivs beweist. Aber auch in der Ikonenmalerei hat das alte Ägypten seine Spuren hinterlassen Wenn etwa der Erzengel Michael, wie auf etlichen Ikonen zu sehen, eine Waage in der Hand hält, auf der die Taten des Verstorbenen beim Jüngsten Gericht gewogen werden (Abb. 1, Seite 80), so folgt er hierbei alter ägyptischer Tradition, nur dass beim altägyptischen Jenseitsgericht z.B. Anubis und Horus diese Aufgabe übernehmen. Aber auch das obere Ende mit der dreifachen Querstrebe am Stab des Engels ist eine Anleihe aus dem alten Ägypten: es ist abgeleitet von der dd-Hieroglyphe für Dauer und Festigkeit, auch für die Seligen im Jenseits. Zu diesen frühen Hauptquellen gesellen sich auch orientalische Motive (vor allem Persien und Syrien). Denn schon im dritten Jahrhundert hatte es ägyptische Weber u.a. nach Persien ins aufstrebende Sassanidenreich verschlagen, die bei ihrer Rückkehr nach Ägypten ein ganz neues Themenrepertoire mit an den Nil brachten: etwa die sich gegenüber stehenden Reiter oder die beiden Pfauen, die gemeinsam aus einem Gefäß trinken.

Ab dem vierten Jahrhundert war es auch Byzanz, das mit seiner neuen Formensprache die koptische Kunst vor allem in stilistischer und formaler Hinsicht nachhaltig befruchtete. All diese Einflüsse versiegten aber weitgehend nach der arabischen Eroberung Ägyptens (641). Nicht zuletzt deswegen ist es ebenso unhaltbar, von der koptischen Kunst als einer römischen Provinzialkunst zu reden, wie einen Gegensatz zwischen der Kunst hoher, auftraggebender Schichten in den vornehmlich griechisch geprägten Städten und der Landbevölkerung in den Dörfern (dem sog. Hinterland) zu konstruieren. Im Gegenteil, es wird deutlich werden, wie die koptische Kunst im Rahmen der Künste der Spätantike alle Einflüsse adaptiert, mit vehementer Dynamik weiter entwickelt und im Rahmen der spätantiken und frühislamischen Kunst ihre eigene, unverwechselbare Formensprache findet, ohne dass man aber deswegen gleich von einem koptischen Sonderweg reden müsste. In diesem Rahmen kann natürlich keine vollständige, systematische Geschichte der koptischen Kunst erfolgen. Es wird aber an verschiedenen, punktuell herausgegriffenen und besonders charakteristischen und/oder kunsthistorisch relevanten Beispielen aus den Gebieten Kirchenbau, Skulptur, Wandmalerei und Textilien ihre Eigenständigkeit und ihre Brückenfunktion zwischen paganer und christlicher Kunst aufgezeigt werden.

Abb. 1

Kirchenbau

Bei der erhaltenen koptischen Architektur bzw. deren historischen Resten handelt es sich im wesentlichen um sakrale Architektur (Kirchen, Grabbauten, Klosteranlagen). Auf diesem Gebiet zeigt sich das Koptentum nicht nur von einer sehr charakteristischen und vor allem bis heute andauernden Seite, nämlich der religiösen, sondern es sind auch gerade die christlich geprägten Bauwerke, die in angemessener Art und Weise erforscht wurden oder überhaupt erforschbar sind. Von weltlicher Architektur sind nur noch kaum nennenswerte Reste vorhanden. Somit ist heute die koptische Architektur weitgehend identisch mit der christlichen Architektur in Ägypten. Zwar stehen die koptischen Baudenkmäler in Ägypten zunächst in der Tradition des Römischen Reiches, aber sie repräsentieren doch einen eigenen Typus.[12] Damit wird schon in den ersten Jahrhunderten unserer Zeitrechnung die Eigenständigkeit der koptischen Baukunst deutlich, die sich somit nicht einfach als eine römische Provinzialarchitektur abtun lässt. Die Entwicklung der christlichen Architektur in Ägypten erfolgt nun nicht einheitlich, denn urbane und monastische Kirchenarchitektur gehen durchaus getrennte Wege. Das liegt nicht nur daran, dass nur die Städte sowohl gewillt als auch finanziell in der Lage waren, monumentale Kirchenbauten zu errichten, sondern auch, dass die Klosteranlagen bewusst anspruchslos gehalten wurden, um die Mönche nicht durch die bauliche Attraktivität des Gotteshauses vom eigentlichen Ziel, nämlich der Hinwendung zu Gott, abzulenken.[13]

Im Allgemeinen gestaltet sich die Erforschung des frühchristlichen Kirchenbaus in Ägypten recht schwierig. Erwähnt wurden schon die Zerstörungen durch frühe «Archäologen». Ein weiterer Punkt ist die Tatsache, dass die weitaus meisten frühchristlichen Bauten, teilweise mehrfach, neu errichtet bzw. überbaut worden sind. Hinzu kommt, dass sie oft nur aus getrockneten Schlammziegeln errichtet waren, die natürlich nur eine sehr begrenzte Halbwertszeit hatten. Weiterer immenser Schaden wurde durch die sog. *sabach*-Graberei angerichtet, weil man im 19. Jahrhundert zu der Überzeugung gelangt war, dass sich die Erde antiker Stadthügel wegen der darin erhaltenen organischen Stoffe gut als Düngemittel eigne. Aus den Berichten mehrerer Ägyptenreisender geht das Ausmaß dieser Zerstörungen hervor. So schreibt G. Schweinfurth über den «Abbau» des alten Krokodilopolis im Fayum: «Hunderte von Ssebbách-Gräbern, mit Lasteseln und Kamelen, sind auf diesem weiten Trümmerfeld tätig, um zwischen dem alten Luftziegelgemäuer nach jener an Salzen verschiedener Art reichen Erde zu graben, die nach Art des bei uns als Hilfsdünger verwandten Chilisalpeters in Ägypten zur Aufbesserung der Baumwollfelder und namentlich auch der Lein- und Sorghumkulturen verwertet zu werden pflegt.»[14] Genaue Zahlen liefert A. Grohmann. Er schreibt über die Stadthügel von Arsinoë, dass sie «1914 noch einen Umfang von 560 Morgen Land einnahmen und eine Höhe von 20 m erreichten, ... 1920 auf einen Hektar (= 4 Morgen, d. Verf.) zusammengeschmolzen und auch dieser Rest ... durch die dauernde Tätigkeit der Sebahgräber ein halbes Jahr später verschwunden war.»[15] Und W.M.F. Petrie berichtet 1925, dass «every day a train of 100 to 150 tons of *sebakh*-earth runs over the bridge, to distribute it along the country. Beside this a great deal is dug and removed to the canal bank for transport in barges.»[16] Seit etwa einem halben Jahrhundert findet diese Tätigkeit nicht mehr statt.

Trotz dieser Schwierigkeiten kann man die Entwicklung des Kirchenbaus in Ägypten mit einiger Sicherheit bis ins 4. Jahrhundert zurückverfolgen. Soweit sich feststellen lässt, handelt es sich bei diesen frühen Bauten meist um drei- oder gar fünfschiffige basilikale Anlagen. Dem mehrschiffigen Naos, dem Aufenthaltsort für das Laienvolk, schließt sich nach Osten stets das Sanktuarium an, das in Ägypten stets die ganze Breite der Kirche einnimmt. Charakteristisch für die frühe ägyptische Basilika ist auch ein westlicher Umgangstrakt, der sich zusammen mit den Seitenschiffen U-förmig um das Mittelschiff legt. Dazu kommt noch ein vor dem Sanktuarium gelegener östlicher Umgang, der in seiner Bedeutung von der Forschung erst vor einigen Jahren erkannt wurde. Dieser Ostumgang stellte eine Verbindung zwischen den Armen des U dar, so dass man demzufolge heute solche Kirchen als «Umgangsbasiliken» bezeichnet.[17] Eine solche Bauweise, dass nämlich auf allen vier Seiten ein Umgang um den dreischiffigen Binnenbereich herumführt, lässt sich auch für die fünfschiffige Hauptkirche des Pachomiusklosters von Pbow (heute Faw Qibli) nachweisen, deren erste Bauphase noch bis in die Lebzeit des Pachomius zurückreicht.[18] Später verliert sich die fünfschiffige Bauweise und auch bei größeren Kirchenanlagen wird die dreischiffige Anlage unter Betonung einer breiteren Mittelpartie bevorzugt. Der Umgang bleibt, oft allerdings auf eine U-förmige Gestalt reduziert, erhalten.

Ab der Mitte des 5. Jahrhunderts vereinheitlicht sich die Anlage und Gliederung des Sanktuariums. Bis dahin bestand es aus einer Reihe verschiedenartiger und unterschiedlich großer Räume, das sich jetzt zu einer Dreiraumgruppe mit einer mittleren Apsis und zwei seitlichen Nebenräumen (Pastophorien) entwickelt. Zentral vor der Apsis wurde der Altar inmitten des von Schranken abgegrenzten Presbyteriums errichtet. Bis zum Ende des 6. Jahrhunderts war dies der vorherrschende Bautyp. In Oberägypten gab es allerdings einige Abweichungen dergestalt, dass an die Stelle der einfachen Apsis ein

Trikonchus tritt. Das älteste auf uns überkommene Beispiel ist die große Kirche des Schenute-Klosters bei Sohag. Davon dürften etliche benachbarte Klosterkirchen beeinflusst worden sein. Bei einigen urbanen Kirchen wurden die seitlichen Apsiden zu regelrechten Querschiffen mit halbrundem Abschluss vergrößert, so etwa in einer der größten Kirchen Ägyptens, der großen Basilika von Hermupolis Magna. Ein weiteres berühmtes Beispiel ist die große Basilika von Abu Mina. Die beiden letztgenannten Kirchen, Beispiele urbaner Kirchenarchitektur, zeichnen sich, wie schon angedeutet, durch eine reichhaltige Verwendung tektonischen Schmucks aus (Nischen, Pilaster, Halbsäulen). Demgegenüber nimmt sich tatsächlich die monastische Kirchenarchitektur, von wenigen Ausnahmen abgesehen (etwa der großen Kirche des Schenute-Klosters), außerordentlich bescheiden aus, wie man besonders augenfällig an den Kirchen des 6. Jahrhunderts der Kellia sehen kann.[19]

Im 7. Jahrhundert wurde die Geschichte Ägyptens, und damit auch die des Kirchenbaus, durch zwei politische Ereignisse nachhaltig beeinflusst: Da war erstens die Eroberung Ägyptens durch die Sassaniden im Jahre 619, die mit großen Zerstörungen einherging. So wurde auch die riesige Pilgerstadt Abu Mina mit ihren monumentalen kirchlichen Anlagen entvölkert und ein Raub der Flammen.[20] Davon hat sich Abu Mina bis in die jüngste Zeit nicht mehr richtig erholt. Zwar kam es nach der Perserzeit seit 629 zu geringen Wiederaufbauarbeiten und nach der Übergabe des Gebietes an die koptische Landeskirche im Jahre 643 zum Aufbau einer neuen Siedlung auf den Trümmern der alten Stadt, aber diese wurde im 10./11. Jahrhundert aufgegeben. Auch die moderne Geschichte Abu Minas ist nicht weniger dramatisch, deswegen sei sie hier kurz eingeflochten.

Der ganze riesige Bautenkomplex, wurde 1905 von C.M. Kaufmann entdeckt, und seitdem fanden dort bis in die heutige Zeit ständig archäologische Grabungen statt. Aber jetzt scheinen die Tage des alten Abu Mina, obwohl seit 1979 Weltkulturerbe der UNO, endgültig gezählt. Denn der Anstieg des Grundwasserspiegels wegen des Neubaus von Bewässerungskanälen zwecks einer weiteren Ausdehnung des Fruchtlandes zerstört nun die Reste dessen, was die Perser einst übrig gelassen haben.[21] So dürfte es also dazu kommen, dass ausgerechnet zum hundertjährigen Jubiläum der Wiederentdeckung des alten Abu Mina im Jahre 2005, obwohl seit Dezember 2001 in der Roten Liste des Welterbes der UNESCO als «besonders gefährdet» bezeichnet, das Schicksal einer nicht nur für die koptische Religionsgeschichte bedeutsamsten architektonischen Stätten endgültig und unwiderruflich besiegelt ist. Während die antike Stätte also dem Untergang geweiht ist, erfreut sich das neue, 1959 von Papst Kyrill VI in Sichtweise des alten Abu Mina neu gegründete Abu-Mina-Kloster als Pilgerstätte immer größerer Beliebtheit. Zwei neue Kirchen (St. Mary and St. Mina und die neue Kathedrale, die 3000 Personen Platz bietet, mit ihren imposanten, 45 m hohen Zwillingstürmen) geben einen Eindruck von moderner koptischer Kirchenarchitektur. Soweit dieser Ausflug in die moderne koptische Architekturgeschichte.

Die persische Besetzung dauerte zwar kaum zehn Jahre, aber bereits nach zehn weiteren Jahren trat das für Ägypten und insbesondere das Christentum zweite einschneidende Ereignis des 7. Jahrhunderts ein: die Eroberung durch die Araber (639/641). Damit wurde das Weiterbestehen einer monumentalen kirchlichen Baukunst unmöglich gemacht, denn eine staatliche Förderung, die es bis dato immer wieder gegeben hatte, entfiel nun völlig. Dadurch bedingt kam es auch zu einer Angleichung des urbanen und monastischen Kirchenbaus, wie die beiden Ende des 7. Jahrhunderts in Alt-Kairo errichteten Stadtkirchen St. Sergios und Sta. Barbara zeigen. Zu den Neuerungen dieser Zeit gehört vor allem die Einführung des Hurus. Er nimmt nun in der Folgezeit nicht nur den bisher vom Presbyterium eingenommenen Platz ein, sondern überhaupt den Raum über die gesamte Breite der Kirche. In ältere bestehende Kirchen (z.B. Hauptkirche des Jeremias-Klosters in Saqqara, Merkurioskirche in Alt-Kairo) ist die Hurustrennwand in dieser Zeit nachträglich eingebaut worden.[22]

Auch unter der Araberherrschaft ging also der Kirchenbau, wenn auch in bescheidenerem Rahmen, weiter. Bis ins 9. Jahrhundert blieb auch der basilikale Bautypus vorherrschend, allerdings erheblich vereinfacht. Denn da oft die Mittel für teueres Bauholz fehlten, behalf man sich bei der Gestaltung des Daches mit Gewölbekonstruktionen. In Unterägypten bevorzugt Tonnengewölbe, in Oberägypten mehrere hintereinander gereihte Kuppelgewölbe. Aus dieser Bauweise ging der Typus der Langhauskuppelkirche hervor. Die im 11. Jahrhundert errichtete Klosterkirche des Dayr Anba Hadra bei Assuan ist eines der prächtigsten Beispiele. Im Laufe der Zeit verkümmerte der am weitesten vom Sanktuarium entfernte Kuppelraum, so dass sich der Typus der Langhauskuppelkirche immer mehr in Richtung eines Zentralbaus entwickelten, ohne dass aber nach heutigem Wissensstand dieses «Endziel» je erreicht wurde.[23]

Ansonsten wurde im Kirchenbau (wahrscheinlich unter byzantinischem Einfluss) wieder ein Bautypus populär, den es vereinzelt auch schon in vorarabischer Zeit gegeben hatte, der sog. Vierstützenbau, der im Naosbereich aus einem annähernd quadratischen Gesamtraum besteht, der durch vier im Raum verteilte Stützen (Säulen oder Pfeiler) mit Hilfe von Bogen, die sie untereinander sowie mit den

Außenwänden verbinden, in neun Raumfelder unterteilt ist. Dabei wird der mittlere, größere Bereich gewöhnlich durch eine höher aufragende Kuppel betont. Von größerer Bedeutung war allerdings der ebenfalls in dieser Zeit sich verbreitende Achtstützenbau (nur in Griechenland und Ägypten nachweisbar). Bei ihm wird die Überdeckung des Raumes durch acht Stützen getragen, die in den Ecken eines Oktogons angeordnet sind. Ihr verbindender Bogenkranz bildet die Auflagekonstruktion für eine den ganzen Naosbereich überdeckende Kuppel.[24]

Mit dem Beginn der Mamlukenherrschaft seit der Mitte des 13. Jahrhunderts verschlechterten sich die Lebensbedingungen der Christen drastisch, so dass viele von ihnen zum Islam konvertierten. Derartige Veränderungen hatten natürlich auch Auswirkungen auf den Kirchenbau. Der wichtigste Bautypus dieser Zeit ist eine aus dem Vierstützenbau entwickelte Hallenkirche, deren Stützen jetzt allerdings gleichmäßig im Raum verteilt sind. Weitreichend waren auch die Veränderungen im Bereich des Sanktuariums. Sie beruhten auf einem Dilemma: einerseits steigerte sich wegen der finsteren Zeiten die Anzahl der Gottesdienste, andererseits bestand die auf Gregor von Nyssa (4. Jahrhundert) zurückgehende und im 12. Jahrhundert durch Michael von Damietta noch einmal verschärfte Vorschrift, dass an einem Altar nur einmal am Tag der Gottesdienst abgehalten werden durfte. Das führte zu einer Umfunktionierung und Umgestaltung der Apsisnebenräume, die nun als weitere Altarräume Verwendung fanden. Gleichzeitig verlor der Hurus bei den stark geschrumpften Gemeinden seine Bedeutung. Wenn also wegen Baufälligkeit Kirchen abgerissen und neu errichtet wurden (das war erlaubt, prinzipiell war der Neubau von Kirchen allerdings nicht gestattet), errichtete man gleich Kirchen mit mehreren (in Einzelfällen mehr als sieben) Altarräumen. Da diese üblicherweise nur eine Tiefe von drei bis vier Jochen hatten, wegen der nebeneinander liegenden Altarräume aber mehr als doppelt so breit sein konnten, hat sich für diese Kirchen der Name «Breithauskirche» eingebürgert. Bekannte Beispiele finden sich besonders in Oberägypten, wie etwa die Kirche des Dayr Mari Girgis im Achmim. Kirchen dieses Typs wurden bis in die frühe Neuzeit gebaut.[25]

Aktuellerweise unterliegt der Kirchenbau nicht nur kaum Repressalien, ja wie das Beispiel des neuen Abu Mina oder die Kirchenneubauten in Kairo (u.a. St. Markus-Kathedrale) zeigen, erlebt er geradezu eine neue Blüte. Aber darauf kann hier nicht eingegangen werden.

Reliefkunst und Skulptur
Im Gegensatz zur Architektur, deren Elemente nahezu ausschließlich den christlichen Charakter der koptischen Kultur repräsentieren, bietet die bildende Kunst in Form von Reliefs und Skulpturen mit heidnisch-mythologischen Darstellungen Gelegenheit, die pagane Seite der koptischen Kunst kennen zu lernen, die besonders in ihren stilistischen und ikonographischen Mischformen nur für Ägypten spezifische Darstellungsformen hervorbrachte. Wie sehr sich die frühen Einflüsse gegenseitig durchdrungen haben, wird beispielsweise an einer Grabstele (vermutlich aus Terenuthis = Kom Abu Billu, heute in Recklinghausen) mit drei in Flachrelief gearbeiteten Personen deutlich. Die Szene stellt ein Totenmahl dar: Auf einer Kline liegt ein Mann mit aufgerichtetem Oberkörper, der aus einer Schale eine Trankopferspende gießt. Am Fußende steht eine Frau, die in der erhobenen Rechten ein Sistrum schüttelt. Ihre Haarwellen entsprechen der Frisur römischer Kaiserinnen um die Wende vom 2. zum 3. Jahrhundert (± ein viertel Jahrhundert), während ihre gedrehten Zöpfe aus der Isisikonographie (also ägyptisch) übernommen worden sind. Neben ihnen hockt ein Knabe in der üblichen Kinderpose (angezogenes linkes, ausgestrecktes rechtes Bein, spitz angewinkelte Arme mit halb erhobenen Händen) auf dem Boden. Während die bisherige szenische Ausgestaltung sich weitgehend auf römische-hellenistische Tradition gründete, gehört das übrige Figurenpersonal dem ägyptischen Erbe an. So sitzt der Totengott Anubis auf einem Sideboard, sein Gesicht dem Betrachter zugewandt, während der Falke mit der Sonnenkugel, Hoffnungsträger für die postmortale Verklärung, auf einer Stele hockt.[26]
Als besonders charakteristisch für den mythologischen Gehalt wären die Funde aus Ahnas zu nennen, die zunächst als Reste einer kirchlichen Ausstattung gedeutet wurden.[27] Deswegen wurden sie lange Zeit trotz ihrer mythologischen Thematik (u.a. Geburt der Aphrodite, Dionysos im Weinstock, auf Meerwesen reitende Nereiden, Leda und der Schwan, Orpheus, Daphne, Eroten und Stadtgöttinnen) als christlich interpretiert. Tatsächlich aber gehörten diese Skulpturenfunde zu vorchristlichen Grabbauten einer in den ersten Jahrhunderten unserer Zeitrechnung noch paganen Bevölkerung, die sich erst seit dem 5. Jahrhundert[28] mehr und mehr zum Christentum bekannte.[29] Es war in der Folgezeit nun nicht so, dass alle heidnischen Motive von der Bildfläche verschwanden, sondern bestimmte Motive wurden mehr oder weniger langsam christianisiert und konnten sich bis heute nicht nur in der koptischen, sondern überhaupt in der christlichen Kunst behaupten. Diese Christianisierung lässt sich z.B. an der Wandlung der in der frühen koptischen Kunst allgegenwärtigen Eroten zu Engeln gut nachvollziehen. Nehmen wir als Ausgangsstück einen

Friesblock aus Ahnas im Koptischen Museum in Kairo (4./5. Jahrhundert), der das mythologische Bildthema «Leda und Schwan» zeigt (Abb. 2, Seite 88): Bekanntermaßen nahm es der griechische Göttervater Zeus mit der ehelichen Treue nicht allzu genau, und die griechische Mythologie ist voll von Geschichten, die von seinen Bemühungen erzählen, sich in allerlei Gestalt seinem jeweiligen «Opfer» zu nähern. Im vorliegenden Fall hat er sich in einen Schwan verwandelt, um sich in dieser Gestalt ein Schäferstündchen mit seiner Angebeteten zu verschaffen. Der recht unverblümt dargestellte Moment des Liebesaktes zeigt, dass Zeus' Bemühungen von Erfolg gekrönt waren.

Für unseren Zusammenhang ist nun aber von Interesse, dass ein geflügelter Eros dem munteren Treiben gewissermaßen als Zeuge beiwohnt. Solche Eroten gehörten sowohl in der griechischen als auch in der römischen Kunst zum standardmäßigen Assistenzpersonal der Liebesgöttin Aphrodite/Venus. Sie waren Ausdruck der personifizierten Macht der (fleischlichen) Liebe, die selbst vor den Göttern nicht halt machte.[30]

Sehr beliebt war auch die Dopplung der Eroten, die in dieser Darstellungsform oft Präsentationsaufgaben übernehmen, wie z.B. auf einer Nischenbekrönung in Form eines gesprengten Rundgiebels unbekannter Herkunft in Berlin, wo zwei nackte, männliche Eroten zwischen sich eine Muschel mit einem weiblichen Haupt präsentieren. Die beiden Eroten knien in geradezu zirkusreifer Manier auf dem Rücken zweier Seeungeheuer. Das Haupt ist als reduzierte Wiedergabe der aus dem Meer geborenen Aphrodite zu verstehen. Die Geburt der Aphrodite, die allerdings meist in voller Schönheit ihrer Gestalt wiedergegeben wird, war in der spätantiken, noch paganen Grabkunst ein sehr beliebtes Thema und galt auch als Symbol für die erhoffte Wiedergeburt der Seele. Die noch eindeutig heidnische Darstellungsweise lässt eine Datierung ins 4./5. Jahrhundert zu.[31]

An Stelle der Eroten kommen auch von Jahreszeitengenien herzuleitende, ebenfalls nur spärlich bekleidete Jünglinge oder weibliche Wesen vom Typus römischer Siegesgöttinnen (Viktorien) vor, wie auf einer Nischenbekrönung im Koptischen Museum in Kairo, die in ihrer Mitte das in einem Kranz eingeschlossene Brustporträt einer Segensgöttin tragen.[32] Mit dem Bild der paarweise angeordneten, kranzhaltenden Viktorien ist ein Motiv der imperialen römischen Kunst in die koptische Kunst eingedrungen. Es war, wie auch einige andere Motive, zunächst von der kaiserlichen Symbolik auf die private Grabkunst übertragen worden und fand im Verlauf der Spätantike auch Eingang in die christliche Kunst.[33]

Eine Verchristlichung des Zentralmotivs unter Beibehaltung des erotenhaften Personals finden wir auf einer weiteren Nischenbekrönung

Abb. 2

Abb. 3

aus Ahnas im Koptischen Museum in Kairo (Abb. 3, Seite 88), auf der zwei nackte, diesmal ungeflügelte Knaben einen Kranz halten, der mit einem gleicharmigen («griechischen») Kreuz ausgefüllt ist. Hier liegt also eines jener Zwitterstücke vor, auf dem Paganes und Christliches eine neu gewonnene ikonographische Einheit bilden. In der Reliefkunst Konstantinopels taucht das Motiv der fliegenden «Engel-Viktorien» zum ersten Mal gegen Ende des 4. Jahrhunderts auf. Von da an ist es natürlich nur noch ein kleiner Schritt bis zur allgemeinen Verbreitung dieses ursprünglich hauptstädtischen Motivs und der Metamorphose der «Engel-Viktorien» in reine Engel, die in einem Kranz oder einer Mandorla das Bild Christi empor halten oder ein Kreuz flankieren, wie auf einem Fries aus Bawit im Koptischen Museum in Kairo.[34] Somit ist die Wandlung geflügelter Eroten und Viktorien zu Engeln nachvollziehbar.

Als weiteres Beispiel für die Verchristlichung paganer Motive sei noch ein Beispiel aus der Stelengestaltung vorgestellt. Dabei handelt es sich um einen bestimmten Typus spätkaiserzeitlicher Grabreliefs, wahrscheinlich aus dem Fajum. Drei der insgesamt vier dieser Gruppe zuzurechnenden Stelen zeigen eine Aedicula mit Archivolte, die von üppigen Weinstöcken eingerahmt werden, deren Äste sich im oberen Teil der Stelen gegenseitig durchdringen. Bei zwei Exemplaren bildet das Innere der Aedicula eine Hadestür – was eindeutig auf den sepulkralen Charakter hinweist. Drei der Stücke werden von einer Rahmung in der Art einer altägyptischen Scheintür umgeben. Die drei paganen Stücke zeigen oberhalb der Aedicula eine Büste des Gottes Harpokrates, hier offensichtlich in der Funktion des auch als Mysteriengott vorkommenden Dionysos. An einem Relief in Berlin[35] jedoch ist die Harpokratesbüste durch ein Henkelkreuz ersetzt, das altägyptische *anch*, das Zeichen für Leben, das auf dieser Stele aber in seiner christlichen Bedeutung vorkommt (Abb. 4, Seite 91).[36]

Für rein christliche Szenen bot natürlich die Bibel ein schier unerschöpfliches Bildrepertoire. Eigentümlicherweise wurde dieses allerdings nie auch nur annähernd ausgeschöpft. Im Gegenteil, das tatsächliche Bildrepertoire konzentriert sich in der frühen Phase im wesentlichen auf Szenen, die insbesondere die Standhaftigkeit der jeweiligen Protagonisten, verbunden mit der erhofften Errettung vor dem Tode dank eines unerschütterlichen Glaubens an Gott, als Vorbild für das junge Christentum ins rechte Licht rücken sollten. Eines dieser Beispiele ist Daniel in der Löwengrube, wie es eine leider sehr stark beschädigte Friesplatte aus Kalkstein mit unbekanntem Fundort, heute in Berlin, zeigt[37]. Wir sehen Daniel in der Grube stehen, die durch einen Mauerring angedeutet ist. Er trägt traditionsgemäß persische Tracht, d.h. die phrygische Mütze, gegürtete Tunika, die vorne zusammengebauscht und zwischen den Beinen durchgezogen ist. Dazu einen kurzen Reitermantel und gemusterte Hosen. Umgeben wird Daniel von zwei Löwen. Während der rechte bereits in Lauerstellung neben ihm auf dem Boden hockt, ist der linke gerade im Begriff, von der Mauer in die Grube zu springen. Interessant ist an diesem Stück vor allem, wie zwei erzählerisch auseinander liegende Episoden ikonographisch zu einer Szene zusammengefasst werden: Die bisherige Szenerie, also die Geschichte von Daniel in der Löwengrube aus AT Dan 6, 17-24, füllt die ganze rechte Seite (etwa 3/5) des Reliefs aus. Die linke Seite dagegen (etwa 2/5) gibt das Erscheinen des Propheten Habakuk, der einen Napf mit Essen für Daniel in den Händen hält, nach AT Dan 14, 33-39 wieder, d.h. nach einem Bibelteil, der nur in der griechischen Übersetzung der Septuaginta vorkommt.[38] Derartige Motive können auch auf Alltagsgegenständen, wie auf einem Kamm[39], vorkommen.

Neben biblischen Szenen kommen aber auch freie religiöse Kompositionen vor, wie etwa der reitende Christus mit zwei Engeln auf einem Kalksteinrelief, das aus dem Weißen Kloster bei Sohag, heute in Berlin[40], stammen soll. Im Zentrum der von einem Perlband umgebenen Darstellung reitet Christus in seitlichem Sitz. Sein Gesicht ist von einem Kreuznimbus umgeben, den rechten Arm hat er erhoben, die Finger zeigen den Segensgestus an. Ihm voraus geht ein nimbierter Engel, der die Zügel des Reittieres (Maultier?, Pferd?) hält. Hinter ihm folgt ein weiterer Engel, der mit seiner ausgestreckten Rechten auf Christus weist. Der verbleibende Hintergrund ganz links wird noch von einem Baum ausgefüllt. Auch in diesem Bild vereinigen sich verschiedene Traditionen. Zum einen die des kaiserlichen *adventus*, der Einritt des siegreichen Kaisers als Triumphator. Zum anderen liegt die Nähe zu den in Ägypten so beliebten Darstellungen des sog. heiligen Reiters auf der Hand.[41] Eine Bestimmung dieser Szene als Jesu Einzug in Jerusalem kann man nicht vornehmen, davon weicht die Ikonographie (man bedenke nur den Damensitz!) zu weit ab.[42]

Auch die Darstellung von Heiligen war sehr beliebt. Eines der heute noch weit verbreitetsten Beispiele sind z.B. Bilder des heiligen Menas, der mit erhobenen Händen in Oranshaltung zwischen zwei liegenden Kamelen steht, dem Betrachter frontal zugewandt. Der Legende nach war Menas ein ägyptischer Soldat gewesen, der in Phrygien während der diokletianischen Christenverfolgung den Märtyrertod erlitten hat. Nach der Überführung seiner Gebeine in die Heimat wurden sie an der Stelle beigesetzt, an der die Kamele stehen blieben und auch nicht mehr zum Weitergehen zu bewegen waren. An der Stätte seines Grabes, in der Nähe Alexandrias gelegen, entwickelte sich in der Folgezeit das sog. Abu Mina, wohl die bedeutendste Pilgerstätte Ägyptens (s. Kap. Kirchenbau).

Abb. 4

Die weite Verbreitung verdankt die charakteristische Ikonographie vor allem den Tausenden von Menasampullen, die eines der wichtigsten Pilgerandenken der Spätantike waren. Auf einer Marmortafel, wahrscheinlich 5./6. Jahrhundert (Fundort unbekannt), heute in Wien[43], stehen rechts und links neben dem Heiligen noch zwei weitere Figuren, wahrscheinlich Pilger oder sogar die Stifter des Reliefs, in der für die Spätantike typischen Bedeutungsperspektive verkleinert.[44]

Zu den kunsthistorisch relevantesten Reliefs gehören auch Darstellungen der Gottesmutter, etwa die «thronende Gottesmutter zwischen Engeln»[45] unbekannter Herkunft oder die «stillende Gottesmutter zwischen Heiligen» aus dem Fajum[46], beide wohl aus dem 7. Jahrhundert und heute im Koptischen Museum in Kairo. Auffallend ist der stilistische Unterschied. Während die thronende Gottesmutter sich durch einen voluminösen, skulpturenhaften Stil mit weichen Formen auszeichnet, dominiert bei der stillenden Gottesmutter, einem Flachrelief, in das die Konturen eingeritzt sind, eine gewisse Härte.[47] Vorbild für diese Art der Darstellung dürfte ein ursprünglich paganes, später verchristlichtes Flachrelief aus Arsinoe aus dem 4./5. Jahrhundert, heute in Berlin, Museum für Spätantike und Byzantinische Kunst, sein (Abb. 5, Seite 95), auf dem als erstes die noch zahlreich vorhandenen Farbreste auffallen. Wir sehen eine auf einem mit einem roten Kissen belegten Klappschemel sitzende junge Mutter, die ihr Kind säugt. Rechts und links ihres Kopfes sind zwei Kreuze eingeritzt, weshalb das Bild lange Zeit für eine der ältesten Darstellungen der stillenden Gottesmutter, der sog. *Maria lactans* gehalten wurde. Das Motiv folgt aber der in Ägypten so beliebten Darstellung der Göttin Isis, die den Horusknaben säugt. Die erst vor einigen Jahren nachgewiesenen Reste einer mit Farbe aufgetragenen griechischen Inschrift (*21 Jahre alt. Niemand ist unsterblich. Sei frohen Mutes!*) lassen jedoch keinen Zweifel daran, dass es sich ursprünglich um eine Grabstele handelte. Sowohl die Inschrift als auch das Motiv sind also heidnischen Ursprungs. Die beiden Kreuze dürften somit nachträglich eingeritzt worden sein, um der Darstellung nachträglich einen christlichen Sinn zu verleihen.[48]

Somit haben wir sowohl bei der Darstellung der Engel als auch bei der Darstellung der stillenden Gottesmutter gesehen, wie ursprünglich heidnische Motive in Ägypten in christliche transferiert wurden. Daraus ersieht man, dass trotz der Kontinuität etlicher paganer Bildmotive die koptische Kunst durchaus eigene Wege gegangen ist und man sie keineswegs lediglich als Nachläufer der ägyptisch-hellenistischen Kunst der römischen Kaiserzeit im Sinne einer römischen Provinzialkunst abtun darf.

Wandmalerei
Es nimmt nicht wunder, dass Ägypten relativ arm an bedeutenden Zeugnissen hochstehender (Wand-) Malerei aus spätantiker und frühmittelalterlicher Zeit ist. Sind doch die meisten Gebäude aus dieser Epoche längst verfallen und/oder überbaut worden. Das ist um so bedauerlicher, als in diese Zeit der Übergang der spätkaiserzeitlichen, imperialen Bildprogramme zu den frühchristlichen stattfand. Wirklich nennenswert sind aus dieser Zeit, wenn auch heute nur noch in spärlichen Resten vorhanden, lediglich zwei Komplexe. Einmal im Ammontempel in Luxor, zum anderen die Kirche von al-Ahbariya in der Mareotis.

Um 300 hatte man im langgestreckten Komplex des Ammontempels das Hauptgebäude zweier Legionslager errichtet und den ehemaligen Durchgangsraum zum Barkensanktuar zum Kaiserkultraum umgewandelt. Dabei war die rückwärts gelegene Tür durch eine Apsis verschlossen und die einst reliefgeschmückten Wände mit einer Putzschicht zur Aufnahme von großformatigen Malereien überzogen worden. Die Eingangswände beiderseits der Tür zeigten einen langen Zug von Soldaten. Demgegenüber war die Hauptwand mit der Apsis vertikal in drei Bereiche untergliedert. Während die Seitenfelder über ihre gesamte Höhe von 7,5 m je eine Szene mit einem höfischen Zeremoniell mit zwei thronenden Herrschern in der Mitte zeigten, enthielt die von Säulen gerahmte Apsis unter einem kranzhaltenden Adler vier überlebensgroße Gestalten im Purpurmantel: den ersten Augustus der Tetrarchie Diokletian und seinen Mitkaiser Maximian, flankiert von den designierten Nachfolgern und Mitregenten, den Caesaren Galerius und Constantius Chlorus.

Dieses Monument, das einzige erhaltene oder besser rekonstruierbare seiner Art, bietet gleichsam einen Schlüssel für die bildliche Ausstattung christlicher Kirchen.[49] Die Analogien zwischen dem Bildprogramm in Luxor und dem der christlichen Kirchen sind unübersehbar. Nicht nur eine Fülle einzelner Motive, sondern auch der gesamte räumliche Aufbau der Bildprogramme in den Kirchen der Spätantike, ist von vorkonstantinischen, außerchristlichen Traditionen ableitbar, die ihrerseits wieder auf älteren Formen des Herrscherkults beruhen.[50]

Im Gegensatz zur Malerei im Ammontempel lässt sich die Malerei der Kirche von al-Ahbaryia (6. Jahrhundert) in der Mareotis (Nähe Abu Mena) nur noch teilweise aus einigen magazinierten Fragmenten zusammenpuzzeln. Daraus ergibt sich, dass an der Nord- und Südwand oberhalb einer Frieszone mit christologischen Szenen zwischen die Fenster des Obergadens Prophetendarstellungen eingefügt waren. An der Westwand folgten über der fortgesetzten Frieszone zwei in etwa gleich hohe Register mit Szenen aus dem

Leben Konstantins. Die Ausmalung der Apsis ist unbekannt geblieben. Bemerkenswert ist hier der Gegensatz zwischen der einfachen Bauweise der Kirche und der hohen Qualität der Malerei, was für ein überdurchschnittliches Repräsentationsbedürfnis spricht.[51]
Die weiteren Reste von Malereien aus dieser frühen Epoche sind in diesem Zusammenhang weniger von Bedeutung. Dafür aber entschädigen uns die zahlreichen Malereien in verschiedenen Klosterkirchen aus mittelalterlicher Zeit. Da im Laufe der Jahrhunderte oft die Bemalung wechselte, kommen auch heute noch oft unter den jüngeren Malschichten ältere zum Vorschein. So wurden in der Kirche der heiligen Jungfrau des Syrischen Klosters unter Übermalungen aus dem 18. Jahrhundert vier weitere Malschichten aus dem 7.-13. Jahrhundert entdeckt. Zu den «Highlights» dieser Entdeckungen gehört zweifelsohne die 1991 freigelegte Verkündigungsszene, um deren Datierung etliche Jahre große Uneinigkeit bestand. Inzwischen konnte sie aber von K. Innemée Schicht zwei zugeordnet werden, was eine einigermaßen sichere Datierung ins 8. Jahrhundert zulässt.[52] Neben neutestamentalischen kommen häufig auch alttestamentalische Szenen[53] und Heiligendarstellungen vor, wie z.B. das Abrahamsopfer auf dem Holzciborium der St.-Merkurius-Kirche in Alt-Kairo. Im Innern der Kuppel erkennt man den thronenden Christus und darunter die Erzengel Gabriel (links) und Michael (rechts).[54] Ebenfalls aus dieser Kirche ist die thronende Madonna mit dem Kind auf einer der Säulen, die die Tür der Ikonostase flankieren.[55] Die Wandmalereien können aber auch bedeutend bescheidener ausfallen, wenn man an die eher an Strichzeichnungen erinnernden Malereien der Exodus-Kapelle der Nekropole von Bagawat denkt.[56]
Gut dokumentiert, sowohl vor[57] als auch nach[58] der Restaurierung (besser: Reinigung), sind vor allem die Malereien des Antonius-Klosters am Roten Meer. Abb. 6 (Seite 99) macht den Unterschied bei der erst halb gereinigten Darstellung Marien mit dem Kind deutlich, die nach Abschluss der Reinigungsarbeiten nun wieder in farbenprächtigem Glanz erstrahlt. Auch die reiche ornamental, teilweise auch kalligraphisch ausgestaltete Decke des Hurus kommt jetzt nach der Reinigung wieder richtig zur Geltung.
Zu den beliebtesten Darstellungen in koptischen Kirchen gehören auch die Reiterheiligen. Unter ihnen ist einer der am häufigsten vorkommenden der heilige Merkurius alias Abu Saifain (= Vater der beiden Schwerter). Seine heutige Ikonographie ist die, dass er, mit erhobenen Armen auf einem Pferd reitend, in jeder Hand ein Schwert schwingt, wobei sich die beiden Schwertspitzen über seinem Kopf kreuzen, wie man es z.B. auf einer Ikone von 1772 des berühmten Ikonenmalers Johann, gen. der Armenier, in der St. Merkurius-Kirche

Abb. 5

in Kairo sehen kann.[59] Auf einer Wandmalerei des Antonius-Klosters gibt es gleichsam eine Vorstufe dieser Darstellungsweise: Merkurius, der bereits ein Schwert in seiner Sattelscheide stecken hat, bekommt von einem Engel noch ein zweites Schwert gereicht zum Zweck der Tötung des vom rechten Glauben abgefallenen Kaisers Julian Apostata. Insofern ist die Malerei des Antonius-Klosters ein wichtiges Bindeglied zwischen den frühen Darstellungen des Heiligen mit nur einem Schwert und den späteren mit zwei Schwertern, weswegen er eben auch Abu Saifain genannt wird.[60]

Textilien

Zu den wichtigsten Funden, die aus der Zeit der Spätantike und dem frühen Mittelalter aus Ägypten erhalten geblieben sind, gehören die sog. koptischen Textilien. Sie imponieren allein schon durch ihre Anzahl, denn die Zahl der in den Museen und Privatsammlungen dieser Welt verteilten Stoffe liegt im Bereich von etlichen -zig Tausend. Das mag auf den ersten Blick verwundern, sind doch aus anderen Regionen des Mittelmeerraumes Textilien in kaum nennenswerter Anzahl erhalten. Aber es ist das trockene ägyptische Klima, das diesen Erhalt ermöglichte. So ruhten sie rund anderthalb Jahrtausende im Wüstensand, bevor sie, von wenigen früheren Ausnahmen abgesehen, ab dem 19. Jahrhundert ihren Weg in die Museen nahmen. Meistens handelt es sich dabei um Decken oder Kleidungsstücke (bzw. deren Überbleibsel, im Wesentlichen dekorierende Besatzstücke), mit denen man die Toten zur letzten Ruhe gebettet hatte. Die Stoffe, die sich heute in den Museen befinden, stammen meist entweder aus dem Antikenhandel, mit zum Teil ungenauen oder falschen Herkunftsangaben, oder aber aus archäologischen Grabungen, die diesen Namen aber eigentlich nicht verdienen, denn tatsächlich handelte es sich oft genug um ein eher blindwütiges Durchwühlen alter Friedhöfe. Wie es tatsächlich zuging, hat uns der Ägyptologe Petrie überliefert: «In Coptic times ... the ground ... was used for a cemetary. Though I could not spend time on clearing such remains myself, the people of the place readily grubbed up their forefathers, and disposed of their garments to anyone who would buy them. I thus obtained a large quantity of embroideries and woven stuffs ...»[61] Ähnlich ging es auch an anderen textilen Fundstellen zu. Das Fehlen einer jeglichen stratigraphischen Zuordnung lässt somit noch nicht einmal eine relative Chronologie der Objekte zu, so dass wir auch heute noch, was die Datierung koptischer Textilien anlangt, nach wie vor weitgehend im Dunkeln tappen. Spekulationen sind somit Tür und Tor geöffnet und Datierungsunterschiede bei ähnlichen oder gar gleichen Stücken von bis zu mehr als 500 Jahren kommen durchaus vor. Daher hatte sich zuweilen die Praxis eingebürgert, nach dem

Vorbild der klassischen Archäologie koptische Stoffe nach stilistischen Kriterien zu datieren. Diese Methode hat sich aber vielfach als untauglich erwiesen, da nicht selten auf ein und demselben Stück mehrere Stilebenen und -richtungen gleichzeitig vorkommen. Sie taugt lediglich für die grobe Datierung bestimmter, stilistisch weit auseinander liegender Stoffe. Daher gehört eine Datierung, die den Rahmen von zwei Jahrhunderten unterschreitet, im Allgemeinen ins Reich der Spekulation. Grundsätzlich aber dürfte der weitaus größte Teil der koptischen Textilien aus dem Zeitraum vom 3.-9. Jahrhundert stammen.[62]

Die koptischen Textilien sind vor allem aus zwei Gründen für die Forschung von Bedeutung: Zum einen decken sie das ganze Spektrum dessen ab, was sich im ersten Jahrtausend im stilistischen Bereich in Ägypten abspielte, angefangen von relativ natürlichen Abbildungen in der hellenistisch-römischen Tradition über geometrisierte und ornamentalisierte Stilebenen mit Tendenzen zu starker Abstraktion bis hin zum völligen Zerfall und schließlich zur Auflösung des traditionellen Formenrepertoirs. Zum anderen findet auf ihnen auch die gesamte ikonographische Entwicklung statt: angefangen von Themen der antiken Mythologie über diverse Zwischenstufen lässt sich auch hier die allmähliche Verchristlichung paganer Motive nachvollziehen. Hinzu kommt die gesamte Bandbreite originär christlicher Themen. Einen Großteil machen auch die nichtfigurativen, rein ornamentalen Stoffe aus, unter ihnen die wichtige Gruppe der sog. Purpurwirkereien.[63] Nichts von dem, was uns auch im Relief und der Wandmalerei beggegnet, das nicht auch auf Textilien thematisiert würde. Aber auch die Bedeutung der Textilien als leicht transportierbare Vorlagen für die Mosaikkunst ist nicht zu unterschätzen. Dabei reicht die webtechnische Qualität von einfachsten, in Heimarbeit entstandenen, handwerklich auf niedrigem Niveau stehenden Stücken bis zu absolut hochwertigen Arbeiten aus den professionellen Manufakturen der großen Textilzentren (Panopolis, Arsinoe, Oxyrhinchos, Herakleopolis und Alexandria). Zumindest für die Spätantike dürfte feststehen, dass textile Waren (Kleider, Decken, Kissen) nicht nur nach Auftrag, sondern auch auf Vorrat angefertigt wurden. Dadurch wird die bedeutsame Stellung der damaligen ägyptischen Textilindustrie unterstrichen. Im Laufe des 7. Jahrhunderts scheint sich die Produktionsweise dahingehend geändert zu haben, dass Wirkereien hauptsächlich nicht mehr ins Grundgewebe eingewirkt, sondern nachträglich aufgenäht wurden, d.h. die Zierbesätze entstanden unabhängig vom Kleidungsstück, auf dem sie angebracht wurden. Das konnte dazu führen, dass solche Besatzstücke oft, wenn ein Gewand aufgetragen war, auf einem anderen Kleidungsstück Wiederverwendung fanden.[64]

Unter den figürlichen Darstellungen nicht-christlicher Wirkereien dominieren drei große Gruppen: dionysisch-bukolische, nilotisch-maritime und Jagd- bzw. Tierdarstellungen, wobei sich deren Motivik sehr häufig überschneidet. Woher stammt aber die Beliebtheit der dionysisch-bukolischen Darstellungen? Das hängt damit zusammen, dass unter den verschiedenen Heilslehren, die in der Spätantike in Ägypten kursierten, dem Dionysoskult die größte Bedeutung zukam. Hatten doch schon die Ptolemäer ihre Herrschaft durch ihre direkte Abstammung von Dionysos legitimiert. Und seit der frühen Kaiserzeit war nahezu im ganzen römischen Weltreich das Hirten- und Landleben zum Symbol eines zufriedenen und glücklichen Zustandes geworden. Diese Tendenz war noch durch die Krisen der späten Kaiserzeit verstärkt worden. Hinzu kommt die für Ägypten typische synkretistische Verbindung Osiris – Dionysos – Christus.[65] Dabei bilden Efeu, Weinranken und Weinlaub nicht nur den Rahmen der figürlichen Darstellungen, sondern verweisen direkt auf die inhaltliche Bedeutung dieser Szenen.[66] Abb. 7 (S. 99) zeigt einen Teil des Dionysos-Behanges aus Riggisberg, noch ganz im hellenistischen Stil. Den weinbekränzten Gott selbst sehen wir unter der zweiten Arkade von links, seinen Trinkkrug (Kantharos) in der herabhängenden Rechten. Auf dem kleinen Stofffragment unter ihm sieht man noch die Hinterläufe seines favorisierten Begleittieres, eines Panthers. Links neben ihm könnte Ariadne stehen. Rechts noch typisches Begleitpersonal, ein Satyr und eine tanzende Mänade.[67]

Dass sich Jagddarstellungen solcher Beliebtheit erfreuten, kann ebenfalls nicht verwundern, gehörten sie doch im ganzen römischen Reich zu den häufigsten Motiven, etwa auf Sarkophagen oder Mosaiken. Im Allgemeinen wurden aber auf den Textilien die Jagdszenen nicht in ihrer Gänze dargestellt, sondern Einzelelemente wurden versatzstückartig übernommen. Oft mischen sich unter das Assistenzpersonal auch Figuren aus dem dionysischen Umfeld, wie Satyre oder tanzende Nymphen. Somit bestätigt die ikonographische Verknüpfung von heroischer Jagd und dionysischem Zug auch deren inhaltliche Verbindung: Die (Treib-) Jagd galt wie der Tierkampf als Zeichen für Mut und Unerschrockenheit und war damit Sinnbild für außerordentliche Tüchtigkeit und den hoffentlich zu erringenden Preis, nämlich «den glücklichen Zustand im dionysischen Jenseits».[68]

Ein Düsseldorfer Stoff ist dafür ein Beispiel: Im Zentrum des Medaillons, sehen wir wieder Dionysos selbst, seinen Krug hält er in der rechten Hand. Aber in dem Kreuz neben seinem Kopf hat das Christentum schon erste Spuren hinterlassen. Der größte Teil der Medaillonfläche bleibt aber der Jagdthematik vorbehalten. Über und unter dem Zentrum des Medaillons befindet sich jeweils ein

Abb. 6

Abb. 7

mit einem gespannten Bogen nach rückwärts gewandter Reiter, was alter persischer Kampfes- und Jagdtradition entspricht.[69] Zu beiden Seiten befinden sich noch zwei, ebenfalls mit Bogen bewaffnete Assistenzfiguren. Diese aber sind nicht im Begriff zu schießen, sondern sie halten den Bogen in einer Hand. Mit der anderen haben sie den Daumen unter dem Riemen des geschulterten Köchers eingehakt. Die Gestalt oben rechts ist gerade dabei, einen Pfeil in den Bogen einzulegen. Einmalige Szenen in der koptischen Textilkunst! Die Szenerie wird ferner durch allerlei Kleingetier wie Vögel und Hunde und durch zwei mit Früchten gefüllte Schalen bereichert, wodurch der Wunsch nach Fülle und Überfluss zum Ausdruck gebracht wird. Dieser Stoff ist ein Beispiel dafür, wie sich die verschiedenen Thematiken mit einzelnen Bildelementen gegenseitig durchdringen.[70] Auch die dritte Gruppe der nicht-christlichen Stoffe, die im weitesten Sinne den Bereich des Wassers abdeckt, was für Ägypten identisch mit dem Nil war, ist eng mit der Vorstellung von Fülle und Reichtum und damit ebenfalls mit der Hoffnung auf eine glückliche Existenz im Jenseits verbunden. Da alle diese Bilder mehr oder weniger Allgemeingültiges formulieren, finden sie sich auch noch in christlicher Zeit, nicht nur auf Textilien, sondern auch auf Sarkophagen, in Kirchen und auf Alltagsgegenständen. Aber gerade auf den koptischen Stoffen wird der allmähliche, nahtlose Übergang von einem paganen zu einem christlichen Sinngehalt besonders augenfällig, und so bestätigt sich gerade hier die koptische Kunst als Brücke zwischen heidnischer und christlicher Kunst. So zeigt ein kleines Medaillon, heute im Musée d'art et d'histoire Fribourg, drei sog. Nilknaben, die sich in einem fischreichen Gewässer tummeln. Sie gelten als Personifikationen der Fruchtbarkeit der Nilfluten.[71] Die gleiche Thematik artikuliert auch ein anderes Medaillon im Louvre in Paris, das zwei Nilgottheiten (hier mit Muschel und Füllhorn) mit entsprechendem Assistenzpersonal zeigt. Eine Besonderheit ist der dargestellte Nilometer, mit dem die jeweiligen Wasserstände gemessen werden konnten. Eine wundersame Liaison zwischen Mythos und Technik![72]

Mit dem nächsten Stück kommen wir schon zur religiösen Thematik. Sehr bekannt ist z.B. die Darstellung des Opfers Abrahams.[73] Die Szene schildert den dramatischen Moment Gen 22, 10 f.: «Schon streckte Abraham seine Hand aus und nahm das Messer, um seinen Sohn zu schlachten. Da rief ihm der Engel des Herrn vom Himmel zu: Abraham! Abraham! Er antwortete: Hier bin ich.» Abraham hat seinen Sohn schon am Schopf gepackt und will zustoßen, aber da hört er die Stimme des Engels (man sieht dessen Hand in der oberen linken Ecke) und wendet sich dem Rufer zu. Auch das Ersatzopfer, der Widder, steht schon bereit. Die jeweiligen Beischriften zur Identifizierung der Figuren sind nicht ganz geglückt – in diesem Fall aber ohnehin nicht notwendig. Über dem linken Arm Abrahams noch eine Lotosblüte (altägyptisches Motiv!) als Füllelement.

Zu den beliebtesten religiösen Themen auf koptischen Stoffen gehört die Josefsgeschichte, bzw. Teile von ihr, die weitestgehend Gen 37, 9-36 entsprechen. Immerhin sind schon mehr als 50 Stoffe mit dieser Thematik, die sog. Josefsstoffe, bekannt geworden. Zu den schönsten gehört das Stück aus dem Simeonstift in Trier (Abb. 8, Seite 104). Es ist folgendermaßen zu lesen: Im Zentrum befindet sich der schlafende Josef, der träumt, wie sich Sonne, Mond und elf Sterne vor ihm verneigen. Die das Zentrum umgebende Bildfolge beginnt oben (im umgekehrten Uhrzeigersinn), wo der bärtig und nimbiert dargestellte, auf einem Polsterstuhl sitzende Jakob Josef zu seinen Brüdern schickt. Seinen Kopf hat Josef noch seinem Vater zugewandt, aber er geht schon auf den Mann zu, den er auf dem Felde treffen wird. In der nächsten Szene ist zu sehen, wie einer der Brüder Josef in die (gemauerte) Zisterne steckt. Die nächste Szene zeigt ein Geschehen, das so nicht vorkommt, aber die Bildelemente sprechen für die Schlachtung des Bockes, um Josefs Gewand mit Blut tränken zu können. Ein Mann (einer der Brüder) kniet vor Josef (am Nimbus eindeutig zu identifizieren), links davon ein Bock. Im Allgemeinen ist die kniende Haltung charakteristisch für denjenigen, der ein solches Tier schlachtet. Während also der Bruder schon die Haltung des Tötenden eingenommen hat, erscheint sein späteres Opfer, der Bock, nur am Bildrand. Stattdessen steht hier Josef selbst dem Bruder als «Opfertier» gegenüber, und dieser ist auch bereit, die Tat auszuführen. Doch durch Gottes Plan wird Josef bekanntlich gerettet, und auch hier steht das Ersatzopfer schon bereit. Die Ähnlichkeit in der Ikonographie mit dem Abrahamsopfer ist natürlich evident. Haben die bisherigen Szenen gezeigt, was tatsächlich passierte, so ist in dieser Opferszene zusammengefasst, was passiert wäre, wenn Gott nicht den Plan der Brüder vereitelt hätte.

Danach geht es wieder gemäß der biblischen Erzählung weiter: Unter dem zentralen Medaillon sitzt auf einem Klappstuhl der dunkelhäutige Ismailiter, der mit einem der Brüder über Josefs Verkauf (Josef klein zwischen beiden) verhandelt. Dann findet Ruben die leere Zisterne vor, denkt, dass sein kleiner Bruder tot ist, und beginnt, sich vor der Brust das Gewand zu zerreißen. In der nächsten Szene ist Josef mit dem Ismailiter unterwegs nach Ägypten. Das letzte Bild spielt schon dort: Der Ismailiter verhandelt mit Potiphar über Josef.[74]

Zum Schluss wollen wir uns noch einer Textilgruppe zuwenden, die ebenfalls schon allein durch ihre Größe imponiert, den Reitertextilien. Schon bei den Wandmalereien koptischer Kirchen haben wir festgestellt, dass sich dort Reiterdarstellungen außerordentlicher Beliebtheit erfreuen, Und dasselbe gilt auch für die Textilien, ja bei ihnen ist das motivische Spektrum sogar bedeutend größer. Die Reiter in der Kirche sind natürlich ausschließlich von religiöser Thematik geprägt. Diese Reiterheiligen, die den Legenden nach oft aus dem militärischen Milieu stammen, werden dort gewöhnlich als *milites christiani* präsentiert. Aber dies ist nur eine der möglichen Darstellungsvarianten des koptischen Reiters. Anders bei den Textilien. Sie breiten vor unseren Augen das ganze Spektrum der Reiterbilder vor uns aus, angefangen von einfachen Jagdbildern bis zu komplexeren Herrscher- und Heiligendarstellungen.

Schon bei den dionysischen Darstellungen war die Jagd ein sehr beliebtes Thema. Naturgemäß spielt sie auch bei Reiterdarstellungen eine dominierende Rolle. Eine häufig vorkommende Darstellungsvariante des «Koptischen Reiters» ist z.B. folgende: Er ist, wie bei einer Treibjagd üblich, mit einem Stein bewaffnet, den er in der erhobenen Rechten hält. Lang weht der Mantel hinter ihm her. Unter ihm befindet sich ein Hase. Das hört sich harmlos an, aber eine Hasenjagd zu Pferde war eine äußerst gefährliche und waghalsige Angelegenheit und sie stand einer Löwenjagd im Stellenwert in nichts nach, denn sie erforderte viel Mut, Geschicklichkeit und eine überdurchschnittliche Beherrschung des Pferdes. So beschreibt beispielsweise Martial in seinen *Epigrammen* anschaulich den Stellenwert der Hasenjagd und die Gefahren, die dem Reiter drohen, da das Pferd im unübersichtlichen, unebenen Gelände leicht stürzen könne, und er gibt zu bedenken, dass es öfter den Reiter erwische als den Hasen.[75] Es ist klar ersichtlich, dass der Hase als Objekt, seinen Mut und seine Geschicklichkeit unter Beweis zu stellen, anerkannt war. Und genau das dürfte zunächst einmal die Bedeutung dieser Stoffe sein. Für den Besitzer eines solchen textilen Besatzstückes mag eine solche Abbildung noch weitere übersinnliche Inhalte gehabt haben – so schreibt man dem Hasen auch glückbringende Eigenschaften zu – aber darüber kann man nur spekulieren.[76]

Manchmal liegt zwischen den Beinen des Pferdes auch ein Schild. Wie man weiß, gehörte zur Jagdausrüstung eines Jägers als Defensivwaffe unbedingt auch ein Schild. Unter diesem Aspekt nun erhält dieser Schild seine Bedeutung. Es handelt sich dabei nicht um einen vermeintlichen Gegner, der symbolisch niedergeritten wird, sondern um den Schild des Reiters, der lediglich aus Platzgründen, und um Überschneidungen zu vermeiden, dort deponiert wurde. Wie man sich den reitenden Steinewerfer mit Schild tatsächlich vorzustellen hat, zeigt ein stark sassanidisch beeinflusster Stoff[77], auf dem der Reiter den Schild nicht überreitet, sondern in der Hand hält.[78]

Viele Reiterbilder zeigen auch einen Herrscher, der in militärischer Kleidung dargestellt wird. Dazu trägt er seine Herrscherinsignien Zepter und Globus. Außerdem führt er noch zwei kostbar gewandete, und damit als hochstehende Persönlichkeiten anzusehende Gefangene mit sich. Damit liegt auch hier die Ikonographie des bereits oben erwähnten kaiserlichen *adventus* nahe. Da die Gefangenen persische Tracht tragen, soll hier möglicherweise an den Sieg über die Perser (628) und damit die Befreiung Ägyptens erinnert werden.[79] In der ikonographischen Weiterentwicklung werden die kaiserlichen Insignien durch Waffen ersetzt, wobei insbesondere die Lanze eine große Rolle spielt. Denn mit ihr kann man vom Pferd leicht einen Feind töten. So sind denn auch die meisten Reiterheiligen mit einer Lanze bewaffnet, mit der sie einen unter dem Pferd liegenden gottlosen Gesellen oder einem drachenartigen Untier den Garaus zu machen pflegen. Die allgemeine Ikonographie erinnert noch deutlich an den Herrscher, aber das Zepter ist durch eine Lanze ersetzt, mit der der Heilige eine Schlange (= Drache) durchbohrt.

Es ist schon oft geschrieben worden, dass es sich dabei um den heiligen Georg handle. So unausrottbar diese Ansicht anscheinend ist, so falsch ist sie auch: denn erstens ist die Drachenlegende vom heiligen Georg kaum vor dem 12. Jahrhundert entstanden und zweitens ist sie ein westliches Konstrukt. Im Orient ist sie weitgehend unbekannt geblieben. Im Gegenteil, in den Ostkirchen waren es Heilige wie Theodor Stratelates oder Theodor Tiro, die den Drachen bekämpften. Das älteste Bild, das wir überhaupt von Georg als Reiter (noch nicht als Drachentöter!) haben, ist eine Ikone aus dem Sinai-Kloster aus dem 9. Jahrhundert. Georg durchbohrt hier einen bösen Greis, und es ist sein Pendant Theodoros, der einen Drachen tötet.[80] Sichere personelle Zuweisungen sind in Ägypten im ersten Jahrtausend unserer Zeitrechnung nur mit einer entsprechenden Beischrift möglich.

Diese wenigen Beispiele aus der ägyptischen Textilkunst müssen im vorliegenden Zusammenhang ausreichen, um wenigstens einen flüchtigen Eindruck von der vielfältigen Thematik zu geben. Darüber hinaus sei auf die inzwischen recht beträchtliche Spezialliteratur verwiesen.

Abb. 8

Schluss

Die wenigen vorgestellten Beispiele haben deutlich gemacht, dass die koptische Kunst aus ihren hellenistisch-römischen Anfängen allmählich eine Eigendynamik gewann, die sich schließlich in einem eigenen Stil (darauf konnte im vorliegenden Rahmen nicht näher eingegangen werden) und einer ganz spezifischen Ikonographie niederschlug. Man greift daher zu kurz, wenn man sie als römische Provinzialkunst oder gar Volkskunst (ab-) qualifiziert. Dadurch wird man der koptischen Kunst in keiner Weise gerecht. Sie mag zwar damals im Schatten Roms und Byzanz' und, nach der arabischen Eroberung Ägyptens, weitgehend isoliert von der internationalen Kunstentwicklung in gewisser Weise ein eher bescheidenes Dasein geführt haben, aber in ihr vollzog sich sichtbar und vor allem nachvollziehbar wie in sonst keiner Kunst der Spätantike, ein bemerkenswerter Wandel, der Wandel in der Kunst zweier religiöser Weltanschauungen: nämlich von der Religion der Antike mit ihrer bunten Göttervielfalt hin zu einer monotheistischen, christlich geprägten Welt. Und insofern ist die koptische Kunst nicht nur eine Kunstrichtung unter vielen, sondern eine Brücke zwischen Heiden- und Christentum.

Abbildungsnachweis

Abb. 1	Ikone, Wadi al-Natrun, Syrisches Kloster; nach Icons, Bd. II, 43
Abb. 2	Fries; Kairo, Kopt. Mus., 34x88,5 cm, Inv.-Nr. 7279 (7026); nach Effenberger 1996, Abb. 7
Abb. 3	Nischenbekrönung, Kairo, Kopt. Mus., 38,5x106 cm, 18x37 cm, Inv.-Nr. 7030; nach Effenberger 1996, Abb. 9
Abb. 4	Grabstele, 26x19,5 cm; nach Schateu 1996, 116, Nr. 63
Abb. 5	Grabstele, Berlin, Museum für Spätantike und Byzantinische Kunst, 55x34,5 cm, Inv.-Nr. 4726; nach Effenberger 1996, 115, Nr. 61
Abb. 6	Wandmalerei, Antonius-Kloster; nach Bolman 2002, XVI
Abb. 7	Dionysos-Behang (Detail), Riggisberg, Abegg-Stiftung, 730x220 cm; nach Rutschowscaya 1990, 85
Abb. 8	Besatzstück einer Tunika, Trier, Städtisches Museum Simeonstift, Ø ca. 29 cm, Inv.-Nr. VII.52 (Nr. 56), nach Nauerth 1978, Frontispiz

Literaturverzeichnis

Akten Münster = *Ägypten und Nubien in spätantiker und christlicher Zeit*, Akten des 6. Internationalen Koptologenkongresses in Münster 20.-26.07.1996, Bd. 1: «Materielle Kultur, Kunst und religiöses Leben». Sprachen und Kulturen des christlichen Orients 6, Wiesbaden 1999
Bolman 2002 = Bolman, E.S.: *Monastic Visions. Wall Paintings in the Monastery of St. Antony at the Red Sea*, New Haven, London 2002
Brune 1995 = Brune, K.-H.: *Vom St. Merkurios zum Abu Saifain. Zur ikonographischen Wandlung eines Heiligen*, in: Bulletin de la Société d'Archéologie copte 34 (1995), 15-20
Brune 1996 = Brune, K.-H.: *Die koptische Kunst eine Volkskunst? Bemerkungen zum fragwürdigen Gebrauch eines Schlagwortes*, in: Bulletin de la Société d'Archéologie copte 35 (1996), 15-27
Brune 1996a = Brune, K.-H., in Kat. Hamm: *Besatzstücke einer Tunica mit dionysischen Motiven*, 311 f., Nr. 353a-d
Brune 1999 = Brune, K.-H.: *Der koptische Reiter: Jäger, König, Heiliger. Ikonographische und stilistische Untersuchung zu den Reiterdarstellungen im spätantiken Ägypten und die Frage ihres «Volkskunstcharakters»*; Arbeiten zum spätantiken und koptischen Ägypten 11, Altenberge 1999
Brune 1999a = Brune, K.-H.: *Die Verkündigungsszene des Syrischen Klosters*, in: Akten Münster, 91-100
Capuani 1999 = Capuani, M.: *L'Égypte Copte*, Paris 1999
Deckers 1983 = Deckers, J.: *Constantin und Christus. Das Bildprogramm in Kaiserkulträumen und Kirchen*, in: Stutzinger, D.: «Spätantike und frühes Christentum». Ausstellung Liebighaus Museum alter Plastik Frankfurt am Main 16.12.1983 – 11.03.1984, Frankfurt a. M. 1983, 267-283
Duthuit 1931 = Duthuit, G.: *La sculpture copte. Statues, bas-reliefs, masques*, Paris 1931
Ebers 1892 = Eber, G.: *Sinnbildliches. Die koptische Kunst*, Leipzig 1892
Effenberger 1975 = Effenberger, A.: *Koptische Kunst*, Leipzig 1975
Effenberger 1996 = Effenberger, A., in Kat. Hamm: *Anmerkungen zur Kunst*, 31-41; *Bekrönung einer Wandnische*, 82, Nr. 15; *Friesplatte: Daniel in der Löwengrube*, 104 f., Nr. 49; *Relief: Reitender Christus und zwei Engel*, 110, Nr. 55; *Konsolbalken: Daniel unter den Löwen*, 134, Nr. 92
Egger 1967 = Egger, G.: *Koptische Textilien*, Wien 1967
von Falck 1996 = von Falck, M.: *Grabstele mit drei Personen*, in Kat. Hamm, 113, Nr. 59
Grohmann 1964: = Grohmann, A.: *Einführung und Chrestomatie zur arabischen Papyruskunde I*, Prag 1964
Grossmann 1996 = Grossmann, P.: *Kirchenbau in Ägypten*, in: Kat. Hamm, 43-57
Grossmann 1998 = Grossmann, P.: *Koptische Architektur*, in: «Ägypten in spätantik-christlicher Zeit. Einführung in die koptische Kultur»; Sprachen und Kulturen des christlichen Orients 4, Wiesbaden 1998, 209-267

Grossmann 2002 = Grossmann, P.: *Christliche Architektur in Ägypten*, Leiden – Boston – Köln 2002

Hodak 2000 = Hodak, S.: *Die ornamentalen Purpurwirkereien* (Diss. Univ. Münster 2000, unpubl., Publikation in Vorb.)

Icons = *Coptic Icons*, 2 Bde., Text u. Fotos: Nabil Selim Atalla, Cairo 1998

Innemée 1999 = Innemée, K.C.: New Discoveries at Deir al-Sourian, Wadi al-Natrun, in: Akten Münster, 213-222

Kat. Hamm = *Ägypten – Schätze aus dem Wüstensand. Kunst und Kultur der Christen am Nil.* Katalog zur Ausstellung im Gustav-Lübcke-Museum, Hamm, 16.06. – 13.10.1996, Wiesbaden 1996

Krause 1996 = Krause, M.: *Bemerkungen zum spätantiken und koptischen Ägypten*, in: Kat. Hamm, 17-29

Kybalová 1967 = Kybalová, L.: *Koptische Stoffe*, Prag 1967

Laubenberger 1996 = Laubenberger, M.: *Relief des hl. Menas*, in Kat. Hamm, 106 f., Nr. 52

van Loon 1999 = Van Loon, G.J.M.: *The Gate of Heaven. Wall Paintings with Old Testament Scenes in the Altar Room and the Hurus of Coptic Churches*, Istanbul 1999

Nauerth 1978 = Nauerth, C.: *Koptische Textilkunst im spätantiken Ägypten*, Trier 1978

Nauerth 1978a = Nauerth, C.: *Die Josefsgeschichte auf koptischen Stoffen*, in: Enchoria 8 (1978), 105-113

de Moor 1993 = de Moor, A.: *Coptic Textiles*, Zottegem 1993

van Moorsel 1995 = van Moorsel, P.: *La grande annonciation de Deir es-Sourian*, in: Bulletin de l'Institut Français d'Archéologie Orientale 95 (1995), 517-537

van Moorsel 1997 = van Moorsel, P.: *Les peintures du monastère de Saint-Antoine près de la Mer Rouge*, 2 Bände, Le Caire 1997

Naville 1894 = Naville, E.: *Ahnas el Medineh (Herakleopolis Magna) with chapters on Mendes, the nome of Thot, and Leontopolis*; Memoirs of the Egypt Exploration Fund, Bd. 11, Teil 1, London 1894

Petrie 1892 = Petrie, W.M.F.: *Ten Years Digging in Egypt (1881-1891)*, London 1892

Petrie 1925 = Petrie, W.M.F.: *Tombs of the Courtiers and Oxyrhynkhos*, London 1925

Rutschowscaya 1990 = Rutschowscaya, M.-H.: Tissus Coptes, Paris 1990

Schaten 1996 = Schaten, S.: *Grabstele*, in: Kat. Hamm, 116, Nr. 63

Schwedt 1969 = Schwedt, H.: *Zur Geschichte des Problems «Volkskunst»*, in: Zeitschrift für Völkerkunde 65 (1969), 169-182

Schweinfurth 1887 = Schweinfurth, G.: *Zur Topographie der Ruinenstätte des alten Schet (Krokodilopolis-Arsinoë)*, in: Zeitschrift für die Gesellschaft für Erdkunde zu Berlin 1887

Severin 1998 = Severin, H.-G.: *Zur Skulptur und Malerei der spätantiken und frühmittelalterlichen Zeit in Ägypten*, in: «Ägypten in spätantik-christlicher Zeit.

Einführung in die koptische Kultur»; Sprachen und Kulturen des christlichen Orients 4, Wiesbaden 1998, 295-338

Shurinova 1967 = Shurinova, R.: *Coptic Textiles*, Moscow 1967

Stauffer 1991 = Stauffer, A.: *Textilien aus Ägypten*, Bern 1991

Stauffer 1992 = Stauffer, A.: *Spätantike und koptische Wirkereien*, Bern – Berlin – Frankfurt a.M. – New York – Paris – Wien 1992

Torp 1969 = Torp, H.: *Leda christiana. The problem of the interpretation of Coptic sculpture with mythological motives*, in: Acta ad archaeologiam et artium historiam pertinentia 4, Institutum romanum norvegiae, Rom 1969, 101-112

Weitzmann 1976 = Weitzmann, K.: *The Monastery of Saint Catherine at Mount Sinai. The Icons*, Vol. I, Princeton 1976

Anmerkungen

[1] Hier sind in erster Linie Alois Riegel (1858-1905) und Josef Strzygowski (1862-1941) zu nennen.

[2] Die anlässlich dieser beiden Ausstellungen entstandenen Kataloge (*Koptische Kunst. Christentum am Nil.* Ausstellung Villa Hügel Essen, 3. Mai - 15. August 1963; *L'Art Copte.* Petit Palais Paris 17 juin - 15 septembre 1964, Paris o.J. [1964]) gehören noch heute zu den kunsthistorischen Standardwerken in der Koptologie.

[3] Es ist natürlich eine sehr beschränkte Sichtweise der Kunst, das Vorhandensein von Monumentalität als Voraussetzung für die Aufnahme in den Kunstkanon zu konstatieren. Denn von hier aus kommt man sehr leicht zu dem Schluss: keine Monumentalität, also Volkskunst.

[4] Es ist in der Forschung so, dass man um so geneigter ist, auch alltägliche und handwerkliche minderwertige Gegenstände als Kunst zu bezeichnen, je älter diese Gegenstände sind. So redet man ohne weiteres von der Kunst der Steinzeit, obwohl aus dieser Zeit kein einziges «Kunstwerk» erhalten oder in ihr wahrscheinlich auch nur entstanden ist.

[5] Z.B. Schwedt, H. 1969, 171: «Man könnte auch sagen, dass dieser Mann (gemeint ist besagter Alois Riegel, der den Begriff «Volkskunst» erfand und in die Kunstgeschichte einführte, d. Verf.) einem Monstrum Geburtshelferdienste leistete, mit dem die einschlägige Forschung ... heute noch kämpft.» In der Koptologie wurde man sich erst Mitte der neunziger Jahre des vorigen Jahrhunderts dieser Tatsache bewusst (Brune 1996; Brune 1999).

[6] Brune 1996, 15-27; Grossmann 1998, 211 f.; Severin 1998, 296; Brune 1999, 37-107.

[7] Wie stark diese Einengung wäre, zeigt z.B. ein Blick in den Katalog der Hammer Ausstellung über koptische Kunst von 1996: trotz des Untertitels «Kunst und Kultur der Christen am Nil» sind gerade mal 25% der 432 Katalognummern als typisch christlich einzustufen, 75% sind paganer oder bestenfalls neutraler Natur. Der radikale Standpunkt, dass der Begriff «koptisch» mit monophysitisch gleichzusetzen sei (zuerst Ebers 1892, 1; in neuerer Zeit Grossmann 1998, 211), wird mit der koptischen Kirchengeschichte begründet, die strenggenommen erst 451 auf dem Konzil von Chalkedon mit der Abspaltung von der Reichskirche begonnen habe. Da es vorher keine koptische Kirche gegeben habe, könne es auch keine «koptisch» genannte Kunst gegeben haben. Der Gefahr der Einengung auf christliche Denkmäler wird zuweilen durch den Ersatz wahrer Wortmonstren (spätantik-frühbyzantinisch/spätrömisch-frühislamisch) für das schlichte «koptisch» zu entgehen versucht. Bei solchen Wortgebilden wird allerdings schon im Kern unterschlagen, dass es sich dabei um eine eigenständige ägyptische Kunst handelt.

[8] Krause 1996, 19.

[9] Abgesehen davon, dass eine solche Unterscheidung im Einzelfall gar nicht möglich ist. Außerdem: Keinem Philologen würde es einfallen, nur das Koptisch christlicher Texte als *koptische* Sprache und pagane und neutrale Texte als *spätrömisch-frühbyzantinische* Sprache zu bezeichnen. Denn «koptisch» ist in dieser Hinsicht ein

Kürzel für nachpharaonisch-ägyptisch. Und es ist äußerst sinnvoll, diesen Sinngehalt auch für die koptische Kunst zu übernehmen, denn alle Spezifizierungsversuche führen nur zu terminologischen Eiertänzen.

[10] Labib, P: *Coptic Art* (arab.), 1978, 6, 42.
[11] Okasha, S.: *Egyptian Art* (arab.), Bd. 3, Kap. «Coptic Art», 1510.
[12] Grossmann 1998, 214.
[13] Grossmann 1996, 43.
[14] Schweinfurth 1887, 59 f.
[15] Grohmann 1964, 14.
[16] Petrie 1925, 13.
[17] Grossmann 2002, 19 f.
[18] Grossmann 1996, 43 ff.; Grossmann 2002, 23 f., 60, Abb. 163.
[19] Grossmann 1998, 230.
[20] Grossmann 1998, 236.
[21] Ein Artikel aus *Al-Ahram weekly*, vom 17.07.2002 beschreibt die Situation treffend: «This 5th-century place of pilgrimage, consecrated to St. Menas, lies on the edge of the Libyan (Egyptian Western) Desert. It is a spacious complex of buildings consisting of a large basilica, a vaulted church, a baptistery and several pilgrimage sites. Because of a rigorous expansion of the cultivated areas, combined with intensive irrigation, this important early Christian site is no longer situated in the desert but has become a ‹historic island› in the middle of tomato fields. Due to permanent irrigation the layers of clayish soil immediately underneath the surface have become sodden and have eroded or washed out. The cavities that this erosion has created are now falling in, and large parts of the former town of Menas are either threatened by collapse or have already collapsed. The crypt underneath the vaulted church, which was the starting point of this pilgrimage cult, has only been provisionally filled with sand; as a consequence it is just a matter of time before large parts of the structure will fall in here, as well as in the basilica. Only an immediate end to irrigation, which would lead to the gradual sinking of the groundwater level, as well as scientific investigations to prepare a restoration concept, could save this World Heritage site from destruction.» Siehe auch *Al-Ahram weekly* vom 17.02.2000 und *Neue Züricher Zeitung* vom 27.01.2000. Einen sehr guten Eindruck des antiken Abu Mina bekommt man auf der Internetseite «http://www.schaetze-der-welt.de/denkmal.php?id=290» (mit Filmsequenzen).
[22] Grossmann 1998, 239 ff.
[23] Grossmann 1998, 247.
[24] Grossmann 1998, 247 ff.
[25] Grossmann 1998, 252 ff.
[26] von Falck 1996, 113.
[27] Naville 1894. 32 f.
[28] Eine gewisse Zäsur, wenn auch nicht von sofortiger zwingender Wirksamkeit, dürften die Religionsgesetze des Theodosius von 391 und 392 gewesen sein, die heidnische Kultausübungen verboten.
[29] Torp 1969, 101-112; Effenberger 1996, 33 f.

[30] Solche Skulpturen sind natürlich ein wichtiger kultureller Kontrapunkt zu der gleichzeitigen lustfeindlichen und asketischen Einstellung des koptischen Mönchtums. Aber nur durch die Betrachtung beider Seiten wird nicht nur die künstlerische, sondern auch die tatsächliche gesellschaftliche Situation in Ägypten deutlich.

[31] Effenberger 1996, 82.

[32] Duthuit 1931, Taf. 12a.

[33] Effenberger 1996, 38.

[34] Effenberger 1996, Abb. 9.

[35] Schaten 1996, 116, Nr. 63.

[36] Effenberger 1996, 40.

[37] Berlin, Museum für Spätantike und Byzantinische Kunst, Inv.-Nr. 6141 (Effenberger 1996, 104 f., Nr. 49).

[38] Effenberger 1996, 104. Ein weiteres Beispiel für Daniel in der Löwengrube, diesmal als Holzskulptur, wäre z.B. ein Konsolbalken (aus Bawit ?) in Berlin, Museum für Spätantike und Byzantinische Kunst, Inv.-Nr. 3019 (Effenberger 1996, 134, Nr. 92).

[39] Effenberger 1975, 162, ehemals Berlin, Museum für Spätantike und Byzantinische Kunst, Inv.-Nr. 3263 (verschollen).

[40] Museum für Spätantike und Byzantinische Kunst, Inv.-Nr. 4131.

[41] vgl. dazu Brune 1999.

[42] Effenberger 1996, 110.

[43] Kunsthistorisches Museum, Antikensammlung, Inv.-Nr. I 1144.

[44] Laubenberger 1996, 106 f.

[45] Effenberger 1975, Taf. 44.

[46] Effenberger 1975, Taf. 45.

[47] Auch in der Wandmalerei findet sich dieses Motiv schon frühzeitig, wie eine bemalte Nische aus Saqqara (Abb. 17).

[48] Effenberger 1996, 114 f.

[49] Severin 1998, 324 ff.

[50] Deckers 1983, 268.

[51] Severin 1998, 326 ff.

[52] Innemee 2002, auf Internetseite «http://www.nvic.leidenuniv.nl/index.php3?c=33». Zu den weiteren Entdeckungen im Syrischen Kloster s. aktuellerweise *Hugoye Journal of Syrian Studies* auf Internetseite «http://syrcom.cua.edu/Hugoye»: Vol. 2, Nr.2; Vol. 4, Nr. 2; Vol. 5, Nr 2. Zur Verkündigungsszene s.a. van Moorsel 1995, Innemée 1999, Brune 1999a.

[53] s. dazu van Loon 1999.

[54] Capuani 1999, Abb. 27.

[55] Capuani 1999, Abb. 29.

[56] Capuani 1999, Abb.. 96, 97.

[57] van Moorsel 1997.

[58] Bolman 2002.

[59] Icons, Bd. I, 87.

[60] Brune 1995, 18. Abb. s. Bolman 2002, Abb. 4.26.

[61] Petrie 1892, 126.
[62] Brune 1999, 108 f.
[63] Dazu s. Hodak 2000.
[64] Stauffer 1992, 33.
[65] Nach einer Sagenvariante soll Dionysos sogar in Ägypten geboren sein (als Sohn des Ammon und der Nymphe Amalthäa).
[66] Stauffer 1992 67 ff.
[67] Dionysos-Behang, 5.-8. Figur.
[68] Stauffer 1992, 82. Zum Reiter als Jäger s. Brune 1999, bes. 108-216.
[69] Es handelt sich um die sog. Partherpfeiltaktik (vgl. Brune 1999, S. 255 f.).
[70] Brune 1996a, 311 f.
[71] Stauffer 1991, 111.
[72] Rutschowscaya 1990, 81.
[73] Rutschowscaya 1990, 129
[74] Nauerth 1978, 24 ff.; Nauerth 1978a, 105 ff.
[75] Martial: *Epigrammata* I, 49, 25 f.; XII, 14, 2-4 u. 11 ff.
[76] Brune 1999, 194 f.
[77] Fribourg, Musée d'art et d'histoire S12 (Stauffer 1991, 143, Nr. 57).
[78] Brune 1999, 124 ff.
[79] Brune 1999, 274 ff.
[80] Weitzmann 1976, 71 ff., B 43.44, Pl. XXIX.

DIE KOPTISCHE SPRACHE

UND LITERATUR

Wolfgang Boochs

I. Ursprünge der Schrift und der Sprache

Die koptische Sprache geht auf das Altägyptische, die Schrift auf die ägyptische Hieroglyphenschrift zurück, deren Ursprünge wir bis in die Zeit ca. 4000 v. Chr. zurückverfolgen können.

Die Hieroglyphenschrift besteht aus mehr als 750 Bildzeichen. Diese geben teilweise Wörter, teilweise einzelne Konsonanten oder Gruppen von Konsonanten wieder. Vokale wurden demgegenüber wie in den späteren semitischen Alphabeten nicht geschrieben. Die Hieroglyphenschrift diente in erster Linie zur Beschriftung von Steindenkmälern.
Für die Beschriftung von Dokumenten erwiesen sich die Hieroglyphenzeichen dagegen als zu kompliziert und zu umständlich. Deshalb verwandten die Ägypter zur Beschriftung von Urkunden kursive Zeichen, die sog. hieratische Schrift, eine Buchschrift, die von den Hieroglyphenzeichen abgeleitet war. Diese wurde für das tägliche Leben, aber auch für literarische Werke verwendet. Geschrieben wurde mit Pinsel und schwarzer oder roter Tusche auf Papyrus oder auf Kalkstein- und Tonscherben (Ostraka). Als echte Handschrift unterlagen die hieratischen Zeichen einem schnelleren Wandel und größeren individuellen Unterschieden als die Hieroglyphenzeichen. Später wurde diese Schrift nochmals vereinfacht, es entstand ab der 25. Dynastie die demotische Schrift. Diese wurde von der Verwaltung und Rechtsprechung ab der 26. Dynastie als offizielle Schreibart sowie als Volksschrift verwendet.

Das Koptische ist die letzte Entwicklungsstufe des Altägyptischen. Es entwickelte sich im Laufe des 3. Jahrhunderts aus dem Demotischen und entstand zunächst im Volk als Umgangssprache, während das Demotische weiterhin als Literatursprache verwendet wurde. Dabei trat eine Entwicklung ein, die sich bereits mehrfach im Verlauf der Geschichte der ägyptischen Sprache vollzogen hatte. Während die Umgangssprache, das Altkoptische, sich weiterentwickelte, blieb das damals als Literatursprache verwendete Demotische in der Entwicklung weitgehend gleich.

Religiöse Urkunden wurden bis zum Ende der Spätzeit zunächst in Hieratisch oder mit Hieroglyphenzeichen geschrieben. Literarische Texte wurden erst seit Beginn der Ptolemäerzeit demotisch geschrieben.
Außer auf Papyri, Ostraka und Holztäfelchen wurde das Demotische in der Ptolemäerzeit immer häufiger als die hieratische Buchschrift auch für monumentale Steininschriften verwendet wie in den mehrsprachi-

gen Priesterdekreten der ptolemäischen Zeit oder auf Grabstelen. Die jüngsten demotischen Inschriften stammen von der Insel Philae und sind in die zweite Hälfte des 5. Jahrhunderts n. Chr. zu datieren.

Im 2. und 3. Jahrhundert n. Chr. wurden die Unterschiede zwischen der demotischen Literatursprache und dem Altkoptischen als lebende Umgangssprache so groß, dass die demotische Literatursprache dem Volk nur schwer verständlich wurde. Dies führte schließlich zu Versuchen, die altkoptische Umgangssprache als Literatursprache zu verwenden. Das Altkoptische wurde im Laufe des 3. Jahrhunderts zur Literatursprache. Zugleich wurde auch die demotische Schrift aufgegeben.

Die Versuche, die altkoptische Umgangssprache literarisch zu verwenden, führte dazu, die Umgangssprache mit griechischen Buchstaben zu schreiben. Dies wurde begünstigt von dem Umstand, dass zur damaligen Zeit in den Städten Unter- und Mittelägyptens viele Griechen wohnten. Die griechische Sprache wurde vielfach auch von den Ägyptern verstanden und gesprochen, welche diese Städte besiedelten.

Die ältesten Beispiele, ägyptische Wörter mit griechischen Buchstaben zu schreiben, findet man auf zwei Mumienschildern, das sind Holzplättchen, auf denen der Name des Toten bzw. noch andere Angaben zum Toten stehen, die in das 2. Jahrhundert datiert werden können[1]. Die griechischen Buchstaben wurden dabei seitenverkehrt und in Nachahmung des Demotischen von rechts nach links geschrieben. Frühe Beispiele der Verwendung von griechischen Buchstaben zur Schreibung von ägyptischen Wörtern findet man weiterhin in magischen Texten dieser Zeitperiode.

Das Koptische war von Anfang an stark vom Griechischen beeinflusst. So finden sich viele griechische Wörter im koptischen Sprachschatz wieder. Darüber hinaus fanden auch aus dem Christentum, insbesondere von den Gnostikern und den Manichäern, viele Fachausdrücke Einlass in die koptische Sprache.
Das Entstehen der koptischen Sprache und des koptischen Schrifttums hatte ursprünglich zwar nichtchristliche Wurzeln, dennoch gewannen die koptische Sprache und das koptische Schrifttum durch die Verbreitung des Christentums in der damaligen Zeit eine ungeheure Bedeutung.

Zeitgleich mit dem Entstehen der koptischen Umgangssprache drang das Christentum von Alexandria aus in die Städte vor und verbreitete sich vornehmlich innerhalb der Griechisch sprechenden Stadtbevölkerung. Für die nicht griechisch sprechenden Ägypter gab es Übersetzer, welche die griechischen Texte in die koptische Umgangssprache übertrugen. Es entstand eine Übersetzungsliteratur[2]. Dabei hielt sich der Übersetzer streng an den griechischen Urtext, was die wörtlichen Übersetzungen meist schwerfällig und teilweise als kaum verständlich erscheinen lässt. Viele Begriffe, für die es im Koptischen kein deren Bedeutung entsprechendes Wort gab, wurden durch griechische Fremdworte wiedergegeben.

Gegen Ende des 3. Jahrhunderts verstärkte sich der Zulauf zur koptischen Kirche und vor allem zum in diesem Zeitraum entstehenden Mönchtum auch aus der ägyptischen Landbevölkerung, die zumeist keine Griechischkenntnisse hatte. Dadurch reichte es nicht mehr aus, im Einzelfall die christlichen Texte mündlich durch einen Übersetzer in die koptische Umgangssprache übertragen zu lassen. Es ergab sich die Nachfrage nach schriftlichen Zeugnissen, die auch von der ägyptischen Landbevölkerung verstanden wurden. Es entstanden die ersten Übersetzungen der christlichen Schriften aus dem Griechischen in die koptische Umgangssprache. Die Übersetzung in die bis dahin verwendete demotische Literatursprache schied nicht nur deshalb aus, weil das Demotische von einem Großteil der Bevölkerung nicht mehr verstanden wurde, sondern auch deswegen, weil dem Demotischen das Odium des Heidnischen anhaftete.

Koptisch wurde nicht mehr wie das Altägyptische mit Hieroglyphen oder mit den Zeichen des späten Demotisch geschrieben, sondern mit griechischen Großbuchstaben. Für die dem Griechischen fehlenden Laute wurden Zeichen aus der demotischen Schrift hinzugefügt. Die Namen dieser Zeichen sind: schai, fai, chai, hori, dschandscha, kjima und ti. Anders als im Altägyptischen und Demotischen konnten mit diesen Zeichen nunmehr auch Vokale geschrieben werden. Daraus lassen sich Rückschlüsse auf den Klang der altägyptischen Sprache ziehen, was die koptische Sprache für Ägyptologen und Linguisten unentbehrlich macht.

Die koptische Sprache bestand aus mehreren Dialekten, wobei in der Literatur jeweils nur der Dialekt verwendet wurde, der zu dieser Zeit Hochsprache war.

Insgesamt findet man in der koptischen Sprache und Literatur fünf Dialekte. Davon wurde das in Oberägypten in der Umgebung von Theben gesprochene Saidische der literarisch am meisten verwendete Dialekt. Da in Oberägypten der Bevölkerungsanteil derjenigen, die keine Kenntnisse der griechischen Sprache hatten, weitaus größer war als in Mittel- und Unterägypten, waren die meisten Übersetzungen der christlichen Texte, die uns überliefert sind, in Saidisch verfasst. Das Saidische wurde schon bald zur literarischen Gemeinsprache und zur koptischen Hochsprache von ganz Ägypten. Aus dem Saidischen wurden diese Texte bis ins 5. Jahrhundert ins Achmimische oder Subachmimische übertragen.

Neben dem Saidischen wurden literarisch noch zwei Lokaldialekte verwendet, das Achmimische, wahrscheinlich der Dialekt der Stadt Achmim und ihrer Umgebung, und das Subachmimische oder auch Assiutisch genannt, ein lokaler Dialekt aus der Umgebung der Stadt Assiut. Achmimische Übersetzungsliteratur ist uns erhalten in Bruchstücken aus dem ersten Buch Mose und den kleinen Propheten, in verschiedenen spätjüdischen Apokalypsen sowie in dem sogenannten ersten Klemensbrief und in Bruchstücken der Paulusakten[3].

Subachmimisch ist dadurch wichtig, dass außer dem Johannes-Evangelium und den Acta Pauli alle manichäischen und ein Teil der gnostischen Texte in diesem Dialekt verfasst worden sind.

Aus Mittelägypten ist das Fajumische belegbar, aus Unterägypten das Bohairische. Diese Dialekte unterscheiden sich in der Phonetik, insbesondere durch die Verschiedenheit ihrer Vokale, während die Syntax ziemlich gemeinkoptisch ist. Neben diesen fünf in der Literatur gebräuchlichen Dialekten gab es Mischdialekte als Zwischenstufen zwischen den fünf Dialekten.
Aus dem Fajumischen sind Stücke der Bibelübersetzung erhalten, z. B. Jesaja, Klagelieder des Jeremias, Baruch, die Evangelien des Matthäus, Markus und Johannes sowie die Paulusbriefe, daneben ein Fragment aus einer Mosesapokalypse, einem Adambuch, einige Zauberformeln sowie in Bruchstücken[4] eine dichterische Bearbeitung der Leidensgeschichte.

Als Alexandria zum Stammsitz des kirchlichen Oberhauptes der Kopten wurde, gewann der unterägyptische Dialekt, das Bohairische, immer mehr an Bedeutung und wurde ab dem 11. Jahrhundert anstatt des Saidischen zur Kirchensprache.

Bis in die heutige Zeit ist das Bohairische abgeleitet vom arabischen «elbohaira», die Seenlandschaft bei Alexandria, ursprünglich der koptische Dialekt Unterägyptens als Sprache der alexandrinischen

Patriarchen und damit als Kirchensprache erhalten. In Bohairisch liegt eine ziemlich vollständige Bibelübersetzung um 650 vor. Ansonsten sind die überlieferten Schriftzeugnisse in Bohairisch dürftig. Es handelt sich überwiegend um Übersetzungsliteratur sowie um Hymnen, z.B. die auf den heiligen Georg oder Kirchenlieder (Theotokia)[5].

Nach der Eroberung Ägyptens durch die Araber im 8. Jahrhundert wurde das Koptische als Umgangssprache immer mehr vom Arabischen verdrängt. Ab dem Jahre 830 waren die Ägypter mehrheitlich Mohammedaner, die Kopten wurden zu einer Minderheit. Seit dem 10. Jahrhundert war die koptische Sprache im Alltag weitgehend verschwunden und lebte bis zum 13. Jahrhundert nur noch in der Volksmythologie und in der Poesie weiter. Anschließend muss sie als Sprache gelten, die als Kirchen- und Kultsprache weiterlebte.

Koptische Texte mussten, um von den Gläubigen verstanden zu werden, gedolmescht oder übersetzt werden. Die uns erhaltenen bohairischen liturgischen Schriften sind selten älter als das 13. Jahrhundert. Sie sind uns jedoch bis heute in ihrer ursprünglichen Gestalt überliefert.

Den meisten koptischen Werken wurde zum Verständnis seit dem Ende des 14. Jahrhunderts eine arabische Übersetzung beigegeben. Neues entstand kaum mehr in koptischer Sprache.

Ab dem 18. Jahrhundert liegen uns die wichtigsten koptischen Schriften in Druckform vor.

Die koptische Sprache war immer eine Sprache der Unterdrückten, zunächst wurden die Kopten von den Griechen unterdrückt, später von den Arabern. Der kurze Zwischenzeitraum von der Mitte des 5. bis zur Mitte des 7. Jahrhunderts, in dem die Kopten weitgehend von Unterdrückung frei und selbständig waren, fiel gerade in die Zeit eines allgemeinen Niederganges, der für die Ausbildung einer eigenständigen koptischen Literatur ungünstig war.

Heutzutage wird die koptische Sprache in Form des Bohairischen vor allem im Gottesdienst gepflegt. Umgangssprache und Predigtsprache der koptischen Christen ist jedoch das Arabische. Bedeutung hat das Koptische noch heute vor allem in der Bibelforschung.

II. Die koptische Literatur

Fast das gesamte Schrifttum der Kopten ist religiösen Inhaltes. Die Zentren, in denen die ersten Schriftzeugnisse in koptischer Sprache entstanden, waren die Klöster. Zunächst wurden für die Gläubigen, die über keine Kenntnisse der griechischen Sprache verfügten, die notwendigsten christlichen Texte aus dem Griechischen in die ägyptische Volkssprache, das Saidische, der in Oberägypten gesprochenen Alltagssprache, übersetzt. Denn sie sollten von den Gläubigen gelesen und verstanden werden. Da nicht alle Bücher der Bibel auf einmal übersetzt wurden, gingen die einzelnen Übersetzungen auf verschiedene griechische Urtexte zurück. Daher waren die Übersetzungen ein langdauernder, stückweise und örtlich differenzierter Vorgang und in ihrer Wortwahl und in ihrem Stil teilweise sehr unterschiedlich[6]. Um 350 n. Chr. scheint die Bibelübersetzung abgeschlossen vorzuliegen[7]. Sie ist von einigen Lücken in den Apostelbriefen abgesehen vollständig. Trotz vieler sprachlicher Unzulänglichkeiten ist die Bibelübersetzung noch heute ein wichtiges Hilfsmittel für die Bibelforschung.

Zeitgleich mit der Bibel wurden gnostische Schriften übersetzt, die Pistis Sophia, insgesamt vier Bücher und die Bücher Jeu[8].
Für das Verständnis dieser Schriften und das Verständnis der gnostischen Lehre war vor allem der Fund von 13 koptischen Codices mit 51 gnostischen und hermetischen Werken im Jahre 1945 in der Nähe von Nag Hammadi von Bedeutung[9]. Es handelt sich dabei um Übersetzungen griechischer Originale aus dem 4. Jahrhundert.
Für das Studium einer anderen Lehre, der manichäischen Religion, die auf den im Jahre 216 in Mesopotamien geborenen Mani zurückgeht, ist ein Fund von koptischen Handschriften um 1930 in Medinet Madu wichtig[10].

Übersetzt wurden in der Zeit zwischen den Konzilien von Nicäa (325) und Chalcedon (451) auch bedeutende griechische kirchliche Schriftsteller und Theologen wie die asketischen Schriften des Athanasius von Alexandria, die Predigten des Johannes Chrysostomus sowie die dogmatischen Schriften des Basilius, des Gregor von Nazianz, des Epiphanius von Salamis, des Severian von Gabala und der alexandrinischen Bischöfe Theophilus und Cyrill[11], außerdem geschichtliche Urkunden wie die Synodalakten von Alexandria (362) und von Ephesus (431), Kirchenrechte (canones ecclesiastici) sowie griechische Liturgien[12]. Selbst eine Kirchengeschichte in koptischer Sprache entstand in dieser Zeit.

Darüber hinaus wurden bis zum Konzil von Chalcedon viele andere griechischen Urtexte ins Koptische übersetzt. In Bruchstücken überliefert sind in saidischer Sprache Schriften wie der Hirt des Hermas, Ignatius von Antiochia, das sogenannte Protevangelium des Jakobus, das vierte Esrabuch sowie die Schriften des Petrus von Alexandria und der Briefwechsel zwischen Jesus und Abgar[13].

Erst nach dem Chalcedonischen Konzil und dem dort vollzogenen Bruch mit der griechischen Urkirche gingen die Übersetzungen von christlichen Urtexten in griechischer Sprache zurück. Stattdessen entstand schon bald eine koptische Originalliteratur, die sich sowohl mit der Liturgie der koptischen Kirche als auch mit den Regeln des klösterlichen und religiösen Lebens befasste. Hierzu gehörte insbesondere die ägyptische Kirchenordnung (kirchliche Kanones der heiligen Apostel).

In der Folgezeit sind für die koptische Literatur vor allem die Apophthegmata, die Aussprüche und Lehren der frühen Mönche sowie die Lebensgeschichten bedeutender Mönche und Klostergründer wie die des Pachom und die des Schenute von Atripe wichtig. Diese Schriften gehen anders als die Übersetzungsliteratur nicht auf griechische Originale zurück und können daher als Zeugnisse einer eigenständigen koptischen Literatur angesehen werden.

Die bedeutendste Lebensgeschichte ist die «vita Antonii»[14] über das Leben des Antonius, des ältesten und bedeutendsten Wüstenheiligen, die von Athanasios von Alexandria in seinem thebaischen Exil in der Zeit von 356-362 geschrieben worden ist. Von diesem Lebensbericht existieren zwei lateinische Übersetzungen, die Antonius weit über die Grenzen Ägyptens hinaus als Urvater des Mönchstums bekannt machten. Die «vita Antonii» stellt Antonius als vollkommenen Christen hin, der als Einsiedler und Asket in seiner Höhle in der Wüste gegen Dämonen sowie Heidentum und Häresie kämpfte.

Die «Apophthegmata Patrum» (Aussprüche der Väter)[15] geben die zunächst nur mündlich überlieferten Erinnerungen der Wüstenväter wieder, die als Einsiedler im 4. und 5. Jahrhundert in der sketischen Wüste (dem heutigen Wadi Natrun) lebten. Aufgezeichnet wurden sie etwa zum Ende des 5. Jahrhunderts. Während die Aussprüche der älteren Väter uns vielfach noch grob, zuweilen sogar verzerrt und sonderbar erscheinen, sind die jüngeren dagegen weitaus geschliffener und stilvoller, teilweise sogar gelehrt. Sie sind weniger Lehren, sondern schildern vielfach in Form von Gleichnissen Handlungen eines Apa (Wüstenvaters) und stellen diese als Lebensanweisungen zum Evangelium dar.

Inhaltlich berichten die Apophthegmata über die Lebensweise der Wüstenväter (Apa), die sie als Nachfolge Jesu verstanden, über ihre Weisheit und Spontaneität, von ihrem unbedingten Gehorsam gegenüber dem Wort Gottes, ihrer Bußgesinnung, Armut, Askese, Belehrung, Demut, Gebet, Geduld, Keuschheitsvorstellungen, der discretio (richtiges Urteil) und ihrer Nächstenliebe.

Ihrer literarischen Form nach folgen die Apophthegmata einer bestimmten Topik, bei der ein Fragesteller (Bruder) einen Wüstenvater (Apa) um ein sogenanntes Rhema, d.h., ein Leitwort bittet. Daraufhin erteilt der Apa ihm einen oft unsinnig erscheinenden Auftrag, den der Fragesteller ohne zu zögern ausführt und ohne dessen Sinn zu verstehen. Auf sein Befragen hin deutet der Apa nun die ihm unverständliche Handlung, in dem er aus ihr Schlüsse vom Individuellen aufs Typische oder vom Kleinen aufs Große zieht. Daneben gibt es auch Aussprüche von Mönchen in Form von Erzählungen oder Anekdoten oder in Form der aus dem Alten Ägypten bekannten Lebenslehren- und maximen.

In ähnlicher Weise wie die Aussprüche der Väter berichten andere Schriften von den Erinnerungen der Einsiedler wie z. B. die Historia Monachorum des Timotheus von Alexandria gegen Ende des 4. Jahrhunderts sowie die Historia Lausiaca, eine Würdigung des Lausos durch Palladios Anfang des 5. Jahrhunderts. Dabei ist wissenschaftlich noch nicht geklärt, ob die ursprünglichen Aufzeichnungen in Griechisch oder in Koptisch verfasst waren. Sie wurden jedoch gesammelt und in verschiedene Sprachen übersetzt.

Die Apophthegmata wurden in der Folgezeit von den Klosterregeln und Ordnungsvorschriften (Praecepta) abgelöst, deren älteste von Pachom in koptischer Sprache verfasst wurden[16]. Sie wurden zunächst ins Griechische und von Hieronymus ins Lateinische übersetzt. In den insgesamt 144 Regeln des Pachom waren das gesamte Klosterleben und die koinobitische Lebensweise der Mönche im einzelnen geregelt. Sie hatten Modellcharakter für die Entstehung und die Durchbildung des westlichen Mönchtums. Inhaltlich entbehrten die Praecepta einer systematischen Ordnung, sondern waren jeweils nach Bedarf angereichert. Sie nehmen damit die Tradition alter Regulative aus ägyptischen Lebenslehren auf[17].

Neben den Klosterregeln des Pachom gibt es die Basiliusregeln, die durch Rufin von Aquileia ins Lateinische übersetzt wurden, sowie das Liber Orsiesii, verfasst von Orsiesius, einem Lieblingsschüler des Pachom.

Ein zweiter Klosterverband mit ca. 4000 Mönchen entstand im

sogenannten «Weißen Kloster» nördlich der Klosterprovinz des Pachom. Auch diesem Klosterverband hatte sein Gründer Pdjol Regeln gegeben. Sie beruhten grundsätzlich auf den Praecepta des Pachom, waren gegenüber diesen verschärft worden[18]. Sie sind anders als die Pachomregeln nicht systematisch in Paragraphen zusammengefasst, sondern sind von Pdjol in Brieform an seine Mönche weitergegeben worden. Sie sind uns nicht überliefert. Auf sie wird jedoch in den Schriften Schenutes von Atripe (gestorben 451 n.Chr.), des Nachfolgers Pdjol als Abt des weißen Klosters Bezug genommen.

Schenute von Atripe gilt als der eigentliche Begründer der koptisch-christlichen Literatur.

Die Schriften Schenutes sind im saidischen Dialekt verfasst. Seine Predigten, Abhandlungen über das Mönchtum, seine theologischen Traktate und seine Briefe sind vom Stil und ihrem Inhalt außergewöhnlich und übten nicht nur einen bedeutenden Einfluss auf die koptische Kirche, sondern auf die damalige Kultur Ägyptens aus[19].

Die Briefe Schenutes vermitteln sehr anschaulich einen Einblick in das Leben der damaligen koptischen Klöster. Seine Predigten galten als Muster und wurden lange Zeit noch im Gottesdienst der koptischen Kirche verwendet.

Was Form und Inhalt angeht, kann man die Schriften Schenutes als klassisch bezeichnen. Dies gilt vor allem in Anbetracht des reichen Wortschatzes, der lebhaften Bilder und der eindrucksvollen Redewendungen unter Doppelung von Sätzen und Wörtern, welche Schenute verwendete[20].

Mit Schenute hatte die koptische Literatur bereits ihren Höhepunkt überschritten. Die Schriften seines Schülers und Nachfolgers Besa lassen sich bereits nicht mehr mit denen seines Lehrmeisters vergleichen. Von geringerer Bedeutung sind auch die Schriften eines gewissen Moses (um 500 n.Chr.), Briefe, die er an Mönche und Nonnen geschrieben hatte.

Um die Übersetzungen biblischer Texte herum entstanden apokryphe und pseudoepigraphe Kommentierungen und Deutungen dieser Texte, welche vor allem von den einfachen Gläubigen gelesen wurden und Einlass in die Volksfrömmigkeit fanden.

Der Name «Apokryphe» bedeutet eigentlich Geheimschrift. Es handelte sich nicht um offizielle Schriften der Kirche, sondern um im gläubigen Volk entstandene Schriften, die zum Teil ursprünglich geheim oder zumindest geheimnisumwittert waren. Sie folgten den in der Bibel anzutreffenden literarischen Gattungen und erhoben damit einen quasibiblischen Anspruch. Die Apokryphen waren gleichsam die Literatur des kleinen Mannes, dem der Zugang zu den neutestamentlichen Schriften aufgrund des Bildungs- und Sozialgefälles nur schwer möglich war. Die Apokryphen waren ursprünglich Erzählungen, die mündlich weitergegeben wurden, anfangs nur in privaten, religiösen Zirkeln. Es ist zu vermuten, dass jeder Erzähler seine eigenen Erfahrungen der Gemeinde, in der er lebte, in die Geschichten einfließen ließ. Ihr Gebrauch in den offiziellen Gottesdiensten der christlichen Gemeinden war vielfach verboten. Selbst später, als sie schriftlich tradiert wurden, wurden sie ergänzt, bearbeitet, erweitert und mit anderen Traditionen vermengt. Aus der heutigen Sicht vermögen die Apokryphen uns im Einzelfall ein neues Verständnis der Botschaft des Neuen Testamentes zu vermitteln. Vom Inhalt her waren sie entweder visionär-lehrhaft oder erzählend. Letztere beschäftigten sich als volkstümliche Geschichten vor allem mit Jesu Kindheit sowie mit dem Leben von Maria und Josef oder den Aposteln. Fünf große apokryphe Schriften waren Johannes, Petrus, Paulus, Andreas und Thomas gewidmet.

Ähnlich beliebt und viel gelesen wurden auch Märtyrergeschichten sowie Heiligenlegenden und Wundergeschichten, die sich an altägyptische Märchen anlehnten und damit vor allem den Hang vieler Kopten zum Aberglauben und zur Zauberei befriedigten. Unter den Heiligen- und Märtyrergeschichten bevorzugten sie vor allem Legenden über die 42 Märtyrer von Sebastea, die Siebenschläfer, den Koluthus, den Georg sowie Kosmas und Damianus[21].
Sie dienten im Wesentlichen der religiösen Erbauung und lassen deshalb theologisch-philosophischen Tiefgang weitgehend vermissen. Vielfach behandeln die Schriften das Thema von Tod und Jenseits unter Aufnahme von Gedankengut aus der altägyptischen Jenseitsliteratur mit Wegen und Toren, dämonischen Wärtern, Gefahren und Strafen, die Eingang in den Volksglauben fanden. Altägyptisches steckt vor allem auch in den koptischen Zaubertexten, die mit christlichen Elementen angereichert waren. Andererseits sind uns unter den koptischen Zaubertexten zahlreiche Liebeszauber überliefert, die ebenfalls ihren Ursprung in altägyptischem Gedankengut hatten[22].

Daneben entstand eine Erzählungsliteratur, welche in der Art und Weise ihrer Darstellung den griechischen Legenden ähnelte. In ihrem Mittelpunkt standen Wunder, sie hatten kaum geschichtlichen Wert, da sie nicht über wirkliche Ereignisse und Zustände berichteten.
Unter den Werken der spätkoptischen Literatur befinden sich Mönchslegenden, darunter auch eine Lebensgeschichte des Schenute, die wahrscheinlich von Besa verfasst worden ist, die Biographien des oben genannten Moses und des Matthäus des Armen sowie das Märchen von Theodosius und Dionysius, der Alexander- und der

Kambysesroman[23]. Darin werden teilweise Ereignisse der Welt- und Heimatgeschichte aufgegriffen. Dabei ist der Kambysesroman weniger als eine Verherrlichung der Ahnen zu verstehen, sondern als ein Aufruf, das Joch der als Fremdherrscher empfundenen Perser und Araber abzuschütteln.

Vielfach hatte die späte koptische Literatur auch die Form von volkstümlichen Liedern. Vorbilder waren griechische Kirchengesänge, die ins Saidische übersetzt worden waren. Volkstümlich dichterisch bearbeitet wurden auch einzelne Bibelstellen, so z.B. die Leidensgeschichte in fajumischen Dialekt, von der noch Bruchstücke erhalten sind und die wohl in der Karwoche als liturgische Gesangsstücke verwendet wurden. Überliefert sind auch Ostergesänge. In einer Berliner Handschrift hat sich auch Dichtung höherer Art erhalten, wie z.B. die Verse über das Schicksal des heiligen Archellites und seiner Mutter Synkletike, die einen Konflikt zwischen Mutterliebe und Mönchsgelübde zum Inhalt haben.

Zur spätkoptischen Literatur zählen auch die Sammlungen medizinischer Rezepte und Arzneibücher, die sich anlehnen an die hieroglyphischen Rezeptensammlungen oder von medizinischen Zauber- oder Liebeszaubersprüchen, die ebenfalls bereits im alten Ägypten eine wichtige Rolle spielten[24].

In der Folgezeit gingen die Bedeutung der koptische Literatur und die Anzahl der koptischen Schriften immer mehr zurück. Dies liegt vor allem daran, dass die Personen, die zu einer Aufrechterhaltung und Weiterentwicklung der koptischen Sprache und Literatur befähigt gewesen wären, arabisiert wurden und sich danach der arabischen Sprache zuwandten.

Daneben gibt es aber auch Funde von nichtliterarischen Texten, z.B. von wissenschaftlichen Schriften, von medizinischen Texten und von Rechtsurkunden aus Familienarchiven, z.B. dem Familienarchiv von Jenne, die insbesondere für die Kenntnisse der koptischen Sprache und der koptischen Kulturgeschichte von Wert sind. Auch in diesen Texten sind altägyptische Traditionen erkennbar[25].

Mit dem Vordringen des Islams in Ägypten gingen die Anzahl und Bedeutung der koptischen Literatur immer mehr zurück. Soweit überhaupt noch in Koptisch geschrieben wurde, wurde zum Verständnis eine arabische Übersetzung beigefügt.

Das letzte Beispiel spätkoptischer Literatur ist das Triadon, ein Lehrgedicht, das ursprünglich aus 732 Vierzeilern bestand und von denen noch 428 erhalten sind. Der Verfasser wollte mit diesem Werk die Liebe der Kopten zu ihrer Sprache wiedererwecken. Es enthält

neben poetischen Umschreibungen von Bibelstellen Lobsprüche auf Heilige, vor allem sittliche Ermahnungen.
Mit dem Triadon endet die koptische Literatur. Aus der Folgzeit sind dann nur noch nichtliterarische Schriftstücke wie Testamente, Schenkungsurkunden, Verträge, Quittungen, Grabsteine oder Briefe überliefert.
Seit etwa 1600 verschwand das Koptische vollständig als Verkehrssprache. In der Vergangenheit gab es immer wieder Versuche von Kopten, ihre alte Sprache als Verkehrssprache wieder zum Leben zu erwecken, jedoch bislang ohne großen Erfolg.

Anmerkungen:

1. Steindorff, ZÄS 26(1890),49ff; Till, Koptische Grammatik, 30)
2. Leipoldt, Geschichte der koptischen Literatur, in Geschichte der christlichen Literaturen des Orientes, Leipzig 1907, 138
3. Leipoldt a.a.O. 145
4. Leipoldt a.a.O. 155
5. Leipoldt a.a.O. 178
6. Morenz, Die koptische Literatur, in Handbuch der Orientalistik I 2, Leiden 1970, 243; Steindorff, Coptic Studies, in Honor of W.E. Crum 1950,197ff
7. Leipoldt a.a.O. 139
8. Schmidt, Koptisch-gnostische Schriften I, Leipzig 1905
9. Morenz a.a.O. 240; Krause, MDIK 18(1962)121ff; Giversen, Nag Hammadi Bibliography 1948-1963 in Studia Theologica 17 (1963),139ff
10. Morenz a.a.O. 240 Anm.3; Polotsky, Manichäische Handschriften der Sammlung A. Chester Beatty I, Manichäische Homilien
11. Leipoldt a.a.O. 141
12. Leipoldt a.a.O. 142; Horner, The Statutes of the Apostles or Canones Ecclesiastici, London 1904
13. Leipoldt a.a.O. 140
14. Brunner-Traut, Die Kopten, München 1997,94
15. Brunner-Traut a.a.O. 121
16. Brunner-Traut a.a.O. 142
17. Morenz a.a.O. 246; Lefort in Le Museon 40 (1927),65ff
18. Brunner-Traut a.a.O. 161
19. Leipoldt, Schenute von Atripe, Leipzig 1903
20. Morenz a.a.O. 244
21. Leipoldt a.a.O. 144
22. Morenz a.a.O. 250
23. Leipoldt a.a.O. 154, 159, 161
24. Morenz a.a.O. 247
25. Morenz a.a.O. 247

VOM MÖNCHISCHEN LEBEN

Entwicklungslinien des Mönchtums in Ägypten

Siegfried G. Richter

0. Einleitung
Das Bild vom Mönch in Literatur, Kunst und modernen Medien weist Facetten auf, die in ihrer Bandbreite von der satirischen Darstellung eines gefälligen Lebens, dem dickbäuchigen und lebensfreudigen Trinker zum Beispiel, bis zum vergeistigten und enthaltsam lebenden Mann Gottes reichen.
Gerade der zuletzt genannte Zug hat sich vielfach in der Literatur niedergeschlagen. Ein eindrückliches Beispiel liefert sicherlich das Buch vom mönchischen Leben, dem ersten Teil des Stundenbuches von Rainer Maria Rilke, das nach seiner ersten Russlandreise im Jahre 1899 entstand und 1905/06 veröffentlicht wurde. Inspiriert durch seine Liebe zu Russland und der Auffassung, dort tiefsten und frommen Glauben gesehen zu haben, schrieb er einen Gedichtszyklus, der laut mehrerer Bearbeiter angefüllt ist mit einer «radikalen Subjektivität» sowie «religiösen Träumereien und Ekstasen».[1]
Der Erzähler dieser Gedichte oder Gebete, das lyrische Ich, ist ein russischer Mönch, der als literarische persona dient, durch welche Rilke seine Visionen ertönen lässt. Er wird durch Zurückgezogenheit vom Weltlichen und Ausrichtung auf Gott charakterisiert, gleichzeitig mit einer Fähigkeit zu Gebet und Reflexion ausgestattet, die ein weltlicher Mensch nicht so authentisch verkörpern könnte.
Wie sich noch zeigen wird, lässt sich diese bis in die heutige Zeit lebendige Vorstellung vom Mönch bis auf die ersten literarischen Zeugnisse zurückführen, die wir über das Mönchtum besitzen.

1. Das Umfeld
In der 2. Hälfte des 3. Jh. entstand in Ägypten und Syrien eine anachoretische Bewegung, in der sich gläubige Christen zur Übung der Enthaltsamkeit und Verzicht auf weltliche Dinge von ihrer Gemeinschaft trennten, an einem abgesonderten Ort lebten oder gar in die Wüste gingen. Die Entstehung dieses Phänomens erfordert zwangsläufig einen Blick in die antike Kultur, in der Formen asketischen Lebens, gepaart mit entsprechenden Tugenden, durchaus bekannt waren und von verschiedenen Seiten aus als Vorläufer oder Vorbild für das christliche Mönchtum angeführt wurden.
Aussagen aus neuplatonischen Schriften, in denen außerordentliche Persönlichkeiten teils dadurch charakterisiert wurden, dass sie leibfeindlich waren oder Privateigentum ablehnten, zeigen die antike Wertschätzung strenger Lebensführung. Auch jüdische religiöse Gemeinschaften, wie sie zum Beispiel in der Siedlung von Qumran lebten, besaßen nach ihren Schriften Ziele der Enthaltsamkeit und Weltabkehr. Entsprechend wurde diese Gemeinde auch als mögliches Vorbild für die christlichen Ursprünge angeführt, ebenso eine Gruppe, die Therapeuten genannt wurde und nach Philo von Alexandrien

im 1. Jh. gelebt haben sollen. Als Vorbilder wurden auch Einsiedler des Gottes Sarapis bei Memphis, buddhistisches Mönchtum, oder die enthaltsame Lebensweise manichäischer Electi genannt.[2]

Motivationen zur Askese lassen sich auch im Neuen Testament fassen, da sich dort Ansätze einer Zwei-Stufen-Ethik befinden, was bedeutet, dass zwar verschiedene Lebensgestaltungen zu einer Nachfolge Christi führen konnten, aber dennoch ein vollkommener, besserer Weg genannt wurde – Paradebeispiele bieten Mt. 19,21 «Willst du vollkommen sein, so geh hin, verkaufe, was du hast, und gib's den Armen, dann wirst du einen Schatz im Himmel haben; und komm und folge mir nach!» oder Lk 14,33: «Ebenso kann keiner von euch mein Jünger sein, der nicht alles aufgibt, was er hat.»

So verwundert es nicht, dass mehrere Zeugnisse dafür sprechen, dass spätestens seit dem 2. Jh. innerhalb der christlichen Gemeinden Menschen lebten, die ein enthaltsames Leben praktizierten.[3] Innerhalb des Christentums bezeugen seit dem 2., spätestens seit Anfang des 3. Jhs. viele literarische Schriften Tendenzen, die enthaltsame Lebenseinstellungen vertraten oder apokalyptische Szenarien entwarfen, die den Untergang der alten Welt und das Entstehen eines neuen Äon predigten. In den apokryphen Apostelakten – sie berichten von den Abenteuern der Jünger bei der Mission – aber auch in den anderen frühen christlichen Schriften lässt sich ablesen, wie stark das Christentum von asketischen Ideen geprägt war.[4] Konform stehen weltablehnende Gedanken in den gnostischen und manichäischen Schriften, die sich durch einen starken Dualismus auszeichnen, in dem Materie und Welt als schlecht und Geistiges und Seele als gut bewertet werden.

Ohne hier alle von verschiedenster Seite genannten Motive oder Auslöser, mentale oder geistige Voraussetzungen christlichen Mönchtums näher vorstellen zu können, sollte dennoch deutlich geworden sein, dass das Einsetzen einer Bewegung in die Wüste, der Wüstenanachorese, dem religiösen Zeitgeist nicht zuwiderlief.

2.1 Vita Antonii

Die Grundlage für unser heutiges Geschichtsbild von den Anfängen des Mönchtums geben literarische Zeugnisse, so als vielleicht wichtigstes die *Vita Antonii*, die Bischof Athanasius von Alexandrien in den Jahren nach 356 verfasste.[5] In einem der Biographie vorangestellten Brief schreibt er, dass die Vita für Mönche in der Fremde, möglicherweise ist damit Trier gemeint, wo Athanasius bereits in der Verbannung gelebt hatte, verfasst wurde. Sie hatten von Antonius gehört und den Bischof um mehr Informationen zu seinem Lebenswandel gebeten. Nach Ansicht des Bischofs war das Leben des Antonius ein treffliches Vorbild für die Askese, und da die ausländischen Mönche danach strebten, es den ägyptischen gleich zu tun oder sie gar zu übertreffen, sollte das Werk die Leser zum Streben ermuntern. Im Abendland wurde die Vita insbesondere durch die lateinische Übersetzung des Evagrius von Antiochien bekannt und bildete den Ausgangspunkt für die Bewunderung der ägyptischen Mönche im Okzident.[6]

Antonius soll nach dieser Vita im Alter von 18 oder 20 Jahren nach dem Tod seiner Eltern in einem Gottesdienst das genannte Evangelienwort Mt 19,21 über die Vollkommenheit gehört haben. Daraufhin soll er in mehreren Etappen seinen Besitz abgegeben und sich von familiären Bindungen getrennt haben. Zunächst zog er in die Nähe seines Heimatdorfes und erfuhr dort Belehrung bei einem erfahrenen Asketen. Er besuchte auch andere, von denen er die unterschiedlichsten Tugenden lernen wollte. Versuchungen leiblicher Art, die ihm der Teufel oder Dämonen sandten, widerstand er. Erst später zog er aus der Umgebung seines Heimatortes zu weiter entfernt liegenden Gräbern fort, wohin er sich von einem Bekannten von Zeit zu Zeit Brot bringen ließ. Dort bestand er weitere Kämpfe mit Dämonen, die ihn in der Gestalt von wilden Tieren und Schlangen bedrängten, aber letztlich blieb er Sieger, und ein Lichtstrahl Gottes erleuchtete das Grab, in dem er sich befand. Weiter wird erzählt, dass er in die Berge und die Einsamkeit ging. Unter anderem soll er im Jahr 337/38 in die Hauptstadt gekommen sein und den umstrittenen Patriarchen von Alexandrien verteidigt haben.[7] Nach weiteren Begebenheiten endete sein Leben im Kreise einiger Brüder, die er besucht hatte.

Antonius wird in der Vita nicht nur als Asket und tapferer Dämonenbekämpfer geschildert, sondern stellt gleichzeitig einen Vertreter des rechten Glaubens dar. Es liegt, gerade unter dem Eindruck der Einleitung, durchaus eine Lobrede mit propagandistischen Zügen vor, in der der Bischof seine Idealvorstellung von einem mönchischen Leben in der Wüste niederlegte.

Als historische Persönlichkeit kann ein Einsiedler namens Antonius aber dennoch als gesichert gelten, da unabhängige Quellen von ihm berichten. So soll er nach dem zeitgenössischen Bischof Serapion von Thmuis, der selbst eine Zeit als Asket gelebt hatte, 356 gestorben sein. Da er nach der Vita 105 Jahre alt geworden sein soll, wäre er im Jahr 251 geboren worden. In den Apophtegmata Patrum, einer Sammlung von Weisheiten der Wüstenväter, die ab dem 5. Jh. zusammengetragen wurde und auf mündlich überliefertes Gut zurückgeht, werden ihm 38 Sprüche zugeschrieben.[8] Weiter ist eine Sammlung von sieben Antoniusbriefen in verschiedenen Übersetzungen überliefert, deren Echtheit als koptisches Original diskutiert wird, aber nicht als gesichert gelten kann.[9]

2.2 Ideallebensbeschreibungen in der Zeitgeschichte

Es existierten weitere solcher literarischer Beschreibungen. Die ebenfalls bekannte Vita des Einsiedlers Paulus von Theben wurde von Hieronymus, der mehrere solcher Werke verfasste und in Betlehem ein Männer- und Frauenkloster gegründet hatte, im letzten Viertel des 4. Jh. geschrieben. Die Vita erzählt vom Leben eines Einsiedlers, der noch vor Antonius im 3. Jh. eine strenge Wüstenaskese begründet haben sollte. Aus verschiedenen Gründen kann sie als Fiktion bewertet werden – legt aber wiederum Zeugnis für ein Ideal ab.[10]

Weitere literarische Quellen für die anachoretische Bewegung liegen mit der *Historia monachorum*, einer 394/95 von einem unbekannten Diakon verfassten Reisebeschreibung vor, die von Rufin 403 oder später aus dem Griechischen übersetzt wurde.[11] In die gleiche Kategorie fällt die *Historia Lausiaca,* die 419/20 von Palladius von Helenopolis verfasst wurde.[12] In diesen Berichten werden Mönche als Wundertäter, Asketen, Erzähler etc. dargestellt sowie unter einem erbaulichen und idealtypischen Gesichtspunkt ihre Lebensweise beschrieben.

Es existieren auch in koptischer Überlieferung eine ganze Anzahl von Geschichten, die vom Anachoretentum erzählen. So ist eine Sammlung koptischer *Mönchsgeschichten aus Oberägypten* erhalten, die im 4. Jh. spielen, und später schriftlich niedergelegt wurden.[13] Es werden darin von verschiedenen namentlich bekannten Einsiedlern Biographien erzählt. Nach diesen Erzählungen dürfte dem Zuhörer oder Leser mönchisches Leben keineswegs langweilig erschienen sein, sondern war begleitet von Kämpfen mit Dämonen, Versuchungen durch den Satan, Verführungen von Frauen, Wunderheilungen und lebensbedrohlichen Bedingungen in der Wüste, in der die härtesten unter ihnen nur mit langen Bärten bekleidet mit den wilden Tieren lebten und selbst andere Einsiedler, die ihnen begegneten, in Furcht und Schrecken versetzten.

Die durchgehende idealisierende Tendenz vieler Berichte – am Ende der *Vita Antonii* betont Athanasius noch einmal, dass diese den anderen Brüdern vorgelesen werden soll, damit sie sehen, wie das Leben der Mönche zu sein hat – wird vor dem Hintergrund der christlichen Situation in dieser Zeit verständlicher. Mit Demetrius (ca. 188/89–231/32) und Clemens von Alexandrien (um 220 gestorben) hatte ein organisiertes Christentum um die Wende vom 2. ins 3. Jh. in Ägypten Fuß gefaßt. Da die Christen nicht den Staatskult anerkannten und das Opfer für den Kaiser verweigerten, wurden sie als Staatsgefahr angesehen. Eine der ersten Verfolgungen ist durch Septimius Severus im Jahre 202 nachgewiesen, eine sehr schwere fand unter Kaiser Decius in der Mitte des 3. Jh. und die schwerste unter Kaiser Diokletian ab 303 statt.[14] Sie hinterließ bei den Christen einen derartigen Eindruck, dass die Zeitrechnung nach Diokletian als Märtyrerära beibehalten wurde. Die Tolerierung des Christentums ab dem Jahr 311, der Sieg Konstantins an der milvischen Brücke, auf den ein Jahr später die Erlassung eines zweiten Toleranzediktes folgte, leitete erst die Durchsetzung der neuen Religion ein. Der Sieg Konstantins gegen den Mitkaiser Licinius im Jahre 324 bahnte der christenfreundlichen Politik den Weg auch in die östliche Reichshälfte.[15] Das 4. Jh. wurde durch ständige Auseinandersetzungen zwischen Heiden und Christen bestimmt, in deren Verlauf das Christentum ein immer stärkeres Gewicht bekam, aber auch polemische innerkirchliche Auseinandersetzungen prägten von Beginn an die Geschichte der neuen Staatsreligion. In einer solchen Phase der Auseinandersetzung und Missionierung, Bischof Athanasius selbst wurde insgesamt fünfmal verbannt, ist die Entwicklung idealer und strenger Lebensläufe starker Charaktere naheliegend.

Es ist also festzuhalten, dass in der 2. Hälfte des 3. Jh. in Ägypten eine heute quantitativ nicht näher bestimmbare Einsiedlerbewegung mit christlich asketischen Lebenszielen entstand. Da sie schwer fassbar ist, muss von der historisch dunklen Phase des Mönchtums gesprochen werden. Von dem Einzelnen wurde eine durchaus als extrem zu bezeichnende Lebensform gewählt, mit der in der menschenfeindlichen Wüste am Rande des Niltals, die alten Ägypter hatten dort ihre Totenstädte und Gräber errichtet, Gefahren und Ungemach in Kauf genommen, mit anderen Worten existentielle Sicherheiten aufs Spiel gesetzt wurden.

Eine solche Lebensbedingung war aber den Christen dieser Zeit nicht gar so fremd. Das Bekenntnis zum Christentum während der Verfolgungen konnte eine Gefahr für Leib und Leben bedeuten und führte zum Phänomen des Märtyrertums. Die alte These, dass aufgrund dieser Verfolgungen Menschen in die Wüste flohen, dort blieben und im Prinzip das Eremitentum begründeten, ist historisch nicht näher nachweisbar und in ihrer Kausalität nicht zwingend. Es ist davon auszugehen, dass nach den akuten Verfolgungen eine Rückkehr in das normale Leben wieder möglich war.

Der Einfluss dieser Verfolgungen könnte aber indirekt auf den Beginn der Wüstenanachorese gewirkt haben, da Existenzbedingungen erfahren wurden, die an einen redlichen Christen die Forderung stellten, die Erwartung eines gottnahen jenseitigen Lebens dem eigenen diesseitigen vorzuziehen. Eine solche Mentalität konnte als Grundlage und Voraussetzung für die Möglichkeit dienen, ein christlich vollkommenes Leben als Eremit oder Mönch zu wählen.

3.1 Der historische Übergang

Die Quellen zu den Anfängen stimmen aber bezüglich des sozialen Lebens der Asketen und Mönche in einem Punkt überein, der für die weitere Entwicklung der Bewegung von großer Bedeutung war. Die Bezeichnung «Einsiedler» kann in vielen Fällen nur relativ verstanden werden, da der persönliche Austausch der Mönche untereinander einen hohen Stellenwert inne hatte, wie auch die ältesten archäologischen Zeugnisse ab den 20-er Jahren des 4. Jh. zeigen. In dieser Zeit beginnt die zweite Phase ägyptischen Mönchtums, der Beginn seiner eigentlichen historischen Fassbarkeit und Entwicklung des Koinobitismus, des gemeinschaftlichen Zusammenlebens. Bereits Antonius soll zu einem Vorgänger gegangen sein, um von ihm das mönchische Leben zu lernen, in anderen Quellen ist ebenfalls von Ansammlungen die Rede, in denen sich die jüngeren zu den älteren gesellten. Dass dies nicht immer ganz so gesellig war, erfuhr der bereits genannte Hieronymus, der die fiktive Vita des Paulus verfasst und sich selbst vorher in der Askese versucht hatte. Später schrieb er über seine Erfahrungen, dass es besser sei, mit wilden Tieren zusammenzuleben.[16]

Verschiedene Quellen wie zum Beispiel die erwähnten Apophtegmata Patrum geben einen Eindruck von den ersten Gründungen größerer Mönchskolonien in der Kellia, Nitria und der Sketis in den ersten Jahrzehnten des 4. Jhs. Nach den erhaltenen Berichten scharten sich um Mönche, die einen gewissen Ruf erworben hatten, andere, die ihre Schüler sein wollten. Es wurden Höhlen benutzt oder kleinere Gebäude gebaut, die teils zwei oder mehr Mönche aufnahmen. So entstanden ausgedehnte Gruppen von locker im Gelände verteilten Behausungen, später erst, in der Sketis ab Mitte des 4. Jhs., schloss sich der Bau gemeinsamer Kirchen an.[17] Zwangsläufig entwickelte sich daraus ein mit Reisen und Besuchen verknüpftes, reges soziales Miteinander. Davon zeugen auch die genannten Sprüche der Wüstenväter, in denen oftmals als Rahmenhandlung der Besuch eines Mönches beim anderen angeführt wird. Nach Beduineneinfällen im 5. Jh. wurden die Bauten der Sketis wehrhafter, man begann Fluchttürme zu errichten und später auch eine Mauer um den inneren Komplex zu bauen. Aus dieser Ansiedlung entstanden für die Geschichte der koptischen Kirche die so bedeutenden und heute noch aktiven Klöster des Wadi Natrun. Andere Ansammlungen bildeten bis zu ihrem Ende keine eigentlichen Klöster heran, so zum Beispiel die Siedlung der Kellia, in der auf einem Gebiet von etwa 12 mal 3 Kilometern 1500 Eremitagen, Gebäude für einen oder zwei, aber auch bis über 10 Mönche entdeckt wurden.[18] Mit dem Fliehen aus der Welt war also gleichzeitig eine neue Welt des sozialen Umganges und des Zusammenlebens entstanden. Als Motivation geben die literarischen

Quellen die Suche der neuen Mönche nach Unterweisung durch ältere an, das Lernen der Tugenden und rechter Christusnachfolge. Aus den geographischen Umständen heraus sind weitere pragmatische Gründe anzunehmen wie die Gefahren des Wüstenlebens, die von einer Gruppe besser zu meistern sind als von einem Einzelnen. Das genannte Streben nach Austausch mit Gleichgesinnten, die ebenfalls auf der Suche nach religiösen und geistigen Werten waren, sollte ebenso eine wichtige Antriebsfeder gewesen sein. Die mannigfache Produktion religiöser, vor allem christlicher und gnostischer Schriften, zeigt darüber hinaus insgesamt das rege Interesse des gläubigen Menschen dieser Zeit an erbaulicher Lektüre, mit der religiöses Heil und Erlösung gesucht wurde. Die Eremiten im strengen Sinne, die ganz allein zum Beispiel in alten Gräbern lebten, sind aber neben dem gemeinschaftlichen Mönchtum durchgehend bezeugt. In vielen Viten ist auch nachzulesen, dass sich Mönche oder Klosteräbte zeitweilig von ihren Gemeinschaften zurückzogen und sich in die Stille einer Einsiedelei begaben.

3.2 Klostergründungen

Dieser Bildung von lockeren Gemeinschaften, die mehr oder weniger eng zusammenwachsen konnten, gesellte sich in gleicher Zeit das eigentliche koinobitische Mönchtum hinzu, was sich von der eben beschriebenen Lebensweise grundsätzlich durch die straffe Organisationsform unterscheidet. Von einer ersten Klostergründung sind als Belege die posthum verfasste Vita des Pachomius, wenige archäologische Überreste und die ersten erhaltenen Klosterregeln auf uns gekommen. Die pachomianischen Regeln, die auch Einfluss auf die späteren Regeln des Abendlandes besaßen, zählen als das älteste gesicherte Denkmal koptischer Originalliteratur.
Aus verschiedenen Angaben der Vita kann erschlossen werden, dass Pachomius um 292 in Oberägypten geboren wurde, das Militär besuchte, 313 getauft wurde und als Eremit zu einem Einsiedler namens Palamon ging. Um 320 oder etwas später ging er nach Tabennese, wo sich ihm Schüler anschlossen. Er soll im Jahre 346 gestorben sein und bis dahin neun Klöster mit über 5000 Mönchen gegründet haben. Schnell war eine starke wirtschaftliche Kraft erwachsen, das Kloster besaß sogar eigene Häfen und Schiffe.[19]
Mit den Regeln wurde eine Ordnung des täglichen Lebens bis in Einzelheiten hinein zu erreichen versucht. Die Planung des Tagesablaufes sicherte die Zeit für Gebete sowie das gemeinsame Essen und das Schweigen bei Dunkelheit. Sie enthielten Regelungen für die Kleiderordnung, den Umgang mit Werkzeugen und eine stattliche Anzahl von detaillierten Verboten, die die körperliche Nähe zu Mitbrüdern verhindern sollten. Ein Kennzeichen der Regel ist in der

Aufstellung einer klaren Hierarchie zu finden, in der zum Beispiel ein Hausvorsteher und sein Zweiter die Aufsicht über die anderen wahrnahmen.[20]

Zur gleichen Zeit ist das erste Mal der Begriff *monachos*, Mönch, auf einem Papyrus in einer Petition eines gewissen Aurelius Isidorus von Karanis belegt, die in den Juni des Jahres 324 datiert werden kann. Darin werden der Diakon Antonius und der Mönch Isaak genannt, die Aurelius halfen, nachdem er niedergeschlagen worden war. Der Beleg zeigt, dass zu diesem Zeitpunkt Mönche eine bekannte Gruppe in der damaligen Gesellschaft darstellten. Im weiteren Verlauf des 4. Jh. mehren sich diese Zeugnisse.[21]

Für den zeitlichen Beginn des koinobitischen Mönchtums ist grundlegend, dass erst im Zuge der Tolerierung des Christentums ab 311 bzw. nach dem endgültigen Sieg über den für die östliche Reichshälfte verantwortlichen, christenfeindlich eingestellten Licinius im Jahre 324 die ersten pachomianischen Gründungen möglich gewesen sein können. Vorher wäre es der Gefahr einer kollektiven Vernichtung ausgesetzt gewesen. Es war nun möglich, hinter Klostermauern am Rande des Fruchtlandes in einer sicheren Gemeinschaft den alten Idealen zu dienen.

Diese neue Möglichkeit einer gesicherten und dennoch der Vollkommenheit näher stehenden Existenz, wie es vormals nur das Märtyrer- und Eremitentum bot, führte zu einer neuen Lebensform in einer Gemeinschaft, die ihrerseits neue Anforderungen stellte. Das Ziel einer christlich-asketischen Lebensweise vor Augen, musste auf der einen Seite den Gefahren einer Verweichlichung in einer sozialen Gemeinschaft vorgebeugt und auf der anderen ihre Stärkung und Ausrichtung auf ein funktionierendes Zusammenleben gesichert werden. Dieser Weg hatte den Aufbau einer streng hierarchischen Struktur mit der Regel des Gehorsams zur Folge.

Die folgenden vielen Klostergründungen, insgesamt sind über die archäologisch bekannten hinaus Hunderte von Namen bekannt, können hier nicht im einzelnen wiedergegeben werden.[22] Prinzipiell beginnt aber eine nächste Phase koptischen Mönchtums, die Blütephase der Klöster, die mit dem Namen des Schenute verbunden ist, der im 5. Jh. Abt des Weißen Klosters bei Sohag in Oberägypten wurde. Die heute noch erhaltene Kirche ist sehr berühmt, da sie geböschte Wände und weitere Details aufweist, die stark an die heidnischen Tempelbauten erinnern, eine Beobachtung, die neben der außerordentlich reichen Verwendung von Spolien aus Tempeln zur These führte, dass der Sieg über das Heidentum gewissermaßen in Stein gehauen werden sollte.[23] Pgol, der Onkel von Schenute, hatte das Kloster gegründet und ihm auch eine eigene Regel gegeben. Mit Filialklöstern wuchs es derart stark an, dass nach einer arabischen Quelle 2200 Mönche und 1800 Nonnen zu zählen waren.[24] Bei Eintritt musste der Besitz abgegeben werden, und erst nach einer Wartezeit wurden die Neuanwärter Mitglied dieser Gemeinschaft. Darüber ist von Schenute selbst zu lesen: «Jedem, der unter uns dauernd aushält, sei es Mann oder Frau, gehören alle Dinge, die uns zusammen gehören. Wer aber seine Geduld zu irgend einer Zeit verleugnet und uns verlässt oder wegen seiner bösen Werke, die er unter uns vollbrachte, ausgestoßen wird, hat an nichts davon Anteil.»[25]

Mönche und Nonnen wurden mit eiserner Härte behandelt, die auch vor der Prügelstrafe nicht zurückschreckte. In regelrechten Raubzügen wurden in der Umgebung heidnische Tempel verwüstet.[26] Das Kloster besaß eine so starke wirtschaftliche Kraft, dass einmal 20.000 Flüchtlinge, an der Südgrenze Ägyptens kam es immer wieder zu Einfällen, ernährt worden sein sollen.[27] Schenute hat das wohl größte Werk hinterlassen, das aus der Feder eines koptischen Autoren stammt. Die meisten Schriften sind im Weißen Kloster gefunden worden und über die Museen der ganzen Welt zerstreut. Es handelt sich dabei um Homilien, Traktate, Katechesen, Briefe usw. über eine Vielzahl von Themen – eine Einteilung der Schriften erfolgt in Kanones und Logoi.[28]

4 Die Lebensformen der ägyptischen Mönche

Von den genannten Anfängen ausgehend entwickelte sich in Ägypten eine reiche Landschaft von Eremitensiedlungen und Klöstern, die eine breite und sichere Quellenlage über das Leben der Mönche abgeben. Das mönchische Leben solcher Gemeinschaften soll im folgenden einmal besonders unter dem Blickwinkel des Lebensstandards betrachtet werden. Darunter wird in Anlehnung an eine Arbeit zur Wirtschaftsgeschichte des römischen Ägyptens verstanden, dass die Höhe des Lebensstandards vom Aufwand abhängig ist, der zur Bereitstellung existentieller Bedürfnisse notwendig ist: Er steigt in dem Maße an, in dem weniger Zeit für die Deckung von Grundbedürfnissen wie Nahrung, Kleidung und Wohnung aufgewandt werden muss. Mit einem gewonnenen zeitlichen Überschuss ist man prinzipiell in der Lage, weitere Dinge für den materiellen oder psychischen Wohlstand zu tun bzw. über eine frei bestimmbare Zeit zu verfügen.[29]

Die Studie befasst sich mit dem römischen Ägypten bis Diokletian, reicht also bis in die Zeit der Anfänge des Mönchtums hinein. Die daraus zu entnehmenden Problematiken armer Bevölkerungskreise blieben in den nächsten Jahrhunderten ebenso aktuell wie zuvor.[30] Demnach musste ein durchschnittlicher 6-Personen-Haushalt eines Landarbeiters 276 n. Chr. in Karanis, einem Ort im Faijum, für einen monatlichen Weizenverbrauch von 6,42 Artaben (29,2 l) etwa 1284

Drachmen aufbringen. Bei einem Tageslohn von 4 bis 9 Drachmen mussten, es wird hier zum pauschalen Überschlag einfach der noch höhere Lohn von 10 Drachmen angenommen, etwa 130 Tage Arbeit veranschlagt werden. Verteilt auf den durchschnittlichen Haushalt mit vier arbeitsfähigen Personen, die Kinder also beiseite genommen, würde dies eine 32-tägige Arbeitszeit für jeden im Monat bedeuten. Dieses Verhältnis zwischen den zu zahlenden Preisen und den aufzubringenden Löhnen könnte auch durch Angaben zu anderen Berufen erweitert werden und wird noch drastischer, wenn die Grundbedürfnisse von Kleidung und Wohnung hinzugenommen werden.[31]

Es muss natürlich bedacht werden, dass bei diesen statistisch errechneten Angaben Fehlerquellen groß sind, da mit dem Zufall der Überlieferung gerechnet werden muss. Die geschilderten Lebensverhältnisse werden aber auch durch eine große Zahl an Schuldurkunden, Darlehnsaufnahmen und Privatbriefen bestätigt, in denen über die Armut geklagt wird. Auch archäologische Befunde lassen sich hier einordnen. So musste im 3. Jh. für eine einfache, naturfarbene Tunika bei einem Tageslohn von 4 Drachmen ein Landarbeiter 11 Tage aufwenden, um den Preis von 44 Drachmen bezahlen zu können. Eine große Zahl von Textilfunden wie Hosen, Tuniken etc. weist teils mehrfache antike Flickstellen und Ausbesserungen auf, die auf den Umstand zurückgeführt werden können, dass Kleidung sehr teuer war. Festgehalten werden kann jedenfalls, dass ein großer Teil der Bevölkerung nur mit einem hohen Arbeitsaufwand in der Lage war, die Grundbedürfnisse zu decken. Vor diesem Hintergrund können die Möglichkeiten mönchischen Lebens erst recht gewürdigt werden.

4.1 Die Frage nach dem Besitz

Zunächst die Frage nach dem Privatbesitz der Mönche. Der Verzicht auf ihn ist bereits in den Anfängen des koinobitischen Mönchtums direkt ausgesprochen, wenn es in den pachomianischen Regeln heißt, dass jemand, der zum Kloster kommt, zum «ἀποτακτικός» wird, ein Mönch also, der auf seinen Besitz verzichtet hat. In den Viten Pachoms wird erklärt, dass ein ἀποτακτικός jemand ist, dem «nichts gehört außer nur 2 oder 3 Broten täglich».[32]

Der Eintritt in das Kloster beinhaltete die Trennung von Verwandten und den Verzicht auf den eigenen Besitz, der entweder dem Kloster oder anderen vermacht werden konnte. Diese Forderungen finden sich auch im 5. Jh. in einem Brief des Nachfolgers von Schenute, nämlich Besa, als Abt der Klöster von Sohag. Er beruft sich dabei bereits auf die Tradition der Väter.[33]

Eine neue Epoche begann nach der arabischen Eroberung Ägyptens, die 645 endgültig abgeschlossen war und die nächste Phase des Mönchtums nach seiner Blüte, nämlich den Überlebenskampf einläutete. Die Maßnahmen gegen christliche Ägypter allgemein wirkten sich zunächst im Steuerwesen aus, da sie Kopfsteuer bezahlen mussten. Spätestens ab dem Jahr 705, vielleicht auch schon früher, wurde diese auf die Mönche ausgedehnt – in der Folge veröderten seit der Mitte des 8. Jhs. viele Klöster.[34] Die Kopfsteuer musste von den Mönchen selbst aufgebracht werden und wurde teils von den Äbten eingesammelt, was durch erhaltene Quittungen für die Bezahlung belegt ist.

Weitere Urkunden zeigen, dass sich die Klöster selbst von den eigenen Mönchen Geld ausleihen mussten. Konsequenz war teilweise, dass Äbte ausgesucht wurden, die in der Lage waren, die neue Aufgabe der Bezahlung zu erfüllen. In einem Menaskloster (Sbeht) wurde sogar der Posten als Abt für 53 Solidi käuflich erworben. Im Kloster des Apa Apollon zu Bawit war es im 9. Jh. möglich, dass Mönche, die sich nach wie vor apotaktisch, also besitzlos nannten, Zellen im Kloster käuflich erwarben.[35]

In der Besitzfrage sind also klare Entwicklungslinien erkennbar: Der Eremit, der in die Wüste ging, verzichtete freiwillig auf ein Leben mit weltlichem Besitz, brauchte aber einiges zum Überleben. Erst mit dem Koinobitismus wurde die Frage dahingehend reglementiert, dass ein Mönch bei der Aufnahme in ein Kloster seinen Besitz abgeben musste, aber vom Gemeinschaftsbesitz profitierte. Der später mögliche Privatbesitz fällt, wenn die Beleglage nicht trügt, mit der Einführung der Kopfsteuer für Mönche zusammen. Diese Erlaubnis war also eine Gegenreaktion auf die Religionspolitik der Umwelt und zeugt vom Überlebenskampf einer etablierten Lebensform.

4.2 Wohnen

Zur Wohnsituation der Mönche, die je nach Aufenthaltsort variierte, genügen an dieser Stelle einige Bemerkungen.[36]

Lebte ein Eremit in einer dürftigen Behausung, einer Höhle oder einem alten Felsgrab, so diente in einem Kloster normalerweise eine kleine Zelle für die Unterkunft eines oder zweier Mönche. Allerdings standen das Refektorium, sanitäre Anlagen, der Klosterhof, Kirche und Kapellen sowie die anderen Einrichtungen dem Gemeinnutzen zur Verfügung. Unter den über 1500 Eremitagen in der bereits genannten Kellia befanden sich Bauten für eine oder zwei Personen, aber auch größere für zehn oder mehr. Eine kleine Anlage für einen Eremiten und seinen Schüler bestand aus getrennten Schlaf- und Vorratsräumen, einem Gebetsplatz, einer Küche und einem gemeinsamen Ess-, Arbeits- und Empfangsraum, hinzu traten Hof mit Garten, Waschplatz und Latrine, das ganze von einer Mauer umgeben – man könnte durchaus von angenehmen Raumverhältnissen sprechen. Bei der baulichen Entwicklung in der Kellia im Laufe des 7. bis 8. Jh. ist ein immer stärker werdender Repräsentationscharakter festzustellen, der sich in Malereien sowie der aufwendigen Architektur von Wohntürmen ausdrückt. Rund dreißig dieser Türme sind bislang archäologisch nachgewiesen, es ist anzunehmen, dass es über 100 gab, In einem Reisebericht aus dem 8. oder 9. Jh. wurde von mächtigen Schlössern gesprochen, von denen einige von christlichen Mönchen bewohnt waren. Diese stattlichen Türme konnten bis zu 10 Metern hoch sein und in den einzelnen Geschossen einen Mittelgang mit angrenzenden Räumen besitzen. In der Kellia auch als Wohntürme benutzt, dienten sie dort und an anderen Orten auch als Fluchttürme.[37]

4.3 Essen und Trinken

Von den Anfängen des Mönchtums an spielte die Einschränkung oder der zeitweilige Verzicht auf Nahrung eine wichtige Rolle in der Askese. In den pachomianischen Klöstern wurde zweimal in der Woche sowie in der Fastenzeit enthaltsam gelebt. Gleichzeitig sicherte die schnell wachsende wirtschaftliche Stärke der Klöster die regelmäßige Ernährung, so dass für die Mönche in den Zeiten, in denen nicht gefastet wurde, keine Drangsal durch Hunger bestand.[38]

Es gab auch im Laufe jeden Jahres feierliche Glanzpunkte. Aus dem Jeremiaskloster zu Sakkara ist eine Inschriftentafel aus dem 7. oder 8. Jh. erhalten, die in einem Raum bei einer Toranlage gefunden wurde. Darauf ist fein säuberlich eingemeißelt, wie viel Wein für welche Festtage des Klosters, an denen lokale oder überregionale Heilige verehrt wurden, bestimmt war.[39] Es ist einzuschieben, dass bereits in der römischen Zeit Wein das übliche Getränk in Ägypten war und somit auch Weinlieferungen und Quittungen in vielen Klöstern gefunden wurden. Das verwandte Maß auf dem Stein kann nicht genau definiert werden, aber dennoch sind die relativen Angaben in der Liste informativ: So steht als Mengenangabe normalerweise ein α für eine 1, aber zum Beispiel am Ende des Fastens oder am Festtag des Klostergründers ein ε, was einer 5 entspricht. Das heißt, dass an so einem Tag die fünffache Menge an Wein getrunken wurde, was direkt nach dem Brechen des Fastens seine Wirkung nicht verfehlt haben dürfte.

Was im übrigen Feste im spätantiken Ägypten anbelangt, so gibt es eine ganze Reihe von Hinweisen dafür, dass gerade Märtyrerfeste mit regelrechten Ausschweifungen begangen wurden. Zu entsprechenden Gedenktagen versammelte sich jeweils eine große Menge an Pilgern und Gläubigen. Der genannte Abt Schenute spricht in diesem Zusammenhang von Trinkgelagen, Spielen, Prostitution,

Handel und Mord. Seinen Mönchen wurde verboten, an den nächtlichen Märtyrerfesten teilzunehmen.[40]

4.4 Soziale Sicherheit
Mit den wirtschaftlichen Faktoren im Hintergrund trat ein Aspekt im Klosterleben hinzu, der gesellschaftlich gesehen revolutionär gewesen sein muss – die soziale Absicherung des Einzelnen bei Krankheit oder im Alter durch das Gemeinwesen. Im übrigen ein extremer Gegensatz zwischen dem allein in der Wüste lebenden Mönch und der Heimat in einer monastischen Gemeinschaft.
Diese soziale Sicherheit ist bereits in den pachomianischen Regeln belegt und auch für andere Klöster in späterer Zeit gut bezeugt. So zeigen epigraphische Belege aus dem Jeremiaskloster bei Sakkara, dass sich in seiner Blüte im 7. bis 9. Jh. ein Sozialsystem entwickelt hatte, das sowohl die Kranken- als auch die Altersfürsorge beinhaltete.[41]

4.5 Beruf, Kultur, Bildung
Was weitere Aspekte menschlichen Lebens anbelangt, die berufliche Fertigkeit, kulturelle Erzeugnisse oder Bildung, so traten die Klöster in Ägypten sehr schnell ihre Rolle als Kulturträger an. Als Exempel mag wieder das Jeremiaskloster von Sakkara dienen. Auf Grabinschriften sind dort nicht nur eine Fülle von Berufen belegt, sondern eine Spezialisierung in der Verteilung der Aufgabenbereiche bis in die einfachsten Arbeiten hinein. Neben Berufen wie Schmied, Tischler, Töpfer oder Arzt sind auch Bezeichnungen spezieller Aufgaben mit einer Person eng verknüpft worden, so desjenigen, der für das Kornmaß zuständig ist, Wächtern, den Dungaufseher und desjenigen, der den Dünger auflädt.[42]
Dass Klöster auch wegen der beruflichen Ausbildung attraktiv waren, zeigt zum Beispiel ein Papyus aus Kellis, in dem ein Vater seinen Sohn ins Kloster schickt, damit er den Beruf des Webers erlerne.[43]
Nicht nur die Kirchen in den Klöstern wurden mit wandgroßen Bildprogrammen ausgestattet, sondern auch Säle mit verschiedenen Funktionen. Schon in einem der ersten pachomianischen Klöster ist relativ früh der Bau einer Basilika belegt, die dann sogar zu einem fünfschiffigen Bau erweitert wurde.[44] Die Wohn- und Fluchttürme als typische mönchische Schöpfungen zeigen allein schon die Ausprägungen architektonischer und baumeisterlicher Fertigkeiten.

4.6 Machtfaktor
Mit den sichtbaren Klostergründungen war von Anfang an ein Machtfaktor in verschiedenen Bereichen verbunden. Die Folge war,

dass das Mönchtum eine wichtige Rolle in der Bekämpfung der alten Religionen spielte, wie es die Berichte über Schenute und seine Tempelzerstörungen sowie andere Begebenheiten zeigen. Direkt einher geht ein Beitrag zur friedlichen Mission, wie er bereits in der Vita des Antonius fassbar ist, aber auch später durch andere Quellen belegt werden kann. So spielte das Mönchtum bei der Missionierung des südlichen Nachbarlandes Nubien im 6. Jh. eine Rolle.[45] Äbte und Mönche nahmen auch an übergeordneten Konzilien teil und hielten dort kirchenpolitische Positionen. Der Bischof Kyrill von Alexandrien wurde auf seiner Reise zum Konzil von Ephesus 431 von Schenute und anderen Mönchen als eine Art Leibgarde begleitet.[46] Zahlreiche Bischöfe und Patriarchen gingen bis zum heutigen Tage aus dem Mönchsstand hervor.

Von den ersten Klöstern an bestand ein Repräsentationsfaktor, der auf der Erscheinung eines ummauerten und damit gekennzeichneten Bezirks einer christlichen Gemeinschaft basierte, die sich allen bekannt und sichtbar nahe dem Fruchtland niedergelassen hatte. Bis auf wenige Ausnahmen ist darin die bevorzugte Lage auch der weiteren Klosterbauten zu sehen – einerseits entstand also durch die Mauern eine Abgrenzung, andererseits lagen sie nah genug bei den menschlichen Ortschaften, um Mitglied zu sein.

4.7 Bibliophilie

Als letzten Aspekt des Mönchtums, der hier genannt werden soll, ist die Liebe zum Buch und Pflege des Buchwesens zu nennen. Bereits für die pachomianischen Klöster ist die Regel überliefert, dass niemand ein Buch offen liegen lassen soll, wenn er zu einer Versammlung oder zum Essen geht. Außerdem sollen die Bücher vom Zweiten jeweils gezählt und in Obhut genommen werden.[47] Für viele Klöster sind Skriptorien und Bibliotheken direkt nachgewiesen, so dass es nicht verwundert, dass eine große Zahl der späteren Schriftfunde aus diesen stammen.[48]

Das Mönchtum hatte direkt mit Geburt und Tod der koptischen Sprache zu schaffen. Im 8. Jh. war die arabische Sprache als offizielle Landessprache eingeführt worden. Es erschienen zwar nach wie vor Literaturwerke in koptischer Sprache wie Heiligenzyklen und Homilien, aber die arabische Sprache setzte sich immer stärker durch, was zunächst zur Folge hatte, dass zweisprachige Handschriften entstanden. Wurde nun der Anfang koptischer Originalliteratur mit den pachomianischen Klosterregeln eingeläutet, so ist als letztes Originalwerk koptischer Sprache das im 14. Jh. verfasste Triadon bekannt, geschrieben von einem unbekannten Mönch aus Oberägypten.[49]

Es handelt sich dabei um ein Lehrgedicht, mit dem der Autor die Liebe zur koptischen Sprache, aber auch Tugenden des Mönchseins wiedererwecken wollte. Zu dieser Zeit war das Koptische nur noch bei wenigen bekannt und überlebte nur noch als im Gottesdienst vorkommende Sprache.

5 Die weitere Entwicklung
War also in den Klöstern zeitweise ein Lebensstandard erreicht, der neben der Deckung der Grundbedürfnisse Zeit für anderes ließ, so kamen durch die Festsetzung der erwähnten Kopfsteuer die Klöster in schwere Bedrängnis, was zur Folge hatte, dass viele kleine Klöster im Laufe des nächsten Jahrhunderts verschwanden. Die Phase dieses Überlebenskampfes wurde direkt von der Phase des Niederganges begleitet.
Im 7. Jh. wurden bereits christliche Symbole an den Außenwänden der Kirchen verboten. Ende des 8. Jhs. wurden Kirchen zerstört, durften aber wieder aufgebaut werden. Christen wurden äußerlich dadurch gekennzeichnet, dass sie eine bestimmte Kleidung tragen mussten. Die Folge waren Aufstände im 8. und 9. Jh., die aber erfolglos blieben. Der Steuerdruck war so groß, dass wahrscheinlich schon im 9. Jh. so viele Christen Muslime geworden waren, dass diese in der Überzahl waren. Die folgende Zeit war bis auf eine Ausnahme, in der ein Herrscher Kirchen und Klöster zerstören ließ und Christen verfolgte und verbannte, im allgemeinen tolerant. Vom 14.–16. Jh. änderte sich dies so dramatisch, dass die Zahl der Christen durch Verfolgungen auf etwa ein Zehntel der Gesamtbevölkerung sank. In der Folgezeit berichten europäische Reisende davon, dass manchmal noch zwei oder drei Mönche in noch stehen gebliebenen Klöstern lebten.[50]
Der Beginn der nächsten Phase ließ lange auf sich warten und führt in unsere Zeit. Erst im letzten Jahrhundert wurde die Verfalls-Entwicklung rückgängig gemacht. Mit Papst Kyrill VI., der von 1959 bis 1971 die koptische Kirche leitete, blühten viele Aktivitäten von neuem auf. Vor allem förderte er das Mönchtum, was inzwischen dazu geführt hat, dass viele koptische Klöster wieder eine aktive Rolle in der Kirche spielen und durch eine neu entstandene Attraktivität für die Gläubigen auch keinerlei Nachwuchsprobleme haben, sondern ganz im Gegenteil in einer neuen Blüte stehen.[51]
Und nach wie vor stehen sie in der Tradition und den Idealen, die das mönchische Leben begleiteten und ihm in einem Balanceakt zwischen Abgrenzung und Weltverbundenheit seine soziale Wirkung und Bedeutung als Kulturträger ermöglichte.

Anmerkungen:

[1] E.C. Mason, Zur Entstehung und Deutung von Rilkes Stunden-Buch, in: ders., Exzentrische Bahnen. Studien zum Dichterbewusstsein der Neuzeit, Göttingen 1963, S. 181-204, hier 182; vgl. C.G. Schäfer, Projizierte Sehnsucht und schöpferische Begegnung. Die Bedeutung Russlands und Deutschlands für das Leben und Werk R.M. Rilkes und M. Cvetaevas sowie ihr Briefwechsel (Beiträge zur Slavistik 31), Frankfurt etc. 1996, S. 56 ff.

[2] K. Heussi, Der Ursprung des Mönchtums, Tübingen 1936, 280 ff.; K.S. Frank (Hg.), Askese und Mönchtum in der Alten Kirche (Wege der Forschung 409), Darmstadt 1975; B. Lohse, Askese und Mönchtum in der Antike und in der alten Kirche (Religion und Kultur der alten Mittelmeerwelt in Parallelforschungen 1), München und Wien 1969. M. Krause, Das Mönchtum in Ägypten, in: ders. (Hg.), Ägypten in spätantik-christlicher Zeit. Einführung in die koptische Kultur (Sprachen und Kulturen des christlichen Orients 4), Wiesbaden 1998, S. 149 ff.

[3] K. Heussi, Der Ursprung des Mönchtums, Tübingen 1936, S. 19 ff.

[4] W. Schneemelcher. Neutestamentliche Apokryphen. 5. Auflage. I: Evangelien; II: Apostolisches, Apokalypsen und Verwandtes. Tübingen 1989. P. Nagel, Die Motivierung der Askese in der Alten Kirche und der Ursprung des Mönchtums (TU 95), Berlin 1966.

[5] G.J.M. Bartelink, Athanase d›Alexandrie. Vie d›Antoine (Sources Chrétiennes 400), Paris 1994; deutsche Übersetzung von A. Stegmann, in: Des heiligen Athanasius ausgewählte Schriften, 2. Band (Bibliothek der Kirchenväter), Kempten, München 1997, S. 687-777. Datierung nach K. Metzler, Artikel «Athanasius von Alexandrien», in: S. Döpp, W. Geerlings, Lexikon der christlichen Literatur, Freiburg etc. 1999, S. 59.

[6] Vgl. M.-E. Brunert, Das Ideal der Wüstenaskese und seine Rezeption in Gallien bis zum Ende des 6. Jahrhunderts, Münster 1994, besonders S. 19, 26.

[7] M.-E. Brunert, op. cit. (s. Anm. 6), S. 18.

[8] Zu den Apophtegmata siehe W. Bousset, Apophtegmata. Studien zur Geschichte des ältesten Mönchtums, Tübingen 1923, Neudruck Aalen 1969.

[9] A. Guillaumont, Antony of Egypt, Saint, in: The Coptic Encyclopedia, Bd. 1, New York 1991, S. 149-151. S. Rubenson, The Letters of St. Antony. Origenist Theology, Monastic Tradition and the Making of a Saint, Lund 1990. A. Khosroyev, Die Bibliothek von Nag Hammadi. Einige Probleme des Christentums in Ägypten während der ersten Jahrhunderte (Arbeiten zum spätantiken und koptischen Ägypten 7), Altenberge 1995, S. 158-166.

[10] A. Guillaumont und K.H. Kuhn, Paul of Thebes, Saint, in: Coptic Encyclopedia, Bd. 6, New York 1991, 1925 f.

[11] Deutsche Übersetzung von S. Frank, Mönche im frühchristlichen Ägypten (Historia Monachorum in Aegypto), Düsseldorf 1967.

[12] Deutsche Übersetzung von J. Laager, Palladius. Historia Lausiaca. Die frühen Heiligen in der Wüste, Zürich 1987.

[13] T. Vivian, Histories of the Monks of Upper Egypt and the Life of Onnophrius. Cistercian Studies Series 140, Kalamazoo 1993.

[14] M. Krause, Christenverfolgungen in Ägypten, in: Koptische Kunst. Christentum am

Nil. 3. Mai bis 15. August 1963 in Villa Hügel, Essen. Essen 1963, S. 60-64.

[15] Einen Abriss der Ereignisse bietet E. Kornemann, Geschichte der Spätantike, München 1978.

[16] Nach H. Hagendahl und J.H. Waszink, Hieronymus, in: RAC 15: 117-139, hier S. 121.

[17] P. Grossmann, Christliche Architektur in Ägypten (Handbuch der Orientalistik 62), Leiden etc. 2002, besonders S. 245 ff.; ders., Zur Datierung der ersten Kirchenbauten in der Sketis, in: Byzantinische Zeitschrift 90, 1997, 367-395.

[18] M. Krause, op. cit. (s.Anm. 2)

[19] H. Bacht, Das Vermächtnis des Ursprungs. Studien zum frühen Mönchtum. Band 2: Pachomius – der Mann und sein Werk, Würzburg 1983, S. 9-63.

[20] H. Bacht, op. cit. (s. Anm. 19), S. 65 ff.

[21] E.A. Judge, The Earliest Use of Monachos for «Monk» (P. Coll. Youtie 77) and the Origins of Monasticism, in: JbAC 20, 1977, 72-89.

[22] Gawdat Gabra, Coptic Monasteries. Egypt›s Monastic Art and Architecture. With a Historical Overview by T. Vivian. Kairo, New York 2002; S. Timm, Das christlich-koptische Ägypten in arabischer Zeit. Beihefte zum Tübinger Atlas des Vorderen Orients. Reihe B Nr. 41/1-6. Wiesbaden 1984–1992; P. Grossmann, op. cit. (s. Anm. 17).

[23] F.W. Deichmann. Die Spolien in der spätantiken Architektur (Bayerische Akademie der Wissenschaften. Phil.-hist. Klasse, Sitzungsberichte 1975, Heft 6), München 1975, S. 3-101, hier 58 f. Zur Diskussion siehe Behlmer, op. cit. (s. Anm. 26), S. LXII. Siehe auch P. Grossmann, Altägyptische Elemente in der frühchristlichen Baukunst Ägyptens, in: H. Guksch und D. Polz (Hg.), Stationen. Beiträge zur Kulturgeschichte Ägyptens (Festschrift R. Stadelmann), Mainz 1998, S. 443-458.

[24] M. Krause, op. cit. (s. Anm. 2)

25 Nach J. Leipoldt, Schenute von Atripe und die Entstehung des national ägyptischen Christentums. Leipzig 1903, S. 107.

[26] H. Behlmer, Schenute von Atripe. De Iudicio. (Torino, Museo Egizio, Cat. 63000, Cod. IV). Turin 1996, S. LXIV-LXVI.

[27] J. Leipoldt, Ein Kloster lindert Kriegsnot. Schenutes Bericht über die Tätigkeit des Weißen Klosters bei Sohag während eines Einfalls der Kuschiten, in: «. . . und fragten nach Jesus». Festschrift für Ernst Barnikol zum 70. Geburtstag, Berlin 1964, S. 52-56.

[28] Sammlung und Zusammenführung der Schriften bei St. Emmel. Shenoute›s Literary Corpus, Ph.D. diss., Yale University, New Haven 1993.

[29] Vgl. H.-J. Drexhage. Preise, Mieten/Pachten, Kosten und Löhne im römischen Ägypten bis zum Regierungsantritt Diokletians. St. Katharinen 1991, S. 440.

[30] Zum Leben in der Spätantike allgemein siehe R.S. Bagnall, Egypt in Late Antiquity, Princeton 1993.

[31] H.-J. Drexhage, op. cit. (s. Anm. 29), S. 440 ff., besonders S. 445 und 447.

[32] Zitat aus der Vita des Pachomius nach M. Krause, Zur Möglichkeit von Besitz im apotaktischen Mönchtum Ägyptens, in: T. Orlandi und F. Wisse (Hg.), Acts of the Second International Congress of Coptic Studies, Roma, 22-26 September 1980, Rom 1985, S. 121-133, hier 122.

[33] M. Krause, op. cit. (s. Anm. 32), S. 123.

[34] M. Krause, op. cit. (s. Anm. 32), S. 124 f.

[35] M. Krause, op. cit. (s. Anm. 32), S. 126 f.

[36] Siehe insgesamt P. Grossmann, op. cit. (s. Anm. 17).

[37] G. Descœdres, Wohntürme in Klöstern und Ermitagen Ägyptens, in: M. Krause und S. Schaten, ČÂĞÅÉĖĮ. Spätantike und koptologische Studien, Peter Grossmann zum 65. Geburtstag (Sprachen und Kulturen des christlichen Orients 3), Wiesbaden 1998, S. 69-79; vgl. Grossmann, op. cit. (s. Anm. 17), S. 303-305 Anm. 467.

[38] H. Bacht, op. cit. (s. Anm. 19), 41.

[39] C. Wietheger, Das Jeremias-Kloster zu Saqqara unter besonderer Berücksichtigung der Inschriften (Arbeiten zum spätantiken und koptischen Ägypten 1), Altenberge 1992, S. 171 f.

[40] Th. Baumeister, Martyr Invictus. Der Martyrer als Sinnbild der Erlösung in der Legende und im Kult der frühen koptischen Kirche. Zur Kontinuität des ägyptischen Denkens. Münster 1972, S. 67 mit Anm. 73.

[41] C. Wietheger, op. cit. (s. Anm. 39), S. 296 f.; siehe auch P. Grossmann, op. cit. (s. Anm. 17), S. 299-301.

[42] Wietheger, op. cit. (s. Anm. 39), 281-290.

[43] K.A. Worp, Greek Papyri from Kellis: I (P. Kell. G.). Nos. 1-90, Oxbow 1995, S. 35-38 (Nr. 12).

[44] Siehe dazu den Überblick zur Architektur von P. Grossmann, Koptische Architektur, in: M. Krause (Hg.), Ägypten in spätantik-christlicher Zeit. Einführung in die koptische Kultur (Sprachen und Kulturen des christlichen Orients 4), Wiesbaden 1998, S. 209-267, hier S. 213.

[45] S.G. Richter, Studien zur Christianisierung Nubiens (Sprachen und Kulturen des christlichen Orients 11). Wiesbaden 2002, S. 142 f.

[46] Leipoldt, op. cit. (s. Anm. 25), S. 90.

[47] Bacht, op. cit. (s. Anm. 19), S. 106 (Regeln Nr. 100, 101).

[48] Die prägnantesten Beispiele sind das Kloster von Schenute (s. den Artikel von St. Emmel in diesem Band auf S. 193) und die Bibliotheken der Klöster des Wadi Natrun (s. S.G. Richter, Wadi al-Natrun and Coptic Literature; in: Coptica 2, 2003, S. 43-62.

[49] P. Nagel, Das Triadon. Ein sahidisches Lehrgedicht des 14. Jahrhunderts (Martin-Luther-Universität Halle-Wittenberg. Wissenschaftliche Beiträge 1983/23 [K 7]), Halle (Saale) 1983.

[50] Einen Überblick auch zur Geschichte der anderen orientalischen Kirchen gibt C.D.G. Müller, Geschichte der orientalischen Nationalkirchen (Die Kirche in ihrer Geschichte 1, Lieferung D 2), Göttingen 1981.

[51] Zu gegenwärtigen Entwicklungen siehe A. Gerhards und H. Brakmann (Hg.), Die koptische Kirche. Einführung in das ägyptische Christentum, Stuttgart etc. 1994.

*

Bei diesem Beitrag handelt es sich um die schriftliche Form meiner Antrittsvorlesung als Privatdozent an der Westfälischen Wilhelms-Universität Münster am 25.6.2001. Die Anmerkungen sind in diesem Rahmen bewusst kurz gehalten und so gestaltet, dass sie das Auffinden weiterführender Literatur ermöglichen.

DER KOPTISCHE

PAPYRUS P. KÖLN VIII 354

Zum Sonderstatus Ägyptens
vor allen anderen Ländern

Gesa Schenke

Der Text des Kölner Papyrus VIII 354 stammt aus dem 4./5. Jahrhundert und ist im fayumischen Dialekt (*F4/F5*) des Koptischen geschrieben.[1] Genauer gesagt, steht der Text eigentlich auf zwei schmalen Streifen von 31,8 x 8,7 cm und 31,5 x 8,4 cm Größe, von denen der eine ausschließlich gegen den Faserverlauf, der andere dagegen auf beiden Seiten Text bietet. Bis auf eine Beschädigung der Fasern des beidseitig beschriebenen Papyrusstreifens scheint der Text vollständig erhalten zu sein. Der durch das Staurosmonogramm markierte Beginn des Textes erscheint in Kolumnenform, ein Format, das jedoch gleich nach der ersten Kolumne wieder aufgegeben worden ist. Vermutlich hatte der Schreiber aus einem ihm vorliegenden Kodex zunächst die sich ihm bietende Form übernommen, sich dann aber bald für das Format entschieden, das sich der Form seines Papyrusmaterials unmittelbar anpasste.

Seinem Inhalt nach steht der erhaltene Text in der Tradition ägyptischer Prophetie. Die literarische Gattung lässt sich jedoch nicht genau bestimmen, da der Text aus einem größeren Zusammenhang herausgelöst worden zu sein scheint, wie es das einleitende «danach» (A I 1) zu Beginn des Textes nahelegt. Die Reste einer möglichen Rahmenhandlung, aus der offenbar exzerpiert wurde, treten am Ende des Textes in Erscheinung, Matthäus (C 11) richtet plötzlich die Schlußworte an Jesus (C 11).

Den ersten Teil des Textes (A I 2 bis B 6) bildet eine Prophezeiung, die über Ägypten ausgesprochen wird. Sie lässt sich in drei Abschnitte gliedern. Der erste Abschnitt (A I 2 bis A II 3) verkündet die wunderbaren Geschehnisse, die sich durch die Anordnung des Vaters ergeben werden. Ägypten wird alle Länder beherrschen, und es wird genug Wasser vorhanden sein, so dass die Fruchtbarkeit Ägyptens gesichert ist. Der mittlere Abschnitt (A II 3 bis A II 6) prophezeit die schrecklichen Ereignisse, die den wunderbaren vorausgehen werden, die Gesetzlosigkeit, die in Ägypten herrschen wird, und die Vernichtung, die deshalb über das Land gebracht werden muss.

Nach der Vernichtung, im dritten Abschnitt (A II 6 bis B 6), wird die neue Stärke Ägyptens gepriesen, die vom Glauben und von der Liebe getragen werden wird und die sich in der hohen Zahl der Märtyrer manifestiert. Sonne und Feuchtigkeit werden ausreichend vorhanden sein, 12 Sonnenstrahlen werden über Ägypten leuchten, fünf mehr als über jedem anderen Land, und alle paradiesischen Pflanzenarten werden in Ägypten wachsen, 733 Sorten. Der Sohn Gottes wird drei Jahre seiner Kindheit dort verbringen, und Gottes dienstbare Geister werden Ägypten nie mehr verlassen.

Die Züge der ägyptischen Prophetie treten im ersten Teil des Textes (A I 2 bis B 6) deutlich in Erscheinung. Rechtlosigkeit wird Chaos und Tod über das Land bringen, im Nil wird kein Wasser sein, bis durch göttlichen Einfluss die Dinge wieder gerichtet werden. Die Prophezeiungen der schrecklichen Dinge sind im Kölner Papyrus mit nur 4 Zeilen recht kurz gehalten. Den Hauptteil stellen die positiv formulierten Prophezeiungen dar, denen jedoch zeitlich ihre negative Umkehrung vorausgeht.

Nach der Prophezeiung über Ägypten wendet sich der Sprecher an seine Zuhörer, die er auffordert, mit «Amen» zu antworten. Diese Zwischenaufforderung trennt den prophetischen vom rein narrativen Teil des Textes. An die Zwischenaufforderung, mit «Amen» zu antworten, schließt sich ein Bericht von der Schaffung Ägyptens und der anderen 71 Länder an (B 7 bis C 9). Adam, dessen Nachkommen alle Länder füllen, wird durch den Vater aus der ägyptischen Erde erschaffen (C 7). Ägypten wird auf diese Weise zum Ursprung allen menschlichen Daseins erklärt. Abschließend wird wieder mit «Amen» geantwortet (C 9) und der Schluß der Ausführungen eingeleitet, der, bedingt durch den Erhaltungszustand des Textes, bisher unklar geblieben ist. Matthäus richtet die ausklingenden Worte an Jesus (C 11 f.) entweder in Form einer Frage oder in einer Art Fluch gegen denjenigen, der sich diesem Text widersetzen wird.

Die Betonung der Sonderstellung, die Ägypten unter den Ländern der Welt einnimmt, lässt auf Ägypten auch als geistige Wiege dieses Textes schließen. In ähnlich eigentümlicher Weise wird zu Beginn eines koptischen Fragments – eines Encomiums auf Pachomius den Großen (im *A. S. Pushkin State Fine Arts Museum* in Moskau) – die Höllenfahrt Christi mit Ägypten verknüpft, in diesem Falle mit der ägyptischen Unterwelt. Dieser sahidische Text spricht von der Rechtfertigung Ägyptens durch Christus, der die ägyptische Unterwelt überwindet und auf diese Weise das von allen Ländern am meisten verachtete Land Ägypten rehabilitiert und zu neuem Ansehen bringt. Die Absicht des Kölner Textes scheint eine ebensolche zu sein.

Vom Inhalt des Textes abgesehen, gibt auch das Papyrusformat zu denken. Größe und Gestaltung der schmalen Streifen lassen die Vermutung zu, es könne sich um eine Art Miniaturrolle gehandelt haben, die man – vielleicht als Amulett – wenn nicht am Körper selbst, so doch im Gepäck bei sich tragen konnte. Der beidseitig beschriebene Papyrusstreifen wurde vielleicht einst in den einseitig beschriebenen als Mittelblatt mit eingerollt, so dass sich eine kleine Rolle von 8,7 cm mit maximal einem Zentimeter Durchmesser ergeben würde.

1 Die Erstedition des Textes «Über Ägyptens Sonderstatus vor allen anderen Ländern» findet sich in: M. Gronewald, K. Maresch und C. Römer (Hrsg.), *Kölner Papyri* Band 8, Opladen 1998, 183–200.

Übersetzung des Textes

Abschnitt A I: Danach sprach er über das Land Ägypten. (2) Er segnete es und sprach:
«Du (3) aber, Ägyptenland, du bist als letztes der 72 Länder hervorgetreten. (4) Du bist durch den Willen des Vaters bestimmt worden. (6) Du wirst unter dem Segen all der Meinigen sein. (7) Meine 12 Söhne werden dich besuchen. (8) In (ein paar) Monaten werden sie dir alle gehorsam sein, die Väter der 72 Länder. (10) Die Flügel der Winde, die eingesperrt in ihren Schatzkammern sind, werden dir zum Atem werden. (12) Die mit den Kronen der Länder werden dich ehren.

Abschnitt A II: Du wirst mir zum Fußschemel werden, am Tage deines Erbes im (Monat) Paschons. (2) Deine segenspendenden Brüste werden in deinen Flüssen sein. An Früchten wird es in dir niemals mangeln. (3) Da ich es bin, der dich hat hervorbringen lassen, werden diejenigen, die gefallen sind, neidisch auf dich sein. (4) Sie werden ihre Gesetzlosigkeiten zahlreich machen auf dir. Wirf die Tugendlosen fort von dir! (5) Ich selbst aber werde dein Gedenken nicht hinter mich stellen, sondern ich werde dich vernichten. (6) Wegen der Gesetzlosigkeiten werden die Todesfälle über dich kommen. Und die neuen Kräfte, zum 3. Mal, werden Rechtssatzungen (über dich) bringen. (7) Du Heiliges (Land), in dir werden die 3721 Märtyrer sein, die ihr Blut um meines Sohnes willen vergossen haben. (9) Der Glaube und die Liebe werden dir zum Eckstein werden. (10) Du wirst in der Herstellung der Throne für meine Gerechten leuchten, die man in dir aufstellen wird. (11) Beschränkungen sollst du nicht [ ] vornehmen, bis du die gebierst, mit denen du schwanger bist. (12) Du wirst dich freuen (zugleich) mit denen, die über ihren Fall seufzen.

Abschnitt B: Alle Baumarten, die im Paradies sind, werden in dir gepflanzt werden, bis zu 733. 12 Sonnenstrahlen werden über dir leuchten; (2) und was die anderen 71 (Länder) betrifft, so sind es (nur) 7 Sonnenstrahlen, die ihnen leuchten. Dein Licht wird um 5 Strahlen größer sein als das ihre. (3) Die Kindheit meines Sohnes wird in dir stattfinden, 3 Jahre und 11 [Monate] lang. Wenn ihn deine Feinde verfolgen, wirst du seine Mysterien hören. (4) In jenen

Tagen [wird er dir] seine Quelle als Pfand [geben]. (5) Alle 50 Jahre wirst du von ihm gesegnet werden. Mein Sohn wird dich [am] 7. Tag besuchen. (6) Meine dienstbaren Geister werden allzeit in dir bleiben, von nun an bis in Ewigkeit.

«[Sprecht] alle [mit] einer [Stimme]: ‹Amen!›» (7) Nachdem er mit dem Aussprechen dieser geheimen Segenssprüche über das Land [Ägypten] zu Ende gekommen war, [nahm er] ein Siegel und siegelte (segnete) seine Handvoll Erde (ägyptischer Erde) mit 3 Siegeln (im Namen des Vaters und des Sohnes und des Heiligen Geistes). (8) 71 Handvoll Erde aber siegelte er mit nur einem Siegel. (9) Denn Michael hatte alle Länder hervorgebracht. Er hatte ein wenig von jedem Land genommen und es dem Vater hinauf gebracht. (10) Der segnete jedes einzelne gemäß seiner Würdigkeit. Nachdem aber 71 Engel herbeigeholt worden waren, (11) gab er einem jeden von ihnen eine Handvoll, damit er sie nehme und in dem jeweiligen Land zum Fundament mache.

Abschnitt C: Der Name einer jeden Handvoll (Erde) ist (gleichzeitig) der Name des Landes und der Name des Engels, der darüber eingesetzt ist. (2) Mir aber gab er die Handvoll ägyptischer Erde. Er ließ mich meinen Namen darauf schreiben. Er nahm sie und machte sie zum Fundament des ägyptischen Bodens.

(3) Als in Eden, in den Gegenden des Aufgangs, noch Adam geschaffen werden sollte, wurde auch von der Handvoll ägyptischer Erde genommen, die (zu diesem Zeitpunkt) noch in Eden war. (4) Der Vater schuf (ihn), zusammen mit mir, weil ja mein Name es ist, der auf ihm (der Erde Ägyptens) [ist ...]. (5) Deswegen trat ich hervor zu Adam hin, der alle Länder gefüllt hatte. Und wir werden meine Erbschaft in ihm (auf ägyptischem Boden) antreten, (6) zusammen mit den Meinigen (eigenen) allen, denn von ‹ihm› (dem ägyptischen Boden) stammen sie seit dem Urbeginn ab. Da aus allen Ländern herausgenommen und in den Boden Ägyptens gegeben worden ist, (7) nahm Gott also Adam aus der ägyptischen Erde und ließ ihn alle [Länder] füllen. (8) Wer immer nun siegreich sein wird in jedem Land, dessen Ort des Erbschaftsnehmens ist das Land Ägypten, eine [Erbschaft] bis in alle Ewigkeit.

(9) Wir antworteten vor dem Vater und sagten: «Amen», nachdem wir [über ihn] – vor dem Vater – zu Anfang gesagt hatten: (10) «Du wirst dein Erbe auf ihm (dem ägyptischen Boden) antreten.»

Ebenso [ ] (11) Matthäus antwortete und sprach zum Heiland: «Herr, verflucht ist also der, der zum [Zeugen gegen (zum Zeugen für) die Geheimnisse] und alle Dinge werden wird, die auf dem Boden Ägyptens sind.»

DIE HEILIGE FAMILIE IN ÄGYPTEN

Alttestamentliche Vorbilder und Aspekte

Heinz-Josef Fabry

Die ägyptischen Christen verehren als ihren Kirchengründer den Evangelisten Markus. «Doch über die Apostolizität ihres Christentums hinaus sehen sie ihr Land unmittelbar mit der Heilsgeschichte verbunden. Nach dem Neuen Testament fand die Heilige Familie auf der Flucht vor der Verfolgung in Ägypten Zuflucht. Und gleich Jerusalem und Palästina weist die ägyptische Lokaltradition viele Orte vor, die Jesu Spuren tragen. ... Als heiliger Berg ... gilt bei den Kopten ihr zentraler Wallfahrtsort, das seit dem 7. Jahrhundert bezeugte Heiligtum von Qusqâm ... in Mittelägypten. Dort soll nicht nur die Heilige Familie längere Zeit gewohnt, sondern Christus nach seiner Auferstehung die erste Kirche der Christen geweiht und die erste Eucharistie gefeiert haben. Wer immer als auswärtiger Historiker die Geschichte der koptischen Kirche und ihres Gottesdienstes zu skizzieren sucht, muss also wissen und wissen lassen, dass er auf seine Weise das Selbstverständnis dieser christlichen Gemeinschaft nur unvollkommen einzufangen vermag»[1].

Die Literatur über diese «Basis-Tradition» der Koptisch-Orthodoxen Kirche lässt sich naturgemäß kaum noch überblicken, gehören doch die reich bebilderten Darstellungen vor allem koptischer Provenienz[2] zu den Standard-Auslagen in den koptischen Kirchen und Klöstern wie auch zur homepage[3] des Patriarchen in Kairo. Im englisch- und deutschsprachigen Bereich sind vor allem die Beiträge von Otto F.A. Meinardus zu nennen[4] sowie der umfangreiche Beitrag von Peter Nagel über Josef, den Zimmermann, im RAC[5].

Seit alters her gehört neben dem Mönchtum die Pflege der christlichen Familie zu den Hauptaufgaben, die sich die koptische Kirche gestellt hat: die starke Bindung innerhalb der Familie, die Respektierung der Eltern und der alten Menschen, die wichtige Bedeutung der Frau innerhalb der Familie und die Sorge um die rechte Erziehung der Kinder. Es kommt daher nicht von ungefähr, wenn sie deshalb die Heilige Familie auch schon in der Entstehungsphase ihrer Kirche zentral agieren sieht. Erstaunlich ist dagegen, dass die westlichen Kirchen die wenigen Notizen in den Evangelien über die Heilige Familie erst ab dem 17. Jahrhundert in den Blick genommen haben. Bis dahin galt das traute Miteinander von Jesus, Maria und Josef eher als eine Randerscheinung im Schatz des christlichen Glaubens. Erst im 19. Jahrhundert, als in Europa die Zahl der Auflösung vieler Ehen und Familien sprunghaft anstieg, wurde die praktische Theologie aufmerksam auf die Heilige Familie und nahm sie als hilfreiches Vorbild für das vielfach gefährdete Familienleben. Der römische Papst Benedikt XV. führte 1920 das Fest der Heiligen Familie in den römischen Kalender ein, damit die Christenheit an diesem Tag die

Heilige Familie als «leuchtendes Vorbild in Frömmigkeit, Eintracht und verbindender Liebe» verehre[6].

Der vorliegende Beitrag – hervorgegangen aus einer Vorlesung am «Dies Academicus» der Universität Bonn – stellt sich die Aufgabe, das wissenschaftlich Relevante der alten christlichen Tradition der Flucht der Heiligen Familie nach Ägypten zusammenzustellen und zu sichten. Ich bin mir dabei bewusst, dass allein schon das weitgehend außerbiblische und apokryphe Quellenmaterial dem historisch-kritisch argumentierenden Exegeten einiges abverlangt, aber der ökumenisch denkende Christ ist diesen Überlieferungen, die gerade für die koptische Frömmigkeit so wichtig sind, Respekt schuldig. Neben den je schon von Meinardus beigezogenen Quellen hat die gegenwärtige papyrologische Forschung neuere Erkenntnisse beigesteuert, die das weitgehend als legendarisch Abqualifizierte mit neuen Augen sehen lassen können: es handelt sich exemplarisch um den – in diesem Buch von Gesa Schenke vorgestellten – Kölner Papyrus 354 und um eine Neubewertung der koptischen Matthäus-Tradition.

1.) Die «Flucht nach Ägypten» bei Mt

Man wird nicht fehlgehen, wenn man behauptet, dass die lateinische Kirche den Bericht vom Zug der Heiligen Familie nach Ägypten tatsächlich nicht zu ihren zentralen Glaubensgeheimnissen rechnet. Das verwundert nicht, ist doch dieses Ereignis ausschließlich im Evangelium des Matthäus (Mt 2,13-15) bezeugt in einem kurzen Textstück, das zudem von den neutestamentlichen Wissenschaftlern gerne als redaktionelle Einfügung in den Grundtext des Evangeliums betrachtet wird. Die sonstigen Schriften des Neuen Testamentes wissen von diesem Ereignis nichts. Die Kindheitsgeschichte des Evangelisten Lukas berichtet nur die uns allgemein bekannte Weihnachtsgeschichte im Stall von Betlehem. Diese Fassung hat in der Rezeptionsgeschichte bis heute die dominierende Rolle eingenommen.

Der Evangelist Matthäus berichtet als einziger von der Gefährdung des soeben geborenen Jesuskindes durch die Nachstellung des Herodes, der sich die Heilige Familie durch eine Flucht nach Ägypten entzieht. Sie kehrt von dort erst nach dem Tod dieses grausamen Herrschers zurück. Im unmittelbaren Kontext der Erzählung von der Geburt des Erlösers wirkt die Perikope von der Flucht nach Ägypten wie eine Kontrastszene: Nach der Huldigung durch die Magier und der damit gegebenen Anerkennung der Messianität Jesu durch ausländische Potentaten musste dieser Messiaskönig vor den Nachstellungen des Herodes fliehen[7]. Der Evangelist setzt dieses

Ereignis in den Gesamtzusammenhang seines eigenen vom Judentum geprägten Denkens. Danach steht – schon von den Büchern des Alten Testamentes voraus verkündet – der Messias unter dem besonderen Schutz Gottes. Erst recht wird Gott diesen Schutz jetzt gewähren, da der Messias zugleich sein eigener Sohn ist. Dadurch dass die Erzählung von der Flucht nach Ägypten durch die Botschaft des himmlischen Engels eingeleitet (v. 13) und abgeschlossen (v. 17) wird, bildet sie eine Art Midrasch, der Gottes Schutz und Führung für seinen Sohn aufzeigen soll.

Um seinen judenchristlichen Lesern dies vor dem Hintergrund ihrer eigenen jüdischen Glaubensüberzeugung deutlich zu machen, greift Matthäus auf die jüdischen Mose-Traditionen zurück, um mit Blick auf Moses als den Begründer der jüdischen Religion und als den Retter Israels aus der Knechtschaft Ägyptens Jesus nun als den neuen und endzeitlichen Retter herauszustellen. Diese Verbindung gelingt deshalb um so leichter, weil auch damals der ägyptische Pharao eine Ermordung der Erstgeborenen der Hebräer angeordnet hatte, aus der Moses gerettet werden konnte[8]. Gelang die Rettung des Mose noch aus einer listigen Zusammenarbeit zwischen ägyptischer Prinzessin und hebräischen Ammen, so ist es jetzt Gott selbst, der die Rettung seines Sohnes anordnet. Jesus ist eben größer als Mose! Unübersehbar ist die Absicht des Evangelisten oder seines Redaktors, Jesus als den erwarteten Messias herauszustellen, wenn er die Ankündigung des Propheten Hosea «Aus Ägypten rief ich meinen Sohn» (Hos 11,1) nun an den Abschluss seines kurzen Berichtes stellt. Damit ist der heilsgeschichtliche Bogen geschlossen!

Viele Exegeten nun sind der Meinung, dass diese vielen Anklänge an die Errettung des Mose und die kunstvolle Ausgestaltung der Erzählung keinen anderen Schluss zulassen, als habe die Erzählung von der Flucht nach Ägypten keinen historischen Rückhalt, sie sei vielmehr reine Schreibtischarbeit des Matthäus und seiner heilsgeschichtlichen Argumentation entsprungen. Das erkläre auch, warum die übrigen Evangelisten diese Geschichte nicht berichtet haben. Abgesehen von der Insuffizienz einer solchen Fragestellung ist nun nicht zu übersehen, dass die Bezeugungen einer Rezeption dieser Tradition schon recht früh einsetzen: Kirchenväter, apokryphe Schriften und naturgemäß die Predigten der frühen Bischöfe von Alexandria, Antiochien u.a. bezeugen, dass schon unmittelbar im Frühchristentum eine starke Tradition von einem Aufenthalt der Heiligen Familie in Ägypten bestanden hat, die dann naturgemäß in den Überlieferungen der ägyptischen Christen besonders gepflegt wurde. Der frühe Einsatz, die Stärke und die Verbreitung dieser Tradition sowie auch die jüdische Polemik dagegen sind meines Erachtens überzeugende Argumente für eine echte historische Verwurzelung zumindest dieser Tradition.

2.) Die ekklesiologische Funktion der Tradition von der «Flucht nach Ägypten»

Schon bei der Darstellung des matthäischen Midrasch habe ich darauf hingewiesen, dass es dem Evangelisten gezielt darum ging, in seiner Darstellung Jesus in die «elementaren Traditionen Israels» einzubinden, ihn als den neuen und größeren Mose, als den «Repräsentanten eines neuen Exodus»[9] aus der Sünde und die christliche Kirche als das neue und größere Israel herauszustellen. Diese ekklesiologische Ausgestaltung steht in einem umfangreichen Kontext, der Jesus Christus und seine Kirche typologisch im Alten Testament vorgezeichnet findet.

Die Erzählung von der Flucht nach Ägypten ist voll solcher Elemente, die uns die starke literarische Durchgestaltung des Textes vor Augen führen:
– Es fängt schon an mit der Ankündigung der Geburt Jesu (Mt 1,22f. mit Verweis auf Jes 7,14) in Betlehem (Mt 2,6), die als Erfüllung der Prophetie von Mi 5,1 verstanden werden soll.
– Der Mord an den Kindern (Mt 2,18) wird gedeutet mit Hinweis auf die Klagen Rachels über ihre Kinder (Jer 31,15), muss aber auch mit dem Kindermord unter dem Pharao der Bedrückung zusammen gesehen werden (Ex 1,15-22).
– Der Hinweis auf Hos 11,1 «Aus Ägypten habe ich meinen Sohn gerufen» in Mt 2,15 ist als Schriftbezug insofern interessant, als er das korporative Verständnis bei Hosea («Sohn» als Bezeichnung für Israel) nun auf Jesus bezieht und ihn damit ebenfalls als korporatives Israel verstanden wissen will.
– Der neutestamentliche Josef wird zweimal Adressat einer Vision (Mt 1,20f. und 2,19f.). Auf diese Weise wird er dem alttestamentlichen Josef, dem «Träumer im Alten Testament»[10], nachgestaltet (vgl. Gen 37,5f. und 37,9f.).
– Als unmittelbares Vorbild für die Flucht nach Ägypten kann die Ägyptenreise des Moses mit seiner Familie angesehen werden. Ex 4,19f. heißt es: «JHWH sprach zu Mose: Mache dich auf und ziehe nach Ägypten, denn alle, die dir nach dem Leben getrachtet haben, sind tot. Da holte Mose seine Frau und seine Söhne, setzte sie auf einen Esel und trat den Weg nach Ägypten an. Den Gottesstab hielt er in der Hand». Nicht nur findet sich der Text nahezu wörtlich wieder im zweiten Traum des Josef (Mt 2,19f.), er bildet auch die Basis für die ikonographische Rezeption.

– Die beliebte – aber biblisch nicht bezeugte – Vorstellung, dass die Mutter Maria mit dem Jesuskind auf einem Esel reitet, soll an die Prophezeiung Sach 9,9 erinnern, wonach der Messias auf einem Esel in Jerusalem einreiten wird (vgl. Mt 21,5).

3.) Die Flucht der Heiligen Familie nach Ägypten in den koptischen Überlieferungen

Die frühen Traditionen der ägyptischen, griechischen und vor allem armenischen Christen haben die Flucht nach Ägypten mit Lokaltraditionen, Ortssagen, Quellwundererzählungen, Palmen-Märchen, Rettungswundern aus beduinischer Überlieferung etc. reich ausgestaltet[11]. Es kann hier nicht darum gehen, die Wanderung der Heiligen Familie lückenlos durch das Delta und das Wadi Natrun bis weit nach Oberägypten zum Berg Qusqâm in der Nähe von Assiut zu verfolgen und alle Stationen aufzuzählen. Solche Beschreibungen, Bilder und Landkarten sind in der oben verzeichneten Literatur reichlich vorhanden. Im Folgenden soll es nur um einige Beispiel-Etappen gehen, um die Eigenart der Überlieferungen exemplarisch darzustellen.

Recht bald wird deutlich, dass die Schilderungen mit einer alttestamentlichen Vorgabe besonders liebäugeln, mit dem Drohwort gegen Ägypten Jes 19,1-15 und seiner nachjesajanischen Fortschreibung in Jes 19,16-25, einer lockeren Sammlung von Sprüchen, in denen die Umkehr Ägyptens zu Gott und der Bau eines Altares «mitten im Land Ägypten» angekündigt wird. Genau diese Prophezeiung aus dem Jesajabuch – der Grundbestand entstand wahrscheinlich zeitgleich mit der ausgehenden 22. Dynastie und den Wirren am Ende der Regierungszeit des Pharao Osorkon IV. – werden von den legendenhaften Ausgestaltungen der Flucht der Heiligen Familie nach Ägypten eingeholt.

Von Betlehem floh die Heilige Familie durch die Wüste Juda ins Jordantal, wo die griechisch-orthodoxen Mönche im Gerasimos-Kloster von **Kalamonia** (*Ein Hağla*, unweit der späteren Taufstelle Johannes des Täufers) den ersten Aufenthaltsort vermuten. Von dort zog sie nach dem Armenischen Kindheitsevangelium nach **Askalon**. Der Aufenthalt in Askalon erinnert an die Simsonerzählung (Ri 14). Daran schließt sich ein Aufenthalt in **Hebron** an, in der uralten Stadt der Patriarchen Abraham und Isaak und ihrer Frauen Sarah und Rebekka (Gen 23) und ihren Grabstädten in der Höhle Machpela. Die nächste Station war **Gaza**, was an den Richter Simson und seine Frau Delilah erinnert (Ri 16). Hier soll die Heilige Familie in der Nähe des Gebel Muntar (?) gewohnt haben. Diese Route hat wegen der vielen Richtungsänderungen kaum Chancen einer historischen

Richtigkeit, vielmehr wollen die Legenden im Modus der Wanderung ursprünglich selbständige Lokaltraditionen einholen.

Die Überschreitung des «Grenzbach-Ägyptens» (*Wadi el-Arish*) zur Stadt **Tachpanes (Pelusium,** später **Farama)** erinnert an eine judäische Flüchtlingsgruppe zur Zeit der Bedrohung Jerusalems durch die Babylonier (Jer 43,5-8). Eine Lokaltradition über den Aufenthalt in Tachpanes existiert seit dem 8. Jh. Die Überquerung der Landenge von **el-Qantara** erinnert an die Ägyptenreise der Jakob-Familie (Gen 12,10), obwohl bibelwissenschaftlich keine Bezüge sichtbar gemacht werden können. Anschließend kamen sie – nach Auskunft des koptischen Synaxarium («Heiligen-Kalender») – nach **Bubastis** (*Tell el-Basta*; heute **Zagazig**), wo angesichts der Heiligen Familie die Götterbilder umfielen. Über die Schwierigkeiten der Heiligen Familie mit den Bewohnern und über die Entdeckung einer Quelle mit schmerzlinderndem Wasser für die Einwohner von Bubastis berichtet auch das arabische Kindheitsevangelium (s.w.u.). Hier soll auch ein Zusammenstoß mit Wegelagerern (Dumachus und Titus, sinnigerweise später die beiden Schächer am Kreuz; Mt 27,38) stattgefunden haben, die dem Jesuskind die Sandalen gestohlen haben. – Die nächste Station ist **Bilbais**, wo das Jesuskind einen Beerdigungszug anhielt und den Verstorbenen auferweckte, dieser ihn dann als den wahren Gott und Heiland der Welt erkannte und pries (vgl. Mk 15,39b). Schon seit dem Mittelalter haben christliche Pilger und Muslime hier den «Marienbaum» verehrt. – Hier nun scheiden sich zum ersten Mal die Geister: nach der einen Meinung zog die Heilige Familie nach Süden weiter bis nach **Mostorod** in der Nähe von Heliopolis, von dort ostwärts wieder nach **Bilbais**. Nach anderen zog die Heilige Familie nordwärts nach **Samannûd** am Damiette-Nilarm. Hier ist die Kirche des Apa Nûb auf den Fundamenten einer alten Marienkirche errichtet, die den Wohnort der Heiligen Familie markiert. – Der Weg führt weiter nach **Sakhâ**, wo Jesus auf einem Stein seinen Fußabdruck hinterließ (*Bikha Isus* «Fußabdruck Jesu»). Die Routenzeichner lassen die Heilige Familie jetzt noch einen großen Umweg über **Belqas** machen, um das koptische Kloster Deir Sitt Demiana (ein Frauenkloster bei Mansura mit hoher koptischer Akzeptanz) einzubeziehen. Dieser Umweg wird mit der Auskunft des Bischofs Zacharias von Sakhâ (7. Jh.) begründet, der von einem Zug der Heiligen Familie bis nach Burullus am Mittelmeer östlich von Rosetta zu berichten wusste. – Hier überquerte die Heilige Familie den Rosetta-Nilarm und gelangte zum **Wadi Natrûn**, wo Jesus zu seiner Mutter gesagt haben soll: «Höre, Mutter, in dieser Wüste werden viele Mönche, Asketen und Kämpfer mit geistlichen Waffen wohnen und sie werden Gott dienen wie die Engel». Die Süßwasserquelle von *el-Homra* im Wadi wird auf ein Quellwunder Jesu zurückgeführt. – Von hier aus zog dann die Heilige Familie nilaufwärts und gelangte zur jüdischen Kolonie von Leontopolis nach **Matariyah** (Heliopolis). Hier habe Jesus den Stock des Josef in kleine Stücke zerbrochen, diese eingepflanzt und auf diese Weise einen Balsam-Hain angepflanzt, dessen Produkte auch heute noch zur Herstellung des Chrisam verwendet werden. Zur Bewässerung habe er eine Süßwasser-Quelle hervorsprudeln lassen. Die Wasser dieser Quelle zogen bereits die Mamelucken an, die hier ein komfortables Gästehaus errichteten. Daneben wurde auch ein alter Maulbeerfeigenbaum verehrt. Heute befindet sich hier eine Jesuitenkirche. Mit dem Ort werden auch Marienerscheinungen verbunden. Die vorerst letzte Marienerscheinung geschah hier am 2. April 1968. – Die Heilige Familie zog weiter nach **Hârat Zuweilah** in Kairo. Auch mit diesem Ort wird ein Quellwunder verbunden; eine Marienkirche wurde hier errichtet, die im 15. und 16. Jh. als Residenz des koptischen Patriarchen diente. Im weiteren Verlauf bemühte sich die Tradition, die vielen koptischen Kirchen im Bereich des alten Fustat als Etappenziele der Heiligen Familie zu benennen, wobei es durchaus zu Klitterungen, Verwechslungen und Konflationen kommen konnte. Aus diesem Traditionswirrwar ergibt sich gleich schon die nächste Unstimmigkeit: nach den einen zog die Heilige Familie südwärts nach **el-Maʿadi** am östlichen Nilufer, nach anderen überquerte sie den Nil und gelangte nach **Giza**; hier geschah das Wunder einer fruchttragenden Palme. Danach habe sie erneut den Nil überquert, um an das Ostufer südlich von Kairo nach **el-Maʿadi**[12] zu gelangen, wo die Marienkirche diese Etappe bezeugt. Das Wunder der im Nil schwimmenden Bibel (1976) soll an die Auffindung des Mose im Schilfkorb Ex 2,5f. erinnern und an den Segensspruch über Ägypten (Jes 19,25). – Von hier aus schiffte sich die Heilige Familie nach Oberägypten ein und gelangte in der Gegend von Beni Suef nach **Ahnassiah el-Medina**, wo es wiederum zu einem Dattelpalmenwunder kam. – Der nächste Halt hieß Baysus (*Bet Iyasus*), heute **Deir el-Ganûs,** mit dem merkwürdigen Brunnen, mit dem die Kopten schon vor einigen Jahrhunderten das Nilhochwasser voraus berechnen konnten. Das Dorf ist berühmt wegen seiner Marienwallfahrten. – Nur 10 km südlich liegt **Oxyrhynchos**, heute *al-Bahnasa*. Besonders die Muslime verbinden mit diesem Ort die Anwesenheit der Heiligen Familie. In der Schule dieses Dorfes sollte der 9 Monate alte Jesus das Alphabet lernen, erwies sich dabei aber als weitaus klüger als sein Lehrer. – Weitere 35 km südlich liegt der Gebel et-Teir (mit dem Händeabdruck Jesu, da das Jesuskind einen herabstürzenden Felsbrocken zurückhielt) und das Dorf **Samalût**. Die Marienkirche dieses Ortes ist berühmt wegen der vielen Wallfahrten. – Die Heilige Familie zog weiter nach Süden nach *el-Alshmonin*, das ist **Hermopolis Magna**, mit ihrem mächtigen Markt, wo die Götzenfiguren zerbrachen und umfielen, als die Heilige Familie in die Stadt einzog. – Die oberägyptische Bischofsstadt **Dairût** erinnert an Wunderheilungen und Geistaustreibungen durch den Jesusknaben. – Nicht weit davon entfernt liegt **al-Qusia**, wo ebenfalls die Götzenbilder zerbrachen. Als man die Heilige Familie aus dem Ort vertreiben wollte, sprach Jesus einen Fluch über das Dorf und seine Bewohner. – Unweit davon rastete die Heilige Familie im Dorf **Meir**, wo sie von den beiden Wegelagerern aus Bubastis eingeholt wurde, die sie nun gehörig bestahlen. Jesus sieht voraus, dass diese beiden Diebe zusammen mit ihm gekreuzigt werden. – Nicht weit davon entfernt lässt Jesus einen ausgetrockneten Brunnen wieder Wasser führen. Hier wohnte die Heilige Familie in einem Haus, das später das «Marienkloster» **Deir al-Muharraq** wurde. Dieses Kloster liegt am Fuß des Berges **Qusqâm**, wo die Heilige Familie 6 Monate lebte. Hier hatte Josef den zweiten Traum, in dem ihm der Engel die Rückkehr nach Israel befahl.

Der Rückweg führte sie seltsamerweise zuerst noch ein Stück nach Süden, nach **Assiut**. Nachdem sich die Heilige Familie hier aufgehalten hatte, wurden die Grotten der alten pharaonischen Nekropole in Eremitagen und Kapellen umgewandelt. – 100 km südlich von Assiut liegt das **Wadi el-Ein** mit einer bedeutenden Heilquelle, wo die Heilige Familie sich vor den römischen Verfolgern in Sicherheit gebracht habe. Auch hier wird deutlich, dass koptische Zentren der späteren Zeit als Additamenta der Route einverleibt werden, obwohl sie geographisch abwegig sind. Die weitere Rückreise gestaltet sich jetzt wie ein systematisches Einholen der Ortstraditionen, die aus irgendwelchen Gründen nicht mehr in der Herreise unterzubringen waren. Besonders dichte Ortstraditionen werden erst durch die Routenführung der Rückreise möglich. Wieder wohnte die Heilige Familie in Fustat, in einer Höhle in «**Babylon**» (d.i. die jüdische Kolonie in Alt-Kairo), über die heute die Kirchen des hl. Sergius (Abu Serqah) und des hl. Bacchus gebaut sind. Ein zweiter Aufenthaltsort wird durch die Marienkirche «Babylons von den Stufen» (**al-Adra bi Babylun ad-Darag**) markiert. – Der Weg führte zurück über Matariyah nach **Musturud**, wo die Heilige Familie in einer Höhle gewohnt und in einer Quelle gebadet habe. Beide werden heute in der Krypta der dortigen Marienkirche gezeigt. – Schließlich führte der Weg dann weiter über Bilbais und das Wadi et-Tumilat über die alte Karawanenstraße nach Osten nach Palästina zurück, wo Josef seine Familie – so eine sonst unbekannte Sondertradition –

aus Angst vor Menelaos nicht nach Judäa, sondern nach Nazaret in Galiläa zurückführte, was in Mt 2,23 mit einer Stichwort-Assoziation (Nazaret – Nasoräer) begründet wird.

Das gesamte Reise-Itinerar zeigt gattungsgeschichtlich keinerlei Besonderheit und passt sich ein in die biblischen Vorbilder der Patriarchenzeit und in die kirchengeschichtlichen Parallelen der Reiseberichte etwa der Nonne Egeria (381-384 n. Chr.). Auffallend ist lediglich, dass die Sammeltradition der Reise der Heiligen Familie durch Ägypten noch offen ist für die Anlagerung moderner Traditionen aus der jüngsten Vergangenheit etwa die Ortstraditionen von Matariya (Marien-Erscheinungen), el-Maᶜadi (Wunder der schwimmenden Bibel) u.a. Auch Lokaltraditionen, die ursprünglich nichts mit der Reise der Heiligen Familie zu tun haben (z.B. Deir Sitt Demiana, Assiut, Deir Durunka, Akhmim, Wadi al-Ain), wurden im Laufe der Zeit in das Itinerar integriert, das damit zu einem Jahrhunderte lang entstandenen Sammelwerk mutiert.

Ist damit für den historisch-kritisch argumentierenden Wissenschaftler das literarische Problem offenkundig, so nimmt er doch respektvoll wahr, dass die Heilige Synode mit großer Bewunderung auf diese mühevolle Reise schaut, in der die Heilige Familie in drei Jahren mehr als 2000 Kilometer zurücklegte. «Den größten Teil des Weges bewältigten sie zu Fuß, den Strapazen auf steinigen Wegen, der Sommerhitze und der nächtlichen Kälte, Hunger, Durst und der Verfolgung ausgesetzt»[13]. Die hier angesprochene Wirklichkeit spiegelt die Realität des täglichen Lebens des koptischen Christen wider, die auf die Heilige Familie betrachtend und betend appliziert wird in der frommen Erwartung, dass das eigene Leben dadurch ebenfalls geheiligt werde, denn Gott hat in der Gestalt seines Sohnes genau diese Mühen ebenfalls auf sich genommen, sie durchgemacht und getragen. Auch der heilsgeschichtliche Stellenwert Ägyptens kommt hier voll zum Tragen: Hier wurde die Größe des Mose und die je größere Größe des Messias Jesus offenbar: «Schließlich wird der christlichen Gemeinde die Befreiung Israels aus der ägyptischen Knechtschaft (beim Paschafest stets neu dankbar feiernd erfahren) vor Augen stehen: Wie Gott Israel, seinen «Sohn» aus Ägypten herausrief, so jetzt Jesus, seinen wahren Sohn. Die Flucht nach Ägypten wird zum Zeichen für den Messias-Retter, der Mose übertrifft. In ihm erfüllt sich auch der Weg Israels»[14]. Und schließlich darf der ekklesiologische Aspekt nicht übersehen werden: die erste Tat Jesu bestand darin, Ägypten zu besuchen und seine fremden Götter zu stürzen. So ist es nur recht, dass der Kirche Ägyptens eine primäre Rolle zukommt. Hier mögen durchaus leidvolle historische Erfahrungen der frühen ägyptischen Kirche im Umkreis der christologischen Konzilien angesichts byzantinischer Dominanz eine Rolle spielen. Ganz sicher ist es jedenfalls schon früh in der ägyptischen Kirche zu einer Gegenbewegung gekommen, die ein neues Selbstbe-wusstsein auch mit theologischen Argumentationen erstrebte. Hier wäre es dringend wünschenswert, dass die alten Handschriften-Bestände der Bibliotheken des koptisch-orthodoxen Patriarchates einerseits und der koptisch-orthodoxen Klöster andererseits systematisch aufgearbeitet werden. An dieser Stelle können erste positive Ansätze bereits dankbar genannt werden. In jedem Falle aber wäre es an der Zeit, dass das «Tischendorf-Syndrom»[15] endlich nachhaltig überwunden wird.

4.) Die «Flucht nach Ägypten» in den neutestamentlichen Apokryphen

a.) Mit der Abfassung der beiden Evangelien des Mt und des Lk gehen beide Versionen vom Schutz des neugeborenen Gottessohnes (Flucht nach Ägypten – Verbergen in der Krippe) ihren eigenen Weg. Die noch knappe Notiz des Lukas vom Jesuskind in der Krippe wurde breiter ausgestaltet im **Protoevangelium des Jakobus** (um 150 n. Chr. in Ägypten entstanden)[16], das damit ein Fortleben der lukanischen Version im Ägypten des 2. Jh. bezeugt.

b.) Es erscheint mir eine Betrachtung wert zu sein, dass die Koptisch-Orthodoxe Kirche in der Sukzession des heiligen Markus steht, daneben aber besonders intensiv aus der Tradition des Matthäus-Evangeliums schöpft. Hier wurde jüngst ein neues Forschungsfeld eröffnet, das aus dem Fund einer koptischen Matthäus-Handschrift resultiert. Diese Handschrift liegt inzwischen in der Edition von Hans-Martin Schenke[17] vor. Da der erhaltene Text erst mit Mt 5,38 beginnt[18], ist der Codex unserer Frage nicht dienlich, zeigt jedoch die Pflege der matthäischen Tradition in der frühen koptischen Kirche und bietet ein Beispiel eines Textes aus der Frühstufe der freien Übersetzungen.

Natürlich hat die knappe Notiz des Evangelisten Matthäus in der gläubigen Nachwelt viele Fragen entstehen lassen, die förmlich nach Antworten schrien. Die Schwerpunkte der Nachfrage liegen auf der Hand: man fragte nach der Jungfrauschaft Mariens und nach der Rolle des Josef. Daran entzündete sich das Interesse, und es wurden ganze Sammlungen von Spekulationen zusammen gestellt. Das sog. **«Nazaräer-Evangelium»** (aus Zölesyrien, Aleppo, 1. Hälfte des 2. Jh.) scheint ebenfalls die matthäische Fassung gekannt zu haben, denn Hieronymus zitiert aus Mt 2,15 das Reflexionszitat Hos 11,1 «Aus Ägypten rief ich meinen Sohn»[19].

Breiter ausgestaltet wurde die Mt-Version in mehreren apokryphen Schriften: **«Die Geschichte von Josef, dem Zimmermann»** (im 4. Jh. in Ägypten entstanden) dürfte eine christliche Rezeption der ägyptischen Osirisrituale darstellen, um das Leben und vor allem den Tod Josefs zu erzählen und das altägyptische Nilfest durch ein christliches Josefsfest zu ersetzen. Die Schrift hat für die Darstellung der Kindheitsgeschichte interessanterweise dann primär auf das Protoevangelium des Jakobus zurückgegriffen[20]. Da dort aber die für die Vita des Josef wichtige Flucht nach Ägypten nicht erzählt wurde, griff die Josefsgeschichte für die Schilderung der Flucht am Protoevangelium vorbei direkt auf das Matthäusevangelium zurück. Über dieses hinaus wird nun berichtet, dass an der Flucht auch die Salome[21] teilnahm und dass der Aufenthalt in Ägypten «ein Jahr an Tagen» dauerte (VIII, 1-3).

Im **«Leben des Johannes nach Serapion»** (Ägypten, vor 400) lässt sich die Heilige Familie auf Geheiß des Jesusknaben auf einer Wolke aus Ägypten vorübergehend an den Sterbeort der Elisabet nach Judäa fliegen, um diese zu bestatten und Johannes zu trösten[22].

Das **«Arabische Kindheitsevangelium»** (5. Jh.), das auf eine ältere syrische Quelle zurückgeht[23], weiß über die Flucht nach Ägypten viel zu berichten. Es handelt sich um eine fromme Legendensammlung, die Heilungswunder und Quellwunder anführt. Im 23. Kapitel wird berichtet, dass die Heilige Familie auf dem Weg zur Stadt Bubastis im Nildelta in die Hände von zwei Wegelagerern (Titus und Dumachus) fällt, von denen der eine (Titus) ihre Verschonung erreicht. Es handelt sich um die beiden späteren Schächer am Kreuz.

Das im 8./9. Jh. entstandene, aber auf Hieronymus zurückgeführte **«Pseudo-Matthäus-Evangelium»** bietet eine umfangreiche Sammlung von Wunderberichten aus der Kindheitszeit des Jesusknaben. Es nimmt sowohl die lukanische (Kap.14) wie die auch die matthäische Tradition auf (ab Kap. 15)[24] und reichert das gesammelte Legendenmaterial sorgfältig mit Reflexionszitaten aus dem AT an[25].

c.) Schließlich ist offensichtlich auch im Judentum die Tradition vom Aufenthalt Jesu in Ägypten tradiert worden. Diese Tradition ist deswegen besonders beachtlich, weil sie Negatives mit dem Aufenthalt Jesu in Ägypten verbindet. So berichtet Sanh. 107b die anachronistische Erzählung, dass Jesus zusammen mit R. Jehoschua ben Perachja nach Ägypten fliehen musste, um den Nachstellungen des Alexander Jannäus[26] gegenüber den Schriftgelehrten zu entfliehen. Auf dem Rückweg kam es zu einem fundamentalen Mißverständnis[27] zwischen beiden, das in der Aussage der Mischna gipfelt, Jesus habe in Ägypten die Zauberei gelernt, um Israel zu verlocken und zu verführen. Dass es sich tatsächlich um Jesus handeln muss, zeigt die Parallelerzählung in Sota 47a, wo vom «Nazarener» (*hannozrî*) gesprochen wird.

5.) Die Aufnahme der Tradition in den Predigten des 4. und 5. Jahrhunderts

Die große Materialfülle erlaubt nur eine kleine Auswahl, die aber in diesem Falle auch durch die mir verfügbare Literatur vorgegeben ist[28]. Als erstes möchte ich die Ausführungen des Erzbischofs **Cyrill von Jerusalem** (um 350) über die Gottesgebärerin Maria näher betrachten. Cyrill stellt einen umfangreichen Diskurs an über das Leben der Gottesmutter und kommt in diesem Zusammenhang auch auf die Flucht nach Ägypten zu sprechen, über die er erstaunlich viele Einzelheiten zu berichten weiß:

Die Reise entlang der Mittelmeerküste ins östliche Delta wäre nicht zu bewältigen gewesen, wenn dort nicht 20 Herbergen auf dem Weg gewesen wären. Er vergleicht die Reise mit der wunderbaren himmlischen Reise des Habakuk von Jerusalem nach Babylon, wo er dem gefangenen Daniel Brot bringen sollte (Dan 14,33-39). So kam auch die Heilige Familie auf einer lichten Wolke nach Ägypten, die Täler füllten sich vor ihnen auf, und Berge machten ihnen Platz. Das Jesuskind hielt sich drei Jahre in Ägypten auf, wo es den Ägyptern – obwohl selbst noch Säugling – den Willen Gottes lehrte. Nach Herodes Tod sandte Gott einen Boten nach Ägypten, um die Heilige Familie wieder zurückzuholen. Cyrill steht trotz vielem schmückendem Beiwerk ganz in der Matthäus-Tradition, zumal er diesen Teil seiner Predigt ebenfalls mit dem Reflexionszitat aus Hos 11,1 abschließt.

Die Ausführungen des Erzbischofs **Demetrius von Antiochien** (um 380) über die Geburt Jesu Christi und über die Jungfrau Maria gewinnen im Blick auf die eigentliche Fluchtperikope interessante Züge. So war nicht die Nachstellung des Herodes der Grund für die Flucht, sondern die Vernichtung des Götzendienstes in diesem Land und die Errichtung eines reinen Volkes» (Fol. 52a). Ägypten war immer ein großes und mächtiges Land gewesen, aber Götzendienst und fehlende Gottesfurcht hatten es machtlos werden lassen. Die Herabkunft des Gottessohnes macht nun Ägypten zum Zentrum der Völker, die in Scharen herankommen, um Gott zu huldigen.

6.) Der Papyrus Köln Nr. 354

Unter der Inventarnummer 20912 wird am Institut für Altertumskunde der Universität zu Köln ein Papyrus unbekannter Herkunft geführt, der im fayumischen Dialekt des Koptischen geschrieben und aus paläographischen Gründen gegen Ende des 4. Jh. n. Chr. zu datieren ist[29]. Seine ägyptische Herkunft steht völlig außer Zweifel. Da Geza Schenke den Papyrus für diese Publikation neu

und ausführlich gesichtet hat, können hier wenige Bemerkungen genügen, wobei versucht werden soll, den theologiegeschichtlichen Stellenwert des Textes zu erheben.
Der Text steht ganz in der Tradition der ägyptischen Prophetie und spricht eine Prophezeiung über Ägypten aus; nur wenige Zeilen verkünden schlimme Dinge: die Gesetzlosigkeit wird zu Chaos und Vernichtung führen. Dann aber wird eine Heilszeit anbrechen, in der es reichlich Wasser geben wird und Fruchtbarkeit.
«Alle Baumarten, die im Paradies sind, werden in dir gepflanzt werden, bis zu 733. 12 Sonnenstrahlen werden über dir leuchten, über die anderen 71 Länder nur 7 Sonnenstrahlen. Dein Licht wird um 5 Strahlen größer sein als das ihre» (B 1-2). Dann folgt der entscheidende Passus: «Die Kindheit meines Sohnes wird in dir stattfinden, 3 Jahre und 11 [Monate] lang. Wenn ihn deine Feinde verfolgen, wirst du seine Mysterien hören. In jenen Tagen [wird er dir] seine Quelle als Pfand [geben]. Alle 50 Tage wirst du von ihm gesegnet werden. Mein Sohn wird es [am] 7. Tag besuchen[30]. Meine dienstbaren Geister werden allzeit in dir bleiben, von nun an bis in Ewigkeit» (B 3-6).

Bei diesem Text, der sich im weiteren Kontext als Niederschrift eines Zwiegespräches zwischen Jesus und dem Evangelisten Matthäus zu erkennen gibt, erscheinen mir mehrere Dinge wichtig: einmal findet sich hier die Tradition vom Aufenthalt des Gottessohnes in Ägypten in einer Originalurkunde aus so früher Zeit wieder. Damit ist es unzweifelhaft, dass sich die koptische Kirche wohl von Anfang an auf diese matthäische Lesart der Kindheitsgeschichte Jesu gestützt hat. Zu den uns bisher bekannten Daten fügt er eine neue Angabe über die Dauer des Aufenthaltes der Heiligen Familie in Ägypten hinzu, die aber aufgrund einer Unlesbarkeit auf dem Papyrus dann doch nicht exakt wiedergegeben werden kann und wahrscheinlich eine Spezialinformation enthält, deren Entschlüsselung wohl nicht mehr möglich ist.
Der frühe Glaube an die Präsenz der Heiligen Familie im Lande steht aber offensichtlich in einem größeren Kontext, der mit der Identität und dem Selbstbewusstsein der ägyptischen Kirche zu tun hat. Denn im weiteren Verlauf des Textes wird der paradiesische Charakter des Landes herausgestellt, der im wahrsten Sinne des Wortes bis zur Schöpfung der Welt zurück reicht und bereits Adam aus ägyptischer Erde geformt sein lässt. Wir erfahren aber auch, dass es in diesem Land eine hohe Zahl von Martyrern gibt, die auf eine noch höhere Zahl der Gläubigen verweist. In dieser Hinsicht trifft sich dann der Text des Papyrus mit den Predigten des Demetrius von Antiochien, der Ägypten ähnlich beurteilte.

Gattungsgeschichtlich haben Heilsprophezeiungen ihren Ort in Zeiten der Not und Bedrückung. Der Papyrus Köln 354 im koptischen Dialekt des oberägyptischen Fayum bietet uns eine grandiose Prophezeiung, die durch Vergleich mit den Predigten der frühen koptischen Bischöfe exakt in die Zeit passt, die ihm auch von den Papyrologen zugewiesen wird. Unter der Annahme, dass die Zeiten der Abfassung des Textes und seiner Niederschrift mehr oder weniger identisch sind, dann muss unser Text in einer Zeit geschrieben worden sein, als die theologische Größe, die Rechtmäßigkeit des Glaubens und die Sukzession der heiligen Traditionen der Kirche Ägyptens bestritten wurden. Mit aller Vorsicht würde ich vermuten, dass dies die Zeit der großen christologischen Konzilien des 4. und 5. Jahrhunderts war, als die ägyptischen Christen sich in den Auseinandersetzungen mit dem übermächtigen Byzanz und Rom um ihre christliche Identität sorgen mussten.

7.) Kurzes Fazit:
Die koptische Kirche, die sich seit dem ersten Pfingstereignis, an dem bereits Juden aus Ägypten teilnahmen (Apg 2,10), als Kirche der ersten Stunde versteht und sich unmittelbar auf das Wirken des heiligen Markus zurückführt, erfährt sich seit seinem Martyrertod im Jahre 68 n. Chr. in den Straßen von Alexandria beständig als die Kirche der Martyrer. Ihre Verfolgung erreichte unter Diokletian, Decius und Valerian traurige Höhepunkte. Sie war eine Kirche armer Fellachen, zugleich aber war sie auch die Kirche, in deren Bereich die großen theologischen Diskussionen geführt wurden. Aus der alexandrinischen Schule gingen bedeutende Theologen hervor (z.B. Klemens von Alexandrien, Origenes, Athanasius u.a.), und hier wurden die entscheidenden Weichenstellungen für den Kanon der Heiligen Schriften vollzogen. Hier entstanden aber auch große Häresien (z.B. Arius), die zu folgenreichen christologischen Auseinandersetzungen führten. Und schließlich lag hier die Hauptquelle des christlichen Mönchtums, das sich zu allen Zeiten als stabilisierende Kraft der Kirche(n) erwiesen hat.

Mir leuchtet ein, dass sich mit dem Konzil von Ephesus 431, wo Kyrill von Alexandrien mit einem Gefolge von 40 ägyptischen Bischöfen erschien, um eine alexandrinische Übermacht zu demonstrieren, wo schließlich Nestorius verbannt und Kyrill in der Theotokos-Frage sogar bestätigt, schließlich aber doch abgesetzt wurde, eine für das Selbstverständnis der ägyptischen Christen verhängnisvolle Entwicklung abzeichnete.

Wenig später begann die Monophysitismus-Diskussion, die durch Abt Eutyches und Dioskur von Alexandria gegen Theodoret von Kyros eine ungeheure Brisanz erhielt. Eutyches klagte gegen das von

Flavian erwirkte Anathem gegen ihn und forderte die Einberufung eines Konzils. Heraus kam die berüchtigte «Räubersynode» von Ephesus 449, die ihn zwar rehabilitierte und damit den Monophysitismus sanktionierte, deren Ergebnisse aber auf Betreiben Leos des Großen ausgesetzt und auf dem folgenden Konzil von Chalkedon 451 neu verhandelt wurden. Dieses Konzil setzte den koptischen Patriarchen Dioskur ab und verurteilte den Eutyches. Auf dem gleichen Konzil wurde im Kanon 28 die Rangfolge der Patriarchate festgesetzt, die im Osten dem Patriarchen von Konstantinopel den ersten Rang zusprach.

Es kann gar kein Zweifel daran sein, dass diese geballte Ladung an Niederlagen das Selbstbewusstsein der ägyptischen Christen entscheidend traf. Um ihre Identität zu festigen, um ihre Glaubensmotivation zu stärken, haben sie in ihren Traditionen geforscht und entdeckt, welch große Möglichkeit ihnen der unscheinbare Anfang bei Matthäus gegeben hat, sich selbst in der Sukzession der Heiligen Familie in Ägypten zu sehen, zu verstehen und aus ihr heraus neue Glaubenskraft zu gewinnen.

Anmerkungen:

[1] H. Brakmann, Die Kopten – Kirche Jesu Christi in Ägypten. Ihre Geschichte und Liturgie, in A. Gerhards/H. Brakmann (Hg.), Die koptische Kirche. Einführung in das ägyptische Christentum, UTB 451, 1994, 9-27, bes. 9f.

[2] Das m.W. neueste und sehr sorgfältig hergestellte Buch wurde im Jahre 2000 herausgegeben von einem Unterkommitee der Heiligen Synode unter dem Vorsitz von Papst Shenouda III., The Holy Family in Egypt. Out of Egypt I Called my Son (Hos 11:1), St. Mina Monastery, Marriout; darin die deutsche Fassung auf S. 24-27.

[3] www.copticpope.org. Die deutsche homepage www.kopten.de hat als Titelbild zwar eine Ikone der Heiligen Familie in einem Boot auf dem Nil, geht dann jedoch in dem Hauptreferat über «Die Koptisch-Orthodoxe Kirche» nicht mehr auf dieses Thema ein.

[4] Z.B. Otto F.A. Meinardus, Traditional Sites Associated With the Flight of the Holy Family to Egypt, in: ders.: Christian Egypt – Ancient and Modern, Kairo 21977, 601-649; ders., Das koptische Ägypten. Eine biblische Erfüllungserzählung: Die Heilige Familie in Ägypten, Kemet 6/4, 1997, 36-43; ders., Coptic Christianity, Past and Present, in: Massimo Capuani (Hg.), Christian Egypt. Coptic Art and Monuments Through Two Millenia, The American University in Cairo Press, Kairo 2002, 8-20.

[5] Peter Nagel, Joseph II (Zimmermann), RAC XVIII, Stuttgart 1998, 749-761, bes. 749-753.

[6] A. Adam, Heilige Familie I. Verehrung, LThK 4, 31995, 1276.

[7] R. Schnackenburg, Matthäusevangelium 1,1-16,20, (NEB 1/1, Würzburg 1985) 25.

[8] Die jüdische Moses-Haggada hat diese Tradition in einer breit ausgestalteten Form bewahrt, die aber wohl als jüdische Antwort auf die Erzählung von den drei Magiern verstanden werden kann. Danach hatte der Pharao einen Traum und er lässt seine Traumdeuter kommen. Die beiden Magier Jannes und Jambres deuten den Traum auf die bevorstehende Geburt eines israelitischen Knaben, der Ägypten vernichten wird (Targum PsJonathan). Josephus Flavius (Ant II, 205-209) berichtet diese Tradition in ähnlicher Form, weiß aber noch von dem Befehl des Pharao, die neugeborenen hebräischen Knaben in den Nil zu werfen.

[9] M. Görg, Flucht, NBL I, 1991, 686f.

[10] Schalom Ben Chorin, Mutter Mirjam. Maria in jüdischer Sicht, München 1971, 63: «Josef, der Träumer im Alten Testament, wird so eine Präfiguration Josefs, des Träumers im Neuen Testament, wobei der letztere allerdings nicht selbst zu besonderer Bedeutung gelangt, sondern nur eine untergeordnete Stellung in dem von der Heilsgeschichte bestimmten Bericht einnimmt».

[11] Vgl. dazu besonders die Sammlungen von O.F.A. Meinardus, Kemet 6/4, 1997, 36-43.

[12] Nach der neuesten Publikation aus dem Koptisch-Orthodoxen Patriarchat, The Holy Family, a.a.O. 26 ist dieser Ort aber identisch mit Memphis, der Hauptstadt des alten Ägypten, die aber interessanterweise am Westufer des Nil liegt.

[13] a.a.O. 27.

[14] Schnackenburg, a.a.O. 26.

[15] Im Jahre 1859 entdeckte der Leipziger Gelehrte Lobegott Friedrich Constantin Freiherr von Tischendorf im Katharinenkloster im Sinai den ältesten vollständigen griechischen Bibelkodex (AT, NT, Barnabasbrief und Hirt des Hermas), den Kodex Sinaiticus, der ihm zur Abschrift leihweise überlassen wurde, dann aber über komplizierte und wenig durchsichtige «Schenkungsvorgänge» in das Eigentum des russischen Zaren Alexander II. in St. Petersburg gelangte, von wo er 1933 an das British Museum verkauft wurde und heute in der British Library aufbewahrt wird. Es ist verständlich, dass die Klöster seitdem ihre Bibliotheken vor westlicher Neugier geschlossen halten. Nichts desto weniger müssen dringend Regularien geschaffen werden, die eine wissenschaftliche Erforschung gerade auch zum Nutzen der Orientalischen Kirchen möglich machen.

[16] Vgl. W. Schneemelcher, Neutestamentliche Apokryphen I, Tübingen 61990, 348.

[17] Hans-Martin Schenke, Das Matthäus-Evangelium im mittelägyptischen Dialekt des Koptischen (Codex Schøyen), Manuscripts in the Schøyen-Collection I, Coptic Papyri vol. 1, Oslo 2001, 279.

[18] Nach mündlicher Auskunft von Prof. Dr. Peter Nagel, Universität Bonn, lassen etwa 10 verlorene Seiten am Beginn des Kodex den Schluss zu, dass der Kodex tatsächlich einmal mit Mt 1 begonnen hat.

[19] Hieronymus zählt es zu den Zitaten, die nicht nach der LXX, sondern nach Mt zitiert worden sind; vgl. Schneemelcher I, 133.

[20] S. Morenz, Die Geschichte von Joseph dem Zimmermann (Texte und Untersuchungen zur Geschichte der altchristlichen Literatur 56, Berlin 1951) 109.

[21] Nach Morenz soll es sich um die Salome aus Mk 15,40 handeln. Diese Salome scheint in Ägypten eine über den kanonischen Evangelien hinausgehende Bedeutung gehabt zu haben; dazu vgl. ihre Unterredung mit Jesus im apokryphen «Ägypterevangelium» (aus Ägypten, 2. Jh.; Schneemelcher I, 174-179) und im folgenden «Leben des Johannes nach Serapion», wo Salome als Begleiterin der Heiligen Familie auftaucht.

[22] O. Cullmann, in Schneemelcher I, 370ff.

[23] O. Cullmann, in Schneemelcher I, 363f.

[24] Mir liegt gegenwärtig nur die Auswahl von O. Cullmann, in Schneemelcher I, 367ff. vor, die nach Kap. 14 erst mit Kap. 18 weiterfährt.

[25] So wird in Kap. 19, wo die Heilige Familie mit ihrer Viehherde von Löwen und Leoparden beschützt wird, auf die messianische Ankündigung von Jes 11,6f. verwiesen. Das Eintreffen der Heiligen Familie in Hermopolis und in Sotinen, sowie der anschließende Besuch im Göttertempel «Kapitol Ägyptens» mit dem Göttersturz wird ganz dem Bericht von der Bundeslade im Dagontempel von Aschdod (1 Sam 5) nachgestaltet und als Erfüllung der Verheißung von Jes 19,1 verstanden.

[26] Hier liegt vielleicht eine Verwechslung mit Herodes vor; vgl. Strack-Billerbeck I, 84f.

[27] Das Missverständnis wird auf eine semantische Verwechslung im Sinne einer Zote zurückgeführt, was den polemischen Charakter des Textes markiert. R.

Jehoschua habe in einer Herberge (*aksanja*) Unterkunft gesucht, wobei Jesus im Gespräch mit ihm augenzwingernd auf die Gastwirtin (*aksanja*) angespielt habe (nach St.-B.).

[28] E.A.W. Budge, Miscellaneous Coptic Texts in the Dialect of Upper Egypt, London 1915.

[29] Gesa Schenke, 354. Über Ägyptens Sonderstatus vor allen anderen Ländern, in: M. Gronewald/K. Maresch/C. Römer, Kölner Papyri (P. Köln), Band 8, Sonderreihe Papyrologica Coloniensia (Hg. Nordrhein-Westfälische Akademie der Wissenschaften in Verbindung mit der Universität zu Köln, Vol. VII/8, Opladen 1997, 183-200); vgl. auch ihren Beitrag in diesem Buch.

[30] Versteckt sich hinter dieser rätselhaften Notiz vielleicht die eingangs genannte Tradition, dass Christus nach seiner Auferstehung in Ägypten die erste Kirche der Christenheit geweiht und die erste Eucharistie gefeiert habe?

SCHRITTE DER ERNEUERUNG

Von der Sonntagsschule zur Reform des Klerus und der gesamten Kirche

Wolfram Reiss

I. Die Grundlagen der Reform:
Die Sonntagsschulzentren (1935-1941)

Die Hauptphase der Erneuerung der Koptisch-Orthodoxen Kirche in der Gegenwart begann Mitte der 30er Jahre mit der Gründung der großen Sonntagsschulzentren in Kairo. Vier Hauptzentren mit unverwechselbaren Charakteristika bestimmten in den kommenden Jahrzehnten die Leitlinien der Reform der Kirche: Das Sonntagsschulzentrum von St. Antonius, das Sonntagsschulzentrum von Gizeh, das Sonntagsschulzentrum von Geziret Badran und das Sonntagsschulzentrum der Erzengel-Michael-Kirche.

Das *Sonntagsschulzentrum von St. Antonius* im Kairoer Ortsteil Schubra verfolgte eine konservative, an den spezifisch koptischen Traditionen ausgerichtete Orientierung. Die Einhaltung des Fastens und aller kirchlicher Riten wurde streng überwacht. Man befasste sich intensiv mit dem Alten Testament und den asketischen Traditionen des Mönchtums und pflegte die Tugend des Gehorsams gegenüber geistlichen Führungspersonen. Die Erlösung jedes Einzelnen stand im Mittelpunkt. Gesellschaftlichen Fragestellungen und sozialen Aktivitäten stand man äußerst reserviert gegenüber. Die Erneuerung war vornehmlich nach innen auf die persönliche Frömmigkeit ausgerichtet. Einer der führenden Vertreter dieses Sonntagsschulzentrums war Nazeer Gayed, der seit 1971 mit dem Namen Papst Schenuda III. die Geschicke der Koptisch-Orthodoxen Kirche lenkt.

Ganz im Gegensatz dazu war das *Sonntagsschulzentrum von Gizeh* geprägt. Hier veränderte insbesondere die Arbeit auf dem Land den Dienst. Die Studenten, die die große Not auf dem Land sahen, erkannten, dass bei den hier lebenden Christen nicht nur religiöse, sondern auch soziale, wirtschaftliche und medizinische Hilfen dringend erforderlich waren. Sie waren offen für soziale und gesellschaftliche Fragestellungen, suchten den Dialog mit anderen Christen und mit Muslimen und arbeiteten gleichberechtigt im Team zusammen. Ihr Ziel war die Ausweitung der Reform der Kirche. Die Erneuerung war hier also eher nach außen gerichtet und hatte eine gesellschaftliche Dimension. Die bekanntesten Vertreter dieses Zentrums waren Amba Samuel, der von 1962-1981 das Bischofsamt für Soziales und Ökumene leitete, und Abuna Matta al-Maskin, der als der Erneuerer des koptischen Mönchtums gilt.

Die Sonntagsschule von *Geziret Badran* (Stadtteil von Kairo) setzte einen weiteren Schwerpunkt, der für die Reform der Koptisch-Orthodoxen Kirche äußerst wichtig werden sollte. Sie begründete bzw. förderte neue Formen der Jugendarbeit, die großen Anklang fanden und wesentlich dazu beitrugen, dass die Sonntagsschulen sich verbreiten konnten. So wurden z. B. Klubs für Jugendliche eingerichtet, Ausflüge zu kirchenhistorischen und kulturellen Sehenswürdigkeiten organisiert, soziale Begegnungsstätten geschaffen und Freizeitlager angeboten. Man wandte sich verstärkt der Ausbildung von Mitarbeiterinnen zu, beschäftigte sich mit innerkirchlichen Problemen und verfolgte mit großem Interesse die gesellschaftlichen Entwicklungen. Die ganzheitliche religiöse und kulturelle Erziehung (*at-tarbiya al-mutakâmila*) und die Entwicklung von jugendgemäßen Aktivitäten waren also das zentrale Anliegen dieses Sonntagsschulzentrums. Es hatte einen ähnlichen Ansatz wie das Sonntagsschulzentrum von Gizeh und kooperierte auch eng mit ihm. Es unterschied sich dadurch, dass hier die gebildete städtische Jugend mit sozial-kulturellen Themen angesprochen wurde, während man in Gizeh eher mit Jugendlichen auf den Dörfern arbeitete, wo sozial-diakonische Themen im Vordergrund standen. Die Zielsetzung dieses Zentrums wurde einmal mit der Gründung des Bischofsamtes für Höhere Studien, Koptische Kultur und Wissenschaftliche Forschung aufgegriffen, zum anderen durch die Gründung des Bischofsamtes für Jugend.

Das Sonntagsschulzentrum der *Erzengel-Michael-Kirche* in Touson (Stadtteil von Kairo) bildete keine zusätzlichen spezifischen Charakteristika aus, sondern fungierte als Plattform, wo die verschiedenen Strömungen innerhalb der Sonntagsschulbewegung diskutiert wurden. Insbesondere das «Sonntagsschulmagazin» wurde seit 1947 Sammelpunkt und Zentrum der Bewegung, wo die verschiedenen Ideen zur Erneuerung öffentlich diskutiert wurden.

II. Die Konsolidierungsphase der Reform (1941-1948)
1. Die Verbreitung und Organisation der Sonntagsschulen

Die Ausweitung der Reform geschah zunächst dadurch, dass vor allem die Sonntagsschule von Gizeh die Idee der Sonntagsschulen, des sozialen Dienstes in zahlreiche Diözesen trug. Dies war vor allem dadurch möglich, dass ein Großteil der engagierten Mitarbeiter dieses Sonntagsschulzentrums Studenten waren, die nur einige Jahre in der Hauptstadt zum Studium an der in Gizeh gelegenen Universität Fuad I. weilten (heute Universität Kairo), dann aber wieder in ihre Dörfer und Städte in den verschiedenen Provinzen Ägyptens zurückkehrten. Dort versuchten sie, ähnliche Aktivitäten aufzubauen. Mit ersten Sonntagsschulkongressen, mit Registrierung der verschiedenen Sonntagsschulzweige und mit Gründung einer eigenen Zeitschrift, dem «Sonntagsschulmagazin» begann sich die Bewegung zu konsolidieren und zu einer Gesamtbewegung zu formieren. Zugleich waren dies aber auch die Jahre, in denen die unterschiedlichen Prägungen zwischen den verschiedenen Zweigen der Sonntagsschulzentren bewusst wurden.

2. Der Takris der Laien

Das Aufblühen und die Verbreitung des Sonntagsschuldienstes ab Mitte der 30er Jahre hatte zur Folge, dass einzelne Laien einen immer größeren Teil ihrer freien Zeit in den Dienst der Kirche stellten. In den meisten Sonntagsschulzentren konzentrierte sich der Dienst der engagierten jungen Leute zunächst auf die Tage Donnerstag, Freitag und Sonntag. Die strenge Einhaltung aller liturgischen Traditionen und die intensive Bemühung um die geistliche Führung aller anvertrauten Kinder und Jugendlichen (St. Antonius) bzw. die Verpflichtung zur Aufopferung für den sozialen Dienst (Gizeh) führte jedoch zu einer immer größer werdenden Ausweitung der Tätigkeit für die Kirche. War dies mit dem Studium meist noch zu vereinen, so wurde es mit Aufgriff einer geregelten Arbeit fast unmöglich. Viele Mitarbeiter zogen schlechtere Arbeitsstellungen vor, wenn sie nur die Fortführung des Dienstes erlaubten. Die Sonntagsschularbeit von Gizeh forderte besonderen Tribut, denn der Dienst auf den entlegenen Dörfern war oftmals mit stundenlangen Fahrten verbunden und war für die Engagierten kaum noch mit einem normalen Beruf vereinbar. Deshalb ist es nicht erstaunlich, dass gerade aus dem Sonntagsschulzentrum von Gizeh die ersten kamen, die den Weg des «ganzen oder vollständigen Takris» als erste beschritten. Unter «Takris» versteht man im kirchlichen Sprachgebrauch der koptischen Kirche die Heiligung bzw. Absonderung von Menschen für den Dienst an Gott und den Menschen.

Der erste, der sein Leben ganz in den Dienst der Sonntagsschulbewegung stellte, wurde Saad Aziz, der spätere Bischof für Soziales und Ökumene, Bischof Samuel (†1981). Er gab seine erste Anstellung in einer großen ägyptischen Bank nach einigen Monaten trotz energischen Protests seiner Familie und ohne finanzielle Absicherung durch die Kirche auf und widmete sich von 1941-1944 und 1946-1948 ausschließlich dem Sonntagsschuldienst in den Dörfern von Gizeh. Ihm folgte 1949 auf diesem Weg ein jüngerer Student namens Samy Amin (der spätere Abuna Antonius Amin von Heliopolis), der nunmehr offiziell als «Erster Mukarras des Hohen Sonntags-schulkomitees» eingesetzt wurde. Aus der persönlichen Entscheidung für den vollständigen Takris war in Kombination mit der kirchlichen Beauftragung damit erstmals eine neue Form eines hauptamtlich-funktionalen Laienamtes geschaffen worden, das von vielen aus der Sonntagsschulbewegung als Vorbild betrachtet wurde und das in der Folgezeit vielfach Nachahmung fand. Für die meisten wurde der vollständige Takris jedoch zur Vorstufe des Eintritts in den Klerus. Hauptgrund dafür war (und ist), dass das Amt eines «Mukarras» letztlich keine Tradition und Anknüpfungspunkte in der koptischen Kirche hat: Wer als Mann sein Leben ganz Gott und der Kirche widmen will und eine weltliche Tätigkeit aufgeben will, dem stehen dazu bis heute nur zwei allgemein anerkannte Wege offen: der des Priestertums oder der des Mönchtums. Ein Laie, der sein Leben für einen speziellen Bereich der kirchlichen Arbeit ganz und gar aufopfern möchte, ist zwar gern gesehen, hat aber durch die klerikale hierarchische Struktur der Kirche immer nur sehr eingeschränkte Möglichkeiten.

III. Die Ausweitung der Reform:
Das Eindringen in den Klerus (seit 1948)

1. Der Takris der Priester

Die Entschlossenheit, sich für die Kirche ganz und gar einzusetzen und die fehlende kirchliche Anerkennung und Absicherung des Laienamtes führten Ende der 40er Jahre mehrere Pioniere der Bewegung in eine persönliche Krise. Für einige wurde deutlich, dass ihre Tätigkeit keine Perspektive und Zukunft hatte: Obwohl sie einen Großteil der Gemeindeaktivitäten leisteten, sich selbst als die «aktive Kirche» verstanden und sie von den Gemeindemitgliedern viel Anerkennung und Unterstützung erfuhren, blieb Ihre Position gegenüber Priestern und Bischöfen schwierig, da diese traditionell die Kirche repräsentierten und leiteten. Sie konnten ihre Tätigkeit immer noch nur mehr geduldet denn gefördert durchführen. Kam es zu Meinungsverschiedenheiten, so war der Klerus stets in einer besseren Position, da er das ganze kirchliche Recht auf seiner Seite hatte. Hinzu kam, dass einige der führenden Studenten die Möglichkeit genutzt hatten, ein Theologiestudium am Priesterseminar zu absolvieren, das seine Pforten 1941 in einer Abendsektion für Laien öffnete.

Das Jahr 1948 stellt einen epochalen Einschnitt in der Geschichte der Sonntagsschulbewegung und der Koptisch-Orthodoxen Kirche insgesamt dar. In diesem Jahr wurden die ersten Priester und Mönche aus der Bewegung geweiht. Dies sollte von elementarer Bedeutung für den dauerhaften Erfolg der Sonntagsschulbewegung sein. Es leitete eine neue Phase der Integration der Sonntagsschulbewegung in die Kirche ein und hatte zugleich eine große Ausweitung der Reform zur Folge. Priester und Mönche unterstützten nun in ihrem neuen klerikalen Status nun nicht nur die pädagogischen Initiativen, die sie selbst initiiert hatten, sondern begannen nun auch in der Priesterschaft und im Mönchtum selbst umfassende Reformen, die weit über ihre bisherige religionspädagogische Tätigkeit mit Kindern und Jugendlichen hinausgingen. Der Takris, die vollständige Aufopferung für den Dienst in der Kirche war damit auch im Priestertum verankert.

Der erste Priester der Bewegung war Zareef Abdallah, Sonntagsschulpionier der ersten Generation und geistlicher Führer des Zentrums von Gizeh. Er wurde als Abuna Boulos Boulos für die St. Georgskirche in Damanhour (Provinzstadt im Nildelta) geweiht, führte den aufopferungsvollen Dienst von Gizeh in der Diaspora ein und etablierte dort ab den 60er Jahren das Projekt der «Rural Diakonia» in Kooperation mit seinem früheren Kollegen Saad Aziz, der seit 1962 zum ersten Bischof für Soziales und Ökumene geweiht wurde. Der zweite Priester der Sonntagsschulbewegung kam ebenfalls aus dem Zentrum von Gizeh. Es war Waheeb Zaki, der zwei Monate später als Abuna Saleeb Suryal zum Priester für Gizeh geweiht wurde. Das Sonntagsschulzentrum hatte damit erstmals vor Ort einen Priester, der selbst aus der Erneuerungsbewegung kam, der die Aktivitäten der Studenten nunmehr als Priester aus vollen Kräften förderte und der auch als Priester die vollständige Aufopferung für den Dienst vollzog, die er bereits als Student in Gizeh begonnen hatte. Der Takris war damit also auch im Priestertum verankert und begann sich auf das gesamte Gemeindeleben auszuwirken.[*]

2. Der Takris der Mönche

Für das Verständnis der Erneuerung des koptischen Mönchtums ist von entscheidender Bedeutung, dass man die Zusammenhänge mit der Sonntagsschul- und Takrisbewegung sieht. Die Erneuerung des Mönchtums ist nicht das Resultat einer innerklösterlichen Erneuerung in den 50er und 60er Jahren oder von Maßnahmen Kyrills VI., wie dies in den meisten Büchern über das koptische Christentum bis Mitte der 90er Jahre noch nachzulesen ist. Vielmehr ging der Impuls von außen durch die Sonntagsschulbewegung aus. Die ersten Reformmönche kamen ebenso wie die Priester aus der Sonntagsschule von Gizeh.

Ähnlich wie Zareef Abdallah und Waheeb Zaki gerieten auch Saad Aziz und Yussuf Iskander in immer größere Bedrängnis wegen ihres weltlichen Berufes. Sie wollten sich ganz und gar für die Bewegung, für die Kirche und für Gott engagieren, den Weg des «vollständigen Takris» gehen. Sie wollten aber zugleich nicht in eines der traditionellen Klöster eintreten, da hier nur wenige ältere Mönche zu finden waren, deren mangelnde Spiritualität und Bildung die jungen Akademiker eher abschreckte als anzog. Eine Alternative bot sich, als Abuna Mîna al-Mutawahhed (der spätere Papst Kyrill VI.) ihnen anbot, sie zu Novizen zu nehmen. Dieser war bei den Studenten beliebt als einer der wenigen Mönche, der eine echte Spiritualität verkörpterte. Er weihte sie zu Mönchen mit den Namen *Abuna Matta* (später ergänzt durch den Zusatz *al-Maskin*) und *Abuna Makary*. Sie lebten mit ihm zusammen in Alt-Kairo

---

[*] Der Sonntagsschulpionier Abuna Saleeb ist sowohl in der Ökumene als auch hier in Deutschland vielen bekannt geworden. Er war bereits seit 1953 Mitglied von Delegationen der Koptisch-Orthodoxen Kirche zu Vollversammlungen des Ökumenischen Rates und leitete seit den 80er Jahren die Koptisch-Orthodoxe Gemeinde in Frankfurt. In dieser Funktion kaufte er einen Bauernhof in Kröffelbach auf, der dann in den kommenden Jahren in das Koptische Zentrum mit dem St. Antonius-Kloster umgebaut wurde.

und konnten durch die räumliche Nähe zu Gizeh (auf der anderen Nilseite) den Kontakt zu ihrem Sonntagsschulzentrum weiterhin aufrechterhalten. Während Abuna Makary diese Tätigkeit noch in den kommenden Jahren fortführte, zog es Abuna Matta schon bald in die Wüste: Wenn er nun schon den geistlichen Stand eines Mönchs innehatte, wollte er diesem Anspruch nun auch im vollen Umfang und mit der gleichen Aufopferung nachgehen, wie er den Sonntagsschuldienst durchgeführt hatte. Er zog sich in das (damals nicht anerkannte) St. Samuel-Kloster südlich der Oase Fayoum alleine zurück, wobei ihn ebenso der Gedanke des Takris, der vollständigen Aufopferung für den Dienst, beseelte wie zuvor im aktiven Dienst in der Sonntagsschularbeit. Die Absonderung für den Dienst an Gott führte in der Abgeschiedenheit nun wieder zur Belebung der uralten monastischen Tugenden: Leben in vollständiger Armut, Keuschheit, Einsamkeit und im Gebet.

1950 musste er aus gesundheitlichen Gründen die Einöde verlassen. Er siedelte in das Syrer-Kloster um, wo der neue Klostervorsteher, Amba Theophilos, erstmals die Tore für Akademiker-Mönche öffnete. Hierhin war kurz zuvor auch Abuna Makary aus Alt-Kairo gewechselt. Somit hatte das Kloster mit einem Male gleich zwei sehr bekannte Vertreter aus der Sonntagsschulbewegung. So wie man zuvor nach Alt-Kairo gepilgert war, wurde es nun üblich, dass die Mitarbeiter der Sonntagsschulen in das Syrer-Kloster im Wadi Natroun pilgerten und ihre früheren Kommilitonen bzw. Sonntagsschullehrer um geistlichen Rat baten, unter ihnen auch Nazeer Gayed (der spätere Papst Schenuda III.). Die Öffnung der Klöster begann. Diese Beziehung zwischen dem Reformmönchtum und den Sonntagsschulen sollte in den kommenden Jahren zum Kern der Erneuerung werden. Die jungen Sonntagsschulmitarbeiter waren insbesondere von Abuna Matta fasziniert, der die Erfahrung des Wüstenlebens wie in den Anfängen des Mönchtums gemacht hatte, der zugleich aber auch intellektuell den Studenten gewachsen und mit den Problemen der Jugendlichen aus seiner eigenen Aktivität in Gizeh und Damanhour bestens vertraut war. Aus diesen Begegnungen entwickelte sich in dieser Zeit der spezielle theologische Ansatz, der seitdem für Abuna Matta prägend ist. Er erkannte, dass er die spirituellen Erfahrungen, die er in der Wüste im kontemplativen Leben gewonnen hatte, nicht für sich behalten durfte, sondern dass er sie wieder an die christliche Gemeinschaft zurückgeben musste. Dies geschah nicht nur durch das unmittelbare Gespräch, sondern ebenso und vielleicht noch mit größerer Wirkung durch seine Publikationstätigkeit, die im Syrer-Kloster begann und seitdem nicht mehr aufhörte. Er machte die Sonntagsschulbewegung mit den Väterschriften erstmals wieder bekannt und hielt zahlreiche Vorträge

zu geistlichen Themen. Seine Bücher gehören (trotz bzw. wegen ihres Verbots durch Papst Schenuda III.) bis heute zu den meist gelesensten in der koptischen Gemeinschaft.
Als Papst Jusab II. im Jahr 1956 starb wurde er an erster Stelle als Kandidat der Sonntags-schulbewegung vorgeschlagen. Den folgenden innerkirchlichen Streitigkeiten über die Bedingungen für die Wahl eines Patriarchen entzog er sich jedoch durch eine nochmalige Flucht in die Wüste. Zunächst kehrte er in das St. Samuel-Kloster zurück und zog sich dann noch weiter in das sehr abgelegene *Wadi ar-Rayan* zurück und versuchte– dieses mal in Begleitung einer kleinen Schar von Gleichgesinnten – das monastische Ideal zu leben.
Erst 1969 folgte die Gruppe einer Aufforderung des neuen Patriarchen Kyrill VI. zum Wiederaufbau eines alten, verfallenen Klosters, des St. Makarius-Klosters im Wadi Natroun. Diese Neubesiedlung war der Start der monastischen Reformen in den Klöstern, wie sie bereits vielfach beschrieben wurden. Wichtig ist festzuhalten, dass auch hier wiederum die Reform nicht innerhalb eines bestehenden Klosters erfolgte, sondern in einer nicht anerkannten Gemeinschaft von Einsiedlern und erst dann in ein neu von ihnen begründetes Kloster hineingetragen wurde. Das Syrer-Kloster war seit 1959 weniger wegen seiner monastischen Reformen, sondern eher wegen seiner Eigenschaft als «Kaderschmiede" von Bedeutung: Fast alle Sonntagsschulmitarbeiter, die in den 50er Jahren in dieses Kloster eintraten, wurden in den 60er und 70er Jahren zu Bischöfen geweiht.

IV. Reformen des erneuerten Episkopats (1962-1971)

1. Der Takris des Episkopates
Die Reform der Kirche erreichte eine neue Stufe mit der Weihe der ersten Bischöfe aus den Reihen der Sonntagsschul-bewegung. Die ersten beiden Bischöfe, die geweiht wurden, waren Abuna Makary aus Gizeh und Abuna Antonius aus dem Sonntagsschulzentrum von St. Antonius. Beide verkörperten verschiedene Richtungen innerhalb der Sonntagsschulbewegung und bekamen funktionale Bischofsämter, die ihnen ermöglichten, die charakteristischen Schwerpunkte ihres Sonntagsschuldienstes nun mit bischöflicher Würde fortzusetzen. Abuna Makary vertrat den integrativen und kooperativen Arbeitsstil von Gizeh, der versuchte, gesellschaftliche, medizinische, ökumenische und diakonische und religionspädagogische Elemente miteinander zu verbinden. Er wurde mit dem Namen Amba Samuel zum Bischof für Soziales und Ökumene geweiht. Abuna Antonius vertrat hingegen die strenge asketische Ausrichtung des Sonntagsschulzentrums von St. Antonius, die auf die Spiritualität, den Gehorsam gegenüber geistlichen Führern und die monastischen Tugenden besonderen Wert legte. Er wurde zum Bischof für Kirchliche Erziehung geweiht. Mit diesen Weihen hatte der Takris nun den bischöflichen Rang erreicht. Beide Bischöfe konnten ihre spezifischen Charismen und die besonderen Schwerpunkte ihrer Tätigkeit in den Sonntagsschulzentren jetzt mit bischöflicher Autorität durchführen. Dies bedeutete eine ungeheure Stärkung der Sonntagsschulbewegung, denn erstmals war nun die Erneuerung auch in den Episkopat eingedrungen. Weitere Pioniere aus der Sonntagsschulbewegung folgten, darunter Amba Gregorius, der 1967 als Allgemeiner Bischof für Höhere Studien, Koptische Kultur und Wissenschaftliche Forschung geweiht wurde, sowie die beiden Diözesanbischöfe Amba Athanasius von Beni Suef und Amba Domadius von Gizeh. Diese Akademikerbischöfe waren es, die die weiteren Reformen nun als Bischöfe mit einem bestimmten Ressort bzw. als Diözesanbischöfe mit Macht vorantreiben konnten.

2. Möglichkeiten für den Takris der Laien
Dass nun einige der führenden Sonntagsschulpioniere Bischöfe geworden waren, hatte zur Folge, dass auch der Laien-Takris neue Förderung erfuhr. Das 1958 gegründete *Beit al-Takris* wurde von Abuna Matta al-Maskin und Amba Athanasius von Beni Suef protegiert. Hier versuchten junge Männer in einer Laiengemeinschaft neue Formen eines geistlichen Konventes zu erproben. Zum Ziel setzte man sich insbesondere die wissenschaftliche Beschäftigung

mit den Väterschriften und die Verbreitung der Kenntnis der Väter in der Sonntagsschulbewegung, also genau das, woran Abuna Matta al-Maskin in besonderer Weise gelegen war. In den 60er und 70er Jahren hatte das Zentrum große Bedeutung. Seit den 80er Jahren wurde die Verbindung mit Abuna Matta dem Zentrum jedoch zum Verhängnis. Aufgrund des Zerwürfnisses von Abuna Matta mit Papst Schenouda III. geriet das Zentrum trotz seiner zweifellos großen Verdienste um die wissenschaftliche Aufarbeitung des Erbes der Väter ins kirchliche Abseits.

3. Möglichkeiten für den Takris der Frauen

Ähnlich erging es dem Projekt, das von Bischof Athanasius 1965 für Frauen geschaffen wurde. Er hatte die Idee, in Anlehnung an die katholische Kirche einen Orden von aktiven Nonnen in seinem Bistum zu schaffen. Sie nannten sich die «Marientöchter von Beni Suef». In den 60er und 70er Jahren führte dieser Orden eine neue Professionalisierung der sozial-diakonischen Dienste durch, der beispielhaft für die gesamte Kirche wurde. Frauen, die nicht den kontemplativen Weg einer Nonne, sondern den Weg des aktiven Dienstes in der Gesellschaft und in der Kirche einschlagen wollten, sollten hier nun erstmals Betätigungsmöglichkeiten finden. Die aktiven Nonnen trugen zur Unterscheidung eine graue Kleidung und wurden auch «Diakonissen» genannt. Sie erfuhren viel Anerkennung in der koptischen Gemeinschaft Allerdings gab es von Seiten Papst Schenuda III. von Anfang an auch Kritik: Nach seiner Ansicht hat die Gründung von aktiven monastischen Orden keinerlei Tradition in der Koptisch-Orthodoxen Kirche. Auch eine Wiederbelebung des Diakonissenamtes kommt für ihn – nach anfänglichen Versuchen in den 80er Jahren – nicht mehr in Frage. In Anlehnung an ein Haus in Gizeh, das er mit Bischof Domadius von Gizeh in den 60er Jahren betreute, favorisierte er die Gründung von Frauenkonventen, die keinen kirchlichen Rang einnehmen – weder den einer Nonne noch den einer Diakonisse. Die «geweihten Töchter» (*al-banât al-mukarrasât*) sollten lediglich für sozial-diakonische Dienste tätig werden dürfen, jedoch kein klerikal-liturgisches Amt innehaben. Sie sind einzelnen Bischöfen direkt unterstellt. Trotz diesen Einschränkungen zog diese Möglichkeit zahlreiche Frauen an. Ca. 1000 Frauen sind heute in der Koptische-Orthodoxen Kirche in dieser Weise tätig, was wesentlich zur Verbreitung und Professionalisierung der diakonischen Dienste beitrug.

V. Die Reformen erreichen die Kirchenleitung (seit 1971)

Als Amba Schenouda im Jahr 1971 zum 117. Patriarchen der Koptisch-Orthodoxen Kirche geweiht wurde, machte er in seiner ersten Rede unmissverständlich deutlich, dass er sich nach wie vor als «Khadim», als Sonntagsschularbeiter, versteht. Er versuchte alle Bereiche, in denen sich die Sonntagsschulen bisher engagiert hatten, weiterhin zu fördern. Die Ausbildung der Priester an einem Theologischen Seminar wurde verpflichtend gemacht, die Zahl der Seminare von einem in Kairo auf sieben in Ägypten und vier im Ausland erhöht. Die monastische Erneuerung wurde fortgesetzt mit der Gründung von zahlreichen neuen Klöstern und dem Ausbau der alten. Hunderte von Priestern wurden neu geweiht, die Diözesen völlig neu aufgeteilt. Die Zahl der Bischöfe wurde von 17 auf über 80 erhöht. Es wurden im Ausland über 200 neue Gemeinden, Schulen und Altenheime errichtet, um die sich der Papst in regelmäßigen Pastoratsreisen und mit der Übersetzung von Publikationen in allen Sprachen intensiv kümmert. Die ökumenischen Gespräche wurden intensiviert, die diakonische Arbeit in allen Diözesen und Kirchengemeinden verankert. Die Predigt und die Beschäftigung mit biblischen Texten wurden durch sein charismatisches Beispiel wiederbelebt. Zweifellos hat die Erneuerung auf allen Ebenen der Kirche Fuß gefasst. Zugleich ist jedoch auch eine Klerikalisierung der Bewegung festzustellen. Gemäß der Leitlinie der Sonntagsschule von St. Antonius führte Papst Schenuda III. überall hierarchische Strukturen ein, in denen ein stufenweises Aufsteigen in der Spiritualität und Leitungsfunktion möglich ist. Sich selbst gegenüber fordert er absoluten Gehorsam, auch von Seiten seiner bischöflichen Amtskollegen. Diese Amtsführung hat in den 80er Jahren zu einem heftigen innerkirchlichen Konflikt geführt, insbesondere als Präsident Sadat sich in die kirchlichen Angelegenheiten einmischte, Papst Schenuda III. in ein Kloster verbannte und ein fünfköpfiges päpstliches Komitee mit der Leitung der Kirche beauftragte. Das Tragische war, dass in diesem Komitee gerade die Bischöfe vertreten waren, die auch innerkirchlich eine andere Politik vertraten: Amba Gregorius, Amba Samuel, Amba Athanasius und andere. Aus dem innenpolitischen Konflikt war damit auch ein innerkirchlicher Konflikt geworden. Auch nach der Rehabilitierung des Patriarchen in sein Amt im Jahre 1985 ist es immer wieder zu innerkirchlichen Kontroversen mit ehemaligen Kollegen der Sonntagsschulbewegung gekommen, die eine eher partnerschaftliche und dialogbereite Amtsführung erwarten. Eine Versöhnung dieser unterschiedlichen Ansätze wäre für die weitere Zukunft sehr zu hoffen. Dessen ungeachtet muss jedoch gewürdigt werden, dass die Koptisch-Orthodoxe Kirche im 20 Jh. eine innerkirchliche Reform auf allen Ebenen durchführte, die in der Ökumene ohne Beispiel ist.

*

Zur Person:

Wolfram Reiss, geb. 1959 ist Wissenschaftlicher Mitarbeiter in einem Forschungsprojekt an der Universität Rostock, bei dem Schulbücher des Nahen Ostens daraufhin analysiert werden, wie das Christentum dargestellt wird. Er studierte Ev. Theologie, Judaistik und Islamwissenschaft und hielt sich mehrere Jahre in Ägypten und Israel auf. 1986 Ordination zum Pfarrer der Ev. Kirche in Hessen und Nassau, 1990-96 Leitung des Studienkollegs für Orthodoxe Stipendiaten der EKD, 1996 Promotion in Heidelberg über die «Erneuerung in der Koptisch-Orthodoxen Kirche». Dr. Reiss hält Seminare in Frankfurt, Marburg und Rostock zum Orientalischen Christentum, zur Geschichte der christlich-islamischen Beziehungen und zum Judentum ab.

Literaturhinweise:

Allgemein zur Erneuerung

DOORN-HARDER, Nelly van/VOGT, Kari (Hg.): Between Desert and City: The Coptic Orthodox Church Today, Oslo 1997.

EL-KHAWAGA, Dina: Le Renouveau Copte. La Communauté comme acteur politique, Paris 1993.

REISS, Wolfram: Erneuerung in der Koptisch-Orthodoxen Kirche. Die Geschichte der koptisch-orthodoxen Sonntagsschulbewegung und die Aufnahme ihrer Reformansätze in den Erneuerungsbewegungen der Koptisch-Orthodoxen Kirche der Gegenwart (= Studien zur Orientalischen Kirchengeschichte Bd. 5), Hamburg 1998, 400 S. (= Diss. Heidelberg 1996).

Zur monastischen Erneuerung

MEINARDUS, Otto F. A.: Zur monastischen Erneuerung in der koptischen Kirche, in: OrChr 61 (1977), 59–70.

DERS.: Zur monastischen Erneuerung in der koptischen Kirche 1985, in: COst 41 (1986), 210-217.

DERS.: Zur Renaissance der koptischen Nonnenklöster, in: OS (1988), 23-30.

DERS.: Monks and Monasteries of the Egyptian Deserts, Cairo 1992 (2nd printing of the revised edition of 1989, with additional material).

GLASSNER, Gottfried: Erneuerung im Zeichen der Mönche. Das Aufblühen der koptischen Klöster und das Reformwerk des Matta al Maskin in: Gerhards, Albert/Brakmann, Heinzgerd: Die koptische Kirche. Einführung in das ägyptische Christentum, Stuttgart 1994, 93-104.

Zu den neuen Frauenkonventen

ASSAD, Nadia Mikhail/HEYER, Friedrich: Der Frauenkonvent der Marientöchter in Beni Suef, in: COst 36 (1981), 29-31.

DOORN-HARDER, Pieternella Antonia van: Where Heaven is Yet Open. A Study of Contemporary Coptic Nuns, Amsterdam 1993.

Zur Sozialarbeit

KOEGER, Michaela: Ihr seid das Salz der Erde ... ihr seid das Licht der Welt» – der Christ und seine Rolle in der Gesellschaft. Über die Entstehung des Koptischen Orthodoxen Bischofsamtes für Öffentliche und Soziale Dienste in: Tamcke, M.: Koexistenz und Konfrontation, Münster-Hamburg 2003, 109-156.

REISS, Wolfram: Sozialarbeit in der kopt.-orth. Kirche in: St. Markus , Heft Okt.-Dez. 1989, 5-7 (= Studenten revolutionierten den Sozialen Dienst, in: Papyrus 12/1989, 22-25).

Zur Sonntagsschul- und Jugendarbeit

KOEGER, Michaela: Das koptische Jugendbischofsamt zwischen Traditionsvermittlung und Verantwortung für junge ägyptische Bürger, in: Tamcke, M (Hg.): Daheim und in der Fremde, Hamburg 2002, 187-252.

REISS, Wolfram: Das Engagement von Laien reaktivierte eine alte Kirche, in: Jahrbuch Mission 1990, Hamburg 1990, 87-94;

DERS: Das Bischofsamt für Jugend in der Koptisch-Orthodoxen Kirche in: TAMKKE, Martin (Hg.): Koexistenz und Konfrontation, Münster-Hamburg-London 2003, 157-168.

Zur innerkirchlichen Krise

MEINARDUS, Otto: Die Krise in der koptischen Kirche. Eine Herde ohne Hirten, in: OS 32 (1983), 326-332.

REISS, Wolfram: Erneuerung in der Koptisch-Orthodoxen Kirche, Hamburg 1998, 283-310.

HULSMAN, Cornelis: Renewal of the Coptic Orthodox Church. Notes on the Ph.D. thesis of Revd. Dr. Wolfram Reiss, in: Religious News Service from the Arab World Nr. 44/2002, 2.-11.11.2002.

HULSMAN, Cornelis: Reviving an Ancient Faith. Two strong-willed reformers bring Coptic Orthodoxy back to life in: Christianity Today, 3.12.2001, 38-40.

Zur episkopalen Reform

DERS: Neue Formen des Episkopats in der Koptisch-Orthodoxen Kirche, in: «Horizonte der Christenheit», Festschrift für Friedrich Heyer zu seinem 85. Geburtstag, hg. von Kohlbacher, M./Lesinski, M. (= Oikonomia Bd. 34), Erlangen 1995, 550-560.

Zu Entwicklungen in der Diaspora

MEINARDUS, Otto: The Coptic Church towards the End of the 20th century in: EkTh 12 (1993), 431-472.

REISS, Wolfram: Die Koptisch-Orthodoxe Kirche an der Wende zum 21. Jahrhundert: Von einer Nationalkirche zu einer internationalen Konfession in: Martin Tamcke (Hg.): Orientalische Christen zwischen Repression und Migration, Münster-Hamburg-London 2001, 201-210.

DIE KOPTEN ZWISCHEN VERGANGENHEIT UND ZUKUNFT

Stephen Emmel

**Festvortrag vom 1. Juni 2000 in Düsseldorf
anlässlich des 2000-jährigen Jubiläums
des Tages der Ankunft der Heiligen Familie in Ägypten**

Der Mensch steht zwischen Vergangenheit und Zukunft. Es gehört zur menschlichen Existenz, dass wir uns an das schon Vergangene nur *erinnern* und das noch nicht Gekommene nur *erahnen* können. In beiden Richtungen ist unser Wissen eigentlich sehr begrenzt. Das, was wir wirklich kennen, ist nur die Gegenwart, dieser ewige Augenblick, der aus der endlosen Umwandlung der Zukunft in die Vergangenheit besteht. Was nun *ist* eigentlich «die Vergangenheit»? Genau betrachtet ist sie für jede Person seine oder ihre eigene persönliche Erinnerung an alles, was sie bis jetzt im Leben erfahren hat: eine private, geistige Aufnahme der andauernd vorüberfließenden Gegenwart.
Aber die Vergangenheit ist nicht ganz persönlich und privat. Wir haben auch viele gemeinsame Erinnerungen, die zum Beispiel das Band einer Familie oder einer Freundschaft bilden, leider oft auch einer Feindschaft. Insgesamt sind diese gemeinsamen, aber noch individuellen Erinnerungen das, was man die «lebende Erinnerung» nennt. Aber darüber hinaus haben wir sozusagen eine «Gemeinde der Erinnerung», die eine ganze Gesellschaft zusammenbindet. Und diese einer ganzen Gesellschaft gemeinsamen Erinnerungen gehen tiefer in die Vergangenheit zurück als die lebende Erinnerung – viel tiefer. Insgesamt bilden sie all das, was wir «Geschichte» nennen. Als solche ist die Geschichte ein wichtiger Bestandteil unserer gegenwärtigen Identität, sowohl persönlich als auch gesellschaftlich. Die Kopten stehen heute an einem kritischen Zeitpunkt ihrer Geschichte, was auch eine mögliche Krise der Identität bedeutet. Sehr viele Kopten haben sich in den letzten Jahrzehnten entschieden, ihre Heimat in Ägypten zu verlassen, um anderswo zu siedeln, insbesondere in Europa und Nordamerika. Heute, um das Jahr 2000, befinden wir uns noch in der Zeit der ersten Generation dieser neuen koptischen Diaspora. Solch eine erste Generation ist immer eine ganz besondere Generation. Die Erfahrungen der Kinder dieser ersten Generation werden anders sein und die Erfahrungen der dritten und nachfolgenden Generationen wieder anders. Was für ein Identitätsbewußtsein *als Kopten* werden die Kinder der Kinder der jetzigen Generation der koptischen Diaspora haben?
Freilich kann niemand die Antwort auf solch eine Frage voraussagen. Ich gehe aber davon aus, dass die Kopten ihre Identität als Kopten bewahren wollen. Eine Veranstaltung wie die hiesigen Feierlichkeiten bestätigt diese Vermutung. Aber was wird diese koptische Identität zusammenhalten? Dafür gibt es zunächst die koptische Kirche.

Darüber hinaus gibt es Ägypten, mit dem die koptische Kirche eng verbunden ist. Und es gibt die Geschichte, die auch den Kopten als eine «Gemeinde der Erinnerung» dienen soll.
In den 90-iger Jahren, in den USA, freuten sich meine Frau und ich auf die Gelegenheit, an einem Empfang für Seine Heiligkeit Papst Shenouda III. teilzunehmen, und zwar im Anschluss an die Einweihung einer neuen koptischen Kirche in Hamden, Connecticut. Ich war sehr davon beeindruckt, dass er die Mitglieder der Gemeinde ausdrücklich dazu anregte, sofort zu beginnen, die Geschichte der Gemeinde schriftlich niederzulegen. Warum? Weil er weiß, wie wichtig die Geschichte sein kann, um die Identität einer Gemeinde zu schaffen. Ich meine nicht nur die Gemeinde in Connecticut, sondern die koptische Gemeinde insgesamt. Und Papst Shenouda weiß auch, wie schwierig es sein kann, historische Informationen wiederherzustellen, nachdem sie einmal verlorengegangen, das heißt, aus der «Gemeinde der Erinnerung» gefallen sind. Denn die Geschichte ist nicht, wie oft gedacht, «das, was geschehen ist», sondern sie ist das, was wir *über* «das, was geschehen ist», *wissen*. Eigentlich existiert die Geschichte nur in unseren Erinnerungen, in unserem gemeinsamen Wissen, in unserer «Gemeinde der Erinnerung».

Aber wie ist es uns möglich, historische Informationen oder historisches Wissen zu bekommen? Ich möchte Ihnen eine kleine Geschichte erzählen, die von Schenute handelt. Ich meine den heiligen Schenute den Großen, den berühmten alten Klostervorsteher des «Weißen Klosters» bei Sohag in Oberägypten. Seiner Gewohnheit gemäß ging er einmal in der Umgebung seines Klosters in die Wüste. Dort sieht er eine Leiche, die auf dem Boden liegt, wie er sie oft vorher gesehen hat. Schenute will die Geschichte des Toten wissen, und Jesus, der ihn begleitet, erfüllt seinen Wunsch: er macht die Leiche wieder lebendig, damit der Mann seine eigene Geschichte erzählen kann. Sofort als Schenute erfährt, dass der Mann im ersten Jahrhundert gelebt hat, fragt er:
«Ist der Erlöser schon zu jener Zeit in die Welt gekommen?»
Er (die Leiche) sagte: «Ja. Eine Nachricht wurde verbreitet und uns von Norden durch Vorbeigehende mitgeteilt, dass eine Frau mit einem kleinen Kind in ihren Armen nach Schmun (al-Ashmunāyn) gekommen sei. ‹Alles, was er sagt, geschieht. Er weckt Tote auf. Er treibt Dämonen aus. Er macht Lahme gehend. Er macht Taube hörend. Er macht Stumme sprechend. Er macht Aussätzige rein. Kurz und gut: er wirkt alle Wunder.› Als ich diese Nachricht hörte, entschied ich mich, nach Norden zu gehen und ihn zu verehren. Aber die Sorgen hinderten mich.»

Als die Leiche dies gesagt hatte, beugte er sich nieder und verehrte den Erlöser, wobei er ihn bat: «Mögest Du mit mir Erbarmen haben und mich nicht wieder jene Strafen erleiden lassen! Wehe mir, dass der Bauch meiner Mutter nicht auch mein Grab geworden ist, bevor ich in solche Leidenschaft gekommen bin!»
Der Herr sagte zu ihm: «Jetzt, da Du würdig gewesen bist, mich in dieser Welt zu sehen, zusammen mit meinem Diener Apa Schenute, werde ich Dir etwas Ruhe geben. Also schlafe nun und empfinde Erbarmen und beruhige Dich bis zum Tag des wahres Gerichtes!»
In jenem Augenblick schlief die Leiche wieder ein, wie zuvor.

Wie schön wäre es, wenn auch wir «lebende Erinnerungen» aus der Vergangenheit direkt erfahren könnten. Das würde unsere Geschichte wirklich anreichern! Leider ist es uns nicht möglich. Wir können nur «the next best thing» tun, nämlich in den hinterlassenen Schriften von Menschen aus der Vergangenheit lesen.
Zum Beispiel: woher kenne ich diese Geschichte über Schenute? Ich lese sie in einem 100 Jahre alten Buch, einer von einem deutschen Koptologen geschriebenen und in Frankreich gedruckten Ausgabe einer koptischen Handschrift, die 1000 Jahre alt ist. Diese Handschrift wurde am Anfang des 18. Jahrhunderts aus dem Makarios-Kloster im Wadi Natrun nach Rom gebracht und dort zum Bestandteil der großen Vatikanischen Sammlung von koptischen Handschriften. Sie lieferte in der Tat die ersten detaillierten Informationen über Schenute, die in Europa zugänglich geworden sind.
Aber diese Handschrift wurde erst hundert Jahre nach ihrer Reise nach Europa bekannt, in einem 1811 erschienenen Buch des französischen Ägyptologen Étienne Quatremère. Damals waren die Schätze der Vatikanischen Bibliothek zeitweilig in Paris gelagert, wo Quatremère alle darin befindlichen koptischen Handschriften lesen konnte. Am Anfang seines Buches, *Mémoires géographiques et historiques sur l'Égypte*, im Anschluß an eine Diskussion des Ortsnamens Athribis im Delta (heute Tell Atrib, in der Nähe von Benha), weist Quatremère auf eine oberägyptische Stadt mit ähnlichem Namen hin: Atripe, in der Nähe von Akhmim und Sohag. «Daneben», schrieb er, «lag das Kloster des heiligen Schenute.» Auf sieben Seiten resümiert er dann in meisterhafter Art alles, was er über diesen Schenute aus den wissenschaftlichen Publikationen des 17. und 18. Jahrhunderts lernen konnte: in der Tat ein recht mageres Resultat.
Ein klares Zeichen für den damaligen Mangel an Informationen über Schenute ist die Tatsache, dass Quatremère zuerst die Annahme widerlegen mußte, «Schenute» sei einfach ein Beiname für den berühmten Anachoreten Johannes von Lykopolis. Auch völlig

richtig stellte er fest, dass Schenute zur Zeit des Kaisers Theodosius II. lebte, also in der ersten Hälfte des 5. Jahrhunderts, im Jahre 431 am Konzil von Ephesus teilnahm und gegen die Mitte jenes Jahrhunderts starb, nach Quatremères Meinung ungefähr 451 zur Zeit des Konzils von Chalcedon.

Dass Schenute ein Schriftsteller war, wird von Quatremère betont. Die Schenute-Biographie sagt ausdrücklich, dass der Archimandrit «eine Menge Predigten ausgesprochen hat sowie Reden voller heiliger Gebote, und dass er Kanones für die Mönche festgesetzt hat und Briefe, die erbaulich, gleichzeitig furchterregend und tröstend für menschliche Seelen sind.» Und andere Quellen bestätigen, dass Schenute-Schriften noch im Mittelalter vorhanden waren. Aber Quatremère konnte nur auf eine einzige erhaltene Predigt hinweisen, in einer zweisprachigen, koptisch-arabischen Liturgie-Handschrift aus dem 15. Jahrhundert. Ihm waren auch die sogenannten «Homilien» bekannt, die ca. 1300 dem Lektionar für die Karwoche hinzugefügt wurden: neben vierzehn Auszügen aus Werken von Athanasius (dem Großen), Johannes Chrysostomos, Konstantin von Siut, Petros von Alexandria und Severianus von Gabala befinden sich in diesem Lektionar neun Stücke, die Schenute zugeschrieben sind. Aber in Wirklichkeit sind diese Stücke nur kurze Auszüge aus Homilien von Schenute.

Darüber hinaus wies Quatremère darauf hin, dass schon in den 80-iger Jahren des 18. Jahrhunderts zwei italienische Wissenschaftler, Giovanni Mingarelli in Bologna und Agostino Giorgi in Rom, einige Seiten aus Werken Schenutes veröffentlicht hatten, ohne es selber klar erkannt zu haben. In der Tat signalisierten die Publikationen von Mingarelli und Giorgi den Anfang einer ganz neuen Ära in der Entwicklung der Koptologie. Denn die Handschriften, die sie publiziert hatten, waren die ersten Exemplare aus den Resten der Bibliothek des Weißen Klosters, die, aus Oberägypten von europäischen Reisenden mitgebracht, nach Europa gekommen sind.

Insbesondere waren die Missionare der katholischen Kirche erfolgreich darin, den Wunsch ihres Direktors, des Kardinals Stefano Borgia, zu erfüllen: sie erwarben Handschriften jeder Art und sandten sie zurück nach Rom. Die ehemalige Borgia-Sammlung, jetzt geteilt zwischen dem Vatikan und der Biblioteca Nazionale in Neapel, bleibt eine der größten Sammlungen koptischer Handschriften in der Welt. Die meisten koptischen Handschriften dieser Sammlung stammen aus der Bibliothek des Schenute-Klosters, und viele von ihnen enthalten Werke von Schenute selbst, die anderenfalls völlig unbekannt geblieben wären.

Nahezu gleichzeitig mit dem Buch von Quatremère, das das Ende der ersten Phase der Schenute-Forschung markiert, erschien ein

Katalog des koptischen Bestandteils der Borgianischen Sammlung, geschrieben von einem dänischen Ägyptologen namens Georg Zoega. Für seine Zeit hatte Zoega bemerkenswert gute Kenntnisse des Koptischen und er unterstrich das Interesse, das die Schriften Schenutes verdienen, und ihre Wichtigkeit mit vollem Recht. Ihre Bedeutung für unsere Kenntnis der koptischen Sprache und der Geschichte Ägyptens in der Spätantike ist kaum zu überschätzen. Um Schenutes Leistung richtig würdigen zu können, muss man etwas von der Geschichte der koptischen Literatur wissen.

In der Mitte des 4. Jahrhunderts, als seine Mutter Schenute zur Welt brachte, existierte koptische Literatur fast gar nicht. Nur ein einziges Jahrhundert war vorübergegangen, seitdem man angefangen hatte, ein Schriftsystem für die koptische Sprache zu standardisieren. Koptische Übersetzungen der Bibel und anderer ursprünglich griechisch verfasster religiöser Schriften war zwar relativ weit verbreitet, aber es gab recht wenige Stücke koptischer Originalliteratur, also Texte, die direkt auf Koptisch verfasst wurden. Zu dieser Zeit war das Griechische, sowohl was die Politik als auch die literarische Kultur betrifft, die dominante Sprache in Ägypten, wie es sich entwickelt hatte, seitdem Alexander der Große sieben Jahrhunderte zuvor Ägypten erobert hatte.

Höchstwahrscheinlich werden wir nie wissen, wer den entscheidenden ersten Schritt getan hat, der die koptische Literatur entstehen ließ. Spuren von diesem ersten Schritt können erstmals im 3. Jh. v. Chr. aufgezeigt werden. Die ältesten zu Recht als koptisch bezeichneten Handschriften stammen jedoch aus dem dritten Jahrhundert der christlichen Ära. Es ist naheliegend, dass die Entwicklung des koptischen Schriftsystems auf missionarische Bedürfnisse zurückgeht oder zumindest stark von ihnen motiviert wurde: Von Anfang an blieb die koptische Literatur im wesentlichen der religiösen, hauptsächlich der christlichen Kultur verhaftet. Und wer auch immer es gewesen sein mag, der das Koptische zu einer Literatursprache gemacht hat, das christliche Mönchtum ist es, das sicherlich die neue literarische Tradition pflegte und bewahrte.

Die Gründung des Mönchtums in einer Gemeinschaft, also des Koinobitismus, wird traditionellerweise mit Pachom verbunden, einem armen oberägyptischen Bauer, der im Westen unter der latinisierten Form des Namens, nämlich Pachomius, bekannt ist. Pachom wurde im frühen 4. Jahrhundert während einer kurzen Periode des Militärdienstes in der römischen Armee Christ. Nach seiner Entlassung aus der Armee wurde er getauft und begann ein Leben als Eremit in der Wüste. Um das Jahr 323 wurde er inspiriert, ein Kloster zu bauen und mit einer Gruppe von Eremiten eine Sozialgemeinschaft zu gründen.

Bis Pachom im Jahre 347 verstarb, hatte er ein Netzwerk von elf Klöstern unter seiner Führung gegründet. Während seines Lebens hatte Pachom eine ganze Reihe von «Leitgedanken» schriftlich niedergelegt, die das Leben in den Mönchsgemeinschaften regulieren sollten. Diese sogenannte «Pachomius-Regel» wurde in der Mittelmeerwelt eine Quelle der Inspiration für die Entwicklung weiterer monastischer Regeln, sei es die des heiligen Basilius, die die Grundlage für die Ausbreitung des Koinobitismus im Griechisch sprechenden Osten bildete, oder sei es die spätere Regel des heiligen Benedikt, die als Fundament für die Ausbreitung im lateinischen Westen diente. Auf diese Weise beansprucht die Regel des Pachom zu Recht, zu den grundlegenden Elementen zu gehören, die die Entwicklung des christlichen Klosterlebens in der ganzen Welt bestimmt haben, und dies bis auf den heutigen Tag.

Pachom war nun kein sehr gebildeter Mann. Er konnte kein Griechisch. Er vermochte nur seine Muttersprache zu sprechen, also die ägyptische Sprache. Er konnte aber Koptisch lesen und schreiben, was noch etwas relativ Neues war in jener Zeit. In der Tat stellen seine Regel und auch einige Briefe, die er schrieb, die ältesten Beispiele von Werken dar, die im Original in Koptisch geschrieben wurden. Auf diese Weise signalisieren sie eine Wiedergeburt in der Geschichte der ägyptischen Literatur. Pachoms Schriften sind aber nicht die ältesten Stücke koptischer Literatur, da ihnen die Übersetzung mindestens der Bibel aus dem Griechischen vorausgeht.

Pachom führte in sein monastisches System die Grundlagen für eine literarische Tradition ein, indem er von Novizen verlangte, lesen und schreiben zu können, was für viele junge Mönche bedeutete, dass sie Koptisch lesen und schreiben lernen mussten. Die Produktion von Manuskripten und die Erhaltung von Büchern in Bibliotheken wurde zu einem essentiellen Teil ägyptischer Klosterkultur und so auch zu einem Teil eines monastischen Ideals, das sich in der christlichen Welt ausbreitete. In der Griechisch und Lateinisch sprechenden Welt ist die Wichtigkeit dieses engen Bandes zwischen Mönchtum und Literatur wohlbekannt: Es war Voraussetzung für den Erhalt der alten griechischen und lateinischen Literatur. In Ägypten selbst war dieses Band gleichermaßen von hoher Bedeutung, und zwar als Garant für die Überlieferung koptischer Literatur.

Schenute verstand sich als Anhänger der pachomianischen Tradition. Die heiligen Antonius und Pachom galten ihm als Väter seiner Gemeinschaften. Es liegt nahe, dass Schenute als junger Mönch in der Klosterbibliothek tätig war. Schon in seinen frühesten Schriften, geschrieben, als er ungefähr 30 Jahre alt war, zeichnete er sich durch seine außerordentliche Bibelkenntnis aus. Er muss nahezu die ganze Bibel mehr oder weniger auswendig gelernt haben. Er konnte nicht nur die Bibel wörtlich zitieren, sondern auch im Stil der Bibel schreiben und reden. Auch konnte er Griechisch.

Ganz allein errichtete Schenute ein solides Fundament für eine Literatur, die im Original in Koptisch geschrieben wurde: Während seines langen Lebens als Abt einer großen Mönchsgemeinschaft schuf er ein literarisches Corpus, das weit mehr als 100 Titel enthielt – das überlieferte Corpus seiner *ausgewählten* Schriften besteht aus 17 Bänden – und er beaufsichtigte das Übersetzen aus dem Griechischen ins Koptische eines noch größeren Corpus theologischer und moralischer Literatur des internationalen Christentums. Die Reste der Bibliothek seines Klosters, das zwar noch im 13., aber nicht mehr im 15. Jahrhundert existierte, sprechen dafür, dass diese, so weit wir bis jetzt wissen, die größte koptische Bibliothek ihrer Zeit war. Aus ihr stammt der Hauptteil der Werke, die heute als «klassisch koptisch» gelten.

Schenute selbst war ohne Zweifel der größte koptische Autor aller Zeiten. Was von Pachom in einem noch kleinen Ausmaß in Bewegung gesetzt wurde, wurde von Schenute etwa 100 Jahre später in monumentaler Weise fortgesetzt: Die Schaffung eines bedeutenden Corpus von Literatur in ausgewähltem Koptisch, von ihm in einem prophetischen Bewusstsein und mit einem christlichen mönchischen Ideal vor Augen verfasst. Kein anderer koptischer Autor hat ein derartiges Werk hinterlassen.

Schenute starb im Jahre 465, mehr als 100 Jahre alt. Die Zeiten nach seinem Tod waren nicht glücklich für die weitere Entwicklung der koptischen Literatur. Die Nachwirkungen des Konzils von Chalcedon änderten sowohl den Lauf der Geschichte der koptischen Kirche als auch die Richtung der koptischen Literatur. Die letztere musste immer mehr den Zwecken der innerchristlichen Polemik dienen und konnte nicht so einfach dorthin folgen, wohin auch immer der Geist eines Menschen sie zu lenken vermag, wie man vielleicht von Literatur erwarten darf.

Es war erst die arabische Eroberung Ägyptens im 7. Jahrhundert, die das Griechische von seiner dominanten sprachlichen Vorherrschaft und die byzantinische Kirche von ihrer religiösen Dominanz in Ägypten stürzte. Literarische Aktivitäten in koptischer Sprache liefen nicht nur unvermindert weiter, sondern stiegen in der personellen und geschäftlichen Korrespondenz sogar dramatisch an. Aber nun war die Sprache der Herrscher über Ägypten Arabisch, und da die anfängliche religiöse Toleranz mit der Zeit abnahm, nahm auch der Gebrauch des Koptischen aufgrund der Repressalien ab dem Ende des 8. Jahrhunderts ab. Bereits zwei Jahrhunderte später wurde die Kenntnis der koptischen Sprache zur Rarität. Nicht viel später verschwand Koptisch als Medium gesprochener Kommunikation und verblieb nur noch als liturgische Sprache in der koptischen Kirche, dies allerdings bis auf den heutigen Tag.

Das letzte Kapitel in der Geschichte der koptischen Literatur wurde zwischen dem 11. und 14. Jahrhundert von einer Reihe von Gelehrten geschrieben, die arabische Glossare mit koptischen Wörtern und grammatischen Beobachtungen anfertigten. Diese grammatischen Werke wurden auf Arabisch verfasst und dienten als Hilfsmittel zur Übersetzung koptischer Texte in das Arabische. Auf diese Weise wurden ausgewählte Werke der koptischen Kultur als lebendiges Erbe ägyptischen Christentums bewahrt.

Bis zu einem gewissen Grade wurden diese Werke in Arabisch und Koptisch überliefert, also in zweisprachigen Manuskripten, die in zwei Kolumnen den parallelen Text enthielten. Aber ein gewaltiger Teil der koptischen Literatur wurde nicht in das Arabische übersetzt und stand über einen langen Zeitraum hinweg kurz vor dem endgültigen Verlust, nur bewahrt in Manuskripten, die vergessen und unbeachtet in alten Klöstern entlang des Nils liegen.

Was Schenute betrifft, so überlebte beinahe nichts von seinen Schriften den mittelalterlichen Niedergang der koptischen Literatur, obwohl er immer ein bekannter und wichtiger Heiliger in der koptischen Frömmigkeit war. Abgesehen von einigen wenigen Werken, die in die arabische Sprache übersetzt wurden, blieben nur die kurzen Exzerpte seiner Reden in dem Karwoche-Lektionar erhalten, die sogenannten «Homilien», die ich schon erwähnt habe.

Das Anliegen der bereits genannten mittelalterlichen koptischen Grammatiker war es, das Wissen ihrer sterbenden, ererbten Sprache zu bewahren. Darin hatten sie Erfolg, und die Wichtigkeit der Werke, die sie hinterlassen haben, kann kaum überbewertet werden. Aus Kopien dieser mittelalterlichen Grammatiken begannen europäische Orientalisten im späten 16. und beginnenden 17. Jahrhundert Koptisch zu lernen und koptische Studien als akademische Disziplin zu etablieren. Das aber wäre ein Thema für einen weiteren Vortrag.

Die Schriften Schenutes, die einen großen Bekanntheitsgrad besaßen und in Ägypten in den ersten Jahrhunderten nach seinem Tod weiter gelesen wurden, blieben zum größten Teil nur in der Bibliothek seines eigenen Klosters erhalten. Deshalb sind es grundsätzlich nur die Reste dieser Bibliothek, die uns jetzt die Möglichkeit bieten, sein literarisches Werk zu rekonstruieren. Wie schon gesagt, verschwand aber sein Kloster im Mittelalter, womit auch die Bibliothek und ihre Bücher vernachlässigt wurden und in Vergessenheit gerieten.

Erst Ende des 18. Jahrhunderts tauchten Bruchstücke aus dem Weißen Kloster auf. Diese wurden zuerst von Missionaren und Reisenden erworben, später auch von Kairener Antikenhändlern. Mehr als hundert Jahre lang, bis ins späte 19. Jahrhundert, wurden die Handschriftenreste aus dem Weißen Kloster in alle Winde zerstreut, ohne dass die Sammler und die Archäologen irgendeine Ahnung hatten, woher all diese schönen koptischen Pergamentblätter stammten. Die Insassen des Klosters und die Antikenhändler verheimlichten die Quelle ihres Schatzes und verteilten die Handschriftenfragmente stückweise und willkürlich.

Selbst nachdem der Ägyptologe Gaston Maspero um 1882 die Quelle endlich entdeckt hatte, war es leider nicht möglich, die noch umfangreichen Reste der Klosterbibliothek zusammenzuhalten. Bis zu den ersten Jahrzehnten des 20. Jahrhunderts war die Gesamtheit der Fragmente im Weißen Kloster ausgeräumt, und Tausende von Pergamentblättern, die Überreste einer Bibliothek, die einst die größte uns bekannte koptische Bibliothek gewesen war, waren auf Dutzende neuerer Sammlungen verteilt worden. Blätter von ein und demselben Buch befinden sich jetzt in Kairo, Neapel, Wien, Berlin, Paris, Cambridge, sogar Ann Arbor, Michigan, und in weiteren Sammlungen.

Die ersten Wissenschaftler, die sich mit diesen fragmentarischen Handschriften beschäftigten, sahen sofort, dass sie den Einzelteilchen eines Riesenpuzzles gegenüberstanden. Mehr als zweihundert Jahre lang haben Koptologen sich bemüht, Fortschritte in der Lösung dieses Rätsels zu erzielen. Und viele Erfolge sind zu verzeichnen, darunter nicht wenige, die dazu führten, ein eigentliches Corpus von Werken Schenutes aus dem Chaos der Bruchstücke und Fragmente auftauchen zu lassen.

Diese Rekonstruktionsarbeit ist noch nicht zum Ende gekommen. Aber wir wissen heute viel mehr über Schenute, als früher, sogar noch vor zehn Jahren, denkbar war. Wir sind daran, seine Biographie zu rekonstruieren, und zwar aus seinen eigenen Schriften, von denen einige vor dem Antritt als Abt seines Klosters geschrieben wurden. Außerdem sind wir daran, seine komplexe Persönlichkeit besser kennenzulernen und zu verstehen. Durch ihn wird auch die antike koptische Sprache selbst immer verständlicher.

In allen diesen Bereichen gibt es noch sehr viel zu tun und noch sehr viel zu entdecken und zu lernen. Für Koptologen sind dies aufregende, aber auch schwierige Zeiten, da unter schlechten ökonomischen Umständen Politiker dazu neigen, besonders in den Geisteswissenschaften Universitätsstellen, darunter Professuren, zu streichen: um Geld zu sparen. Kleingeld sparen – wissenschaftliche Traditionen verlieren.

Die Literatur ist eines der Dinge, die zwischen Vergangenheit und Gegenwart der Menschen vermitteln. Aus dem Verlauf der Geschichte, den ich kurz dargelegt habe, ist ersichtlich, dass in vielen Jahrhunderten für die Kopten das Risiko bestand, einen signifikanten Teil ihres literarischen Erbes für immer zu verlieren. Aber da die Grundlagen der koptischen Sprache überliefert wurden und dank des bemerkenswert trockenen Klimas in Ägypten, das auch sehr alte Manuskripte zu erhalten vermag, besteht die Hoffnung, dass das genannte Risiko zumindest zum Teil überwunden ist und Dinge, die noch nicht ganz verloren sind, vielleicht doch noch gerettet werden können.

Unter den geschilderten Umständen ist die Rettung des Erbes ein Ergebnis unermüdlicher wissenschaftlicher Forschung und gelehrter Arbeit. Als wissenschaftlicher Forscher, der sich intensiv mit der Rekonstruktion koptischer Handschriften und koptischer Literatur beschäftigt, bin ich manchmal traurig, dass so viel der Verwüstung der Zeit zum Opfer gefallen ist. Andererseits wundere ich mich, dass trotzdem so viel überdauern konnte. Aber in erster Linie fühle ich mich einfach herausgefordert und bin begeistert von der auf der Hand liegenden Aufgabe. Und ich bin dankbar, dass ich in der Lage gewesen bin, etwas zu diesem Bereich der Koptologie beizutragen. Diejenigen von uns, die auf diesem Gebiet arbeiten, haben verschiedene Motivationen. Aber alle haben ein gemeinsames Ziel: möglichst viel von der koptischen Literatur zu retten und die Kenntnisse von der koptischen Sprache und der Geschichte der Kopten zu vertiefen. Wenn das Resultat unserer aller Mühe dazu beiträgt, eine Brücke zwischen Gegenwart und Vergangenheit für alle Kopten zu bauen, werde ich mich freuen.

Die koptische Literatur bleibt immer interessant für die Sprache und die darin erhaltenen geschichtlichen Informationen. Aber auf die Dauer sind es die Kopten, die sich um diese Literatur kümmern sollen – als Bestandteil ihrer gemeinsamen Erinnerung, im Sinne der «Gemeinde der Erinnerung», die ich anfangs angesprochen habe. Ich hoffe, dass die Gegenwart wirklich eine koptische Renaissance sein wird – mit Ausrichtung auf die Zukunft, aber auch eine Wiederentdeckung der Vergangenheit.

CHRONOLOGIE DER KOPTISCHEN KIRCHE

Lucia Langener

RÖMISCHE HERRSCHAFT (30 v. Chr.-395 n. Chr.)

Anfänge der christlichen Tradition in Ägypten
Geburt Jesu und anschließende Flucht der hl. Familie nach Ägypten, die sich nach koptischen Überlieferungen dreieinhalb Jahre dort aufhält (Matth. 2,15). Überall dort, wo die hl. Familie gerastet oder gewohnt hat, entstehen Verehrungsstätten, die teilweise noch heute existieren und von koptischen Pilgern aus aller Welt besucht werden.

4 n. Chr.:
Rückkehr der hl. Familie nach Palästina in den Ort Nazareth.

33 n. Chr.:
Kreuzestod Jesu; Ägypter beim Sprachenwunder zu Pfingsten in Jerusalem anwesend (Apostelgeschichte 2,10).

ab 40 n. Chr.:
Missionierung Ägyptens durch den Evangelisten Markus, wie Eusebius von Caesarea im Jahre 303 n. Chr. in seiner Kirchengeschichte (HE II 16) schreibt: «Man sagt, Markus sei von Petrus nach Alexandrien geschickt und habe dort im Nillande Kirchen gegründet.»

48 n. Chr.:
Apostelkonzil in Jerusalem: Hier findet die Anerkennung der Jerusalemer Kirche als Oberleitung statt. Es erfolgt die Einteilung der Missionsgebiete unter den Aposteln: Petrus und die Urapostel übernehmen die Judenmission, Paulus und Barnabas die Heidenmission.

68 n. Chr.:
Märtyrertod des hl. Markus, des Apostels der koptischen Christen: Er wird in Alexandria zu Tode geschleift, sein Leichnam in Alexandrien bestattet und 829 n. Chr. durch eine List der Venezianer nach Venedig gebracht. Der Kopf aber bleibt in Ägypten.

134 n. Chr.:
Das alexandrinische Christentum weist synkretistische Züge auf, so dass Kaiser Hadrian in seinem Brief an Servanius über «diese Christen, die Serapis anbeten», und über jene, «die sich Bischöfe Christi nennen und sich Serapis weihen», schreibt.

um 200 n. Chr.:
Patriarch Demetrius begründet die ägyptische Bischofsorganisation.

ab 201 n. Chr.:
Kaiser Septimius Severus erlässt ein Edikt, wonach alle, die sich als Christen taufen lassen, schwer bestraft werden sollen, da er während einer Reise durch die Ostprovinzen hatte feststellen müssen, dass hier der Prozentsatz der Christen und Juden noch sehr hoch war. (Wegen der Aussage im AT: «Ich bin der Herr, dein Gott, du sollst keine anderen Götter neben mir haben», waren die Juden vom Kaiserkult befreit.) Dieses Edikt löst eine erbarmungslose Verfolgung in ganz Ägypten aus.

215-217 n. Chr.:
Der alexandrinische Bischof Demetrius beruft Origenes zum Leiter einer Schule. Durch diesen amtlichen Auftrag entsteht 217 die Katechetenschule von Alexandria, die durch das Edikt des Kaisers Septimius Severus verfolgt wird.

249 n. Chr.:
Unter Philipp Arabs, einem ehemaligen Beduinenscheich aus Arabien, werden einige Märtyrer in Alexandria hingerichtet, weil ein heidnischer «Seher und Dichter» den Pöbel aufhetzt, die Häuser der Christen zu plündern. Der Bischof von Alexandrien erhält den Titel «Papst von Alexandrien» – bevor auch der Bischof von Rom den Papsttitel trägt (2. Hälfte des 4. Jh.). Das Wort Papst (lateinisch «papa = Vater») war im Osten ursprünglich der Titel für Äbte, Bischöfe und Patriarchen von Konstantinopel, Alexandrien, Antiochia und Jerusalem gewesen.

249-251 n. Chr.:
Decius ordnet die erste nicht mehr nur lokale, sondern im ganzen Römischen Reich durchgeführte Christenverfolgung an. Ende 249 n. Chr. erlässt er ein Edikt, wonach alle Einwohner des römischen Reiches vor Opferkommissionen erscheinen müssen, um dort den Göttern zu opfern, worüber sie eine amtliche Bescheinigung ausgestellt bekommen, die Libellus genannt wird. (Aus Ägypten sind insgesamt 41 solcher Libelli erhalten geblieben.) Weigert sich der Christ jedoch, vor dem Bildnis des Kaisers und der Götter zu opfern, ist dies nach dem römischen Gesetz Majestätsbeleidigung und Gottlosigkeit. Man kann auch durch Bestechung in den Besitz eines solchen Libellus gelangen oder aber in die Wüste fliehen. Wer nicht opfert, kommt ins Gefängnis, verliert sein Vermögen, wird gefoltert,

verbannt oder hingerichtet. Die Verfolgung endet im Frühjahr 251. Die abgefallenen Christen werden aber klugerweise von der Kirche nach entsprechender Buße wieder aufgenommen.

251 n. Chr.:
Geburt von Antonius d. Gr. in Qimn al-Arus, Mittelägypten. Antonius wird als «Vater des Mönchtums» bezeichnet. Er ersetzt das Einsiedlerleben durch die Einsiedlergemeinde, d.h., die Mönche leben während der Woche weitgehend allein, treffen sich aber am Sonntag, um gemeinsam die Eucharistie zu feiern. Es gibt keine festen Regeln. Die Novizen erhalten ihre Regeln direkt von ihren geistigen Vätern. Antonius steht mit Kaiser Konstantin und seinen Söhnen in Briefkorrespondenz (vgl. Vita des hl. Antonius, verfasst von Athanasius von Alexandria, Kap. LXXXI).

252 n. Chr.:
Trebonius Gallus verbannt ägyptische Kleriker.

257 n. Chr.:
Valerian fordert in seinem 1. Edikt von den Klerikern den Opfervollzug, verbietet das Feiern des Gottesdienstes und den Besuch der Friedhöfe. Bischof Dionysius von Alexandria und einige andere Kleriker werden verbannt.

258 n. Chr.:
Im 2. Edikt von Valerian werden alle Kleriker und hohen Beamten, die nicht geopfert haben, zum Tode verurteilt. In Alexandria werden auch Laien gefoltert und hingerichtet.

260 n. Chr.:
Nachfolger Gallienus erlässt ein Toleranzedikt, in dem er die Einstellung der Verfolgung und die Rückgabe der beschlagnahmten Güter, Kulträume und Friedhöfe anordnet; Gottesdienste dürfen wieder abgehalten werden.

um 270 n. Chr.:
Im Alter von ca. 20 Jahren wird Antonius der Große berufen, indem er in der Kirche die Passage aus dem Matthäus-Evangelium (19,21) hört: «Willst du vollkommen sein, so geh hin, verkaufe, was du hast, und gib es den Armen – und du wirst einen Schatz im Himmel haben – und komm und folge mir nach». Die Nennung dieser Matthäus-Passage ist für die heutige Bibelforschung wichtig, da dies bedeutet, dass bereits um 270 n. Chr. das Neue Testament in griechischer oder koptischer Übersetzung in Ägypten verlesen wurde. (Antonius selbst

benötigte Dolmetscher, wenn er in der Wüste Griechisch sprechende Besucher empfing, vgl. Vita des hl. Antonius, verfasst von Athanasius von Alexandria, Kap. LXXII; LXXIV; LXXVII)

284 n. Chr.: Beginn der koptischen Jahreszählung
Mit dem Regierungsantritt Diokletians finden in diesem Jahr äußerst grausame Christenverfolgungen statt. Diese Verfolgungen sind so blutig, dass die koptische Kirche mit dem Jahr 284 ihre Zeitrechnung mit dem «Jahr 1 der Ära der Märtyrer» beginnt. (2003 n. Chr. = 1719 Ära der Märtyrer).

um 287 n. Chr.:
Geburt von Pachom in Esna, Oberägypten. Er ist der Begründer des Koinobitentums (griechisch: «koinos bios = gemeinsames Leben»). Seine Militärzeit spiegelt sich in den strengen Klosterregeln wider, die von Hieronymus im Jahre 404 ins Lateinische übersetzt und im Abendland Vorbild werden.

um 300 n. Chr.:
Diokletian stellt zunächst nur die christlichen Soldaten vor die Wahl, ob sie opfern oder entlassen werden wollen, ebenso die Christen an seinem Hofe.
Antonius, der Begründer des ägyptischen Mönchtums, zieht sich als Eremit in die Wüste zurück (Beginn des Anachoreten- oder Eremitenlebens).

24.2.303 n. Chr.:
Diokletian ordnet in seinem ersten Edikt an, dass die christlichen Kirchen zerstört, die hl. Schriften abgegeben und verbrannt werden sollen. Er verbietet den christlichen Gottesdienst; alle Christen verlieren den Rechtsschutz, Ämter und Würden; im kaiserlichen Hausdienst angestellte Christen werden zu Sklaven degradiert. Im 2. Edikt befiehlt er die Verhaftung der Kleriker, im 3. Edikt ihre Folterung und Hinrichtung, wenn sie sich zu opfern weigern.

Frühjahr 304 n. Chr.:
Das 4. Edikt Diokletians dehnt den Opferzwang auf alle Christen aus, die bei Verweigerung mit Zwangsarbeit in den Bergwerken oder Hinrichtung rechnen müssen. In Ägypten führt der Statthalter Hierokles eine besonders blutige Verfolgung durch, wie Bischof Phileas von Thmuis berichtet. An manchen Tagen werden bis zu 100 Märtyrer getötet. Viele Gläubige werden auch nach Oberägypten verbannt oder in die Bergwerke nach Palästina und Kilikien deportiert.

306 n. Chr.:
Nachdem Erzbischof Petrus (300-311 n. Chr.) während der Diokletianischen Christenverfolgung aus Alexandrien geflohen war, um aus dem Untergrund heraus heimlich die Gemeinde zu leiten, kommt es zum Schisma durch den Bischof Meletius von Lykopolis, der während dieser «Vakanz» durch Ägypten reist und überall Kleriker, selbst in Alexandrien, weiht, obwohl er nach dem Kirchenrecht nur in seiner eigenen Diözese weihen darf. Er wird deshalb im Jahre 305 verhaftet und nach Palästina gebracht. Nach Ostern 306, also noch aus dem Untergrund heraus, verfasst Petrus von Alexandrien ein Rundschreiben, in dem er zwar für die abgefallenen Christen die Bußstrafen festsetzt, aber auch diejenigen kritisiert, die freiwillig als Märtyrer hatten sterben wollen, weil sie dadurch die römische Vernichtungsstrategie noch gesteigert hatten. Darüber sind die Fanatiker unter den Christen so verärgert, dass sie in den Bergwerken Palästinas eine «Kirche der Märtyrer» gründen. Dieser «Märtyrerkirche» tritt auch Bischof Meletius bei. Im Jahre 311 wird er durch das Galerius-Edikt wieder freigelassen und weiht erneut Bischöfe in Ägypten. Im Jahre 325 zählt diese abgespaltene «Kirche» bereits 29 Bischöfe. Das meletianische Mönchtum ist noch bis ins 8. Jh. nachweisbar.

307 n. Chr.:
Der Höhepunkt der Christenverfolgungen in Ägypten unter dem Tetrarchenkaiser Maximinus Daia ist erreicht.

30.4.311 n. Chr.:
Galerius erlässt ein Edikt (wohl auf Drängen Konstantins), in dem das Christentum zur erlaubten Religion (= «religio licita») erklärt wird. Die inhaftierten Christen werden freigelassen, die deportierten dürfen in ihre Heimat zurückkehren.

Ende 311 n. Chr.:
Bereits ein halbes Jahr später verbietet Maximian Feiern auf den Friedhöfen; es kommt auch in Ägypten wieder zu Verfolgungen. Bischof Petrus von Alexandria erleidet am 24.11.311 das Martyrium, ebenso viele andere Christen.

312 n. Chr.:
Sieg Konstantins durch die Niederlage des Maxentius (Sohn Maximians) an der Milvischen Brücke. Der Legende nach erschien Konstantin vor dieser Entscheidungsschlacht ein Kreuz mit der griechischen Inschrift «en touto nika = (in) diesem (Zeichen) siege», traditionell lateinisch wiedergegeben mit «in hoc signo vinces = in

diesem Zeichen wirst du siegen.» Konstantin wird oberster Augustus. Das Christentum stellt er allen anderen Religionen gleich; es erhält volle Kultfreiheit und alle beschlagnahmten Gebäude zurück.

313 n. Chr.:
Toleranzedikt von Mailand; Konstantin erkennt das Christentum an. Für kurze Zeit bedeutet dies das Ende der Christenverfolgungen.

ab 315 n. Chr.:
Eremitenkolonien in der Nitrischen Wüste und in der Sketis entstehen.

318-381 n. Chr.:
Arianischer Streit: Arius, Presbyter in Alexandria, lehrt, dass Christus geschaffen – also nicht ewig – und vom Vater verschieden sei. Er sagt: «Es gab eine Zeit, da er (Christus) nicht war.»

7.3.321 n. Chr.:
Konstantin erlässt ein Gesetz, das den Sonntag, «den Ehrentag der Sonne» als Ruhetag verkündet. (Der Sonntag hatte dem Samstag als christlichem Ruhetag immer mehr den Rang abgelaufen und war seit dem Kirchenkonzil in Spanien im Jahre 306 bereits als Ruhetag für die Gläubigen vorgeschrieben.)

Herbst 324 n. Chr.:
Konstantin siegt über Schwager Licinius bei Adrianopel und Chrysopolis. Er ist nun Alleinherrscher (= «Totius orbis imperator»). Erst jetzt wird die Verfolgung der Christen im Osten des römischen Reiches beendet. Das Christentum hat über den Kaiserkult gesiegt. Kaiser Konstantin verbietet die göttliche Verehrung seines Bildes und lässt seine Söhne christlich erziehen.

325 n. Chr.:
Kaiser Konstantin beruft das Konzil von Nicäa ein, um den Arianismus zu bekämpfen. Hier wird auch das Glaubensbekenntnis nach Athanasius von Alexandrien formuliert: Der Sohn Gottes ist mit dem Vater wesensgleich (Homousie = «Wesensgleichheit»).

328-373 n. Chr.:
Athanasius ist nun Patriarch der ägyptischen Kirche. Er ist der erste alexandrinische Bischof, der nicht nur in griechisch, sondern auch in koptisch den Gläubigen gepredigt hat. Seine Beziehungen zu den römischen Kaisern sind gespannt, weshalb Athanasius fünfmal verbannt wird, u.a. auch nach Trier, dem damaligen Augusta

Treverorum. Er verbringt insgesamt 17,5 Jahre seines Lebens im Exil.

11.5.330 n. Chr.:
Die Stadt Byzantium wird nach Umbenennung in «Konstantinopel» christliche Reichshauptstadt und das «Zweite Rom» genannt, als bewusster Gegensatz zum heidnischen Rom. Das Reich wird in 4 Präfekturen eingeteilt: Oriens (Konstantinopel), Illyricum (Sirmium), Italia (Mailand), Gallia (Trier) mit 14 Diözesen und 117 Provinzen.

330 n. Chr.:
Pachom gründet seine erste Mönchsgemeinschaft nördlich von Esna, der weitere folgen. Bei seinem Tode im Jahre 346 bestehen bereits neun Männer- und zwei Frauenklöster.

333 n. Chr.:
Geburt Schenutes (= koptisch «Kind Gottes»).
Er ist Abt des «Weißen Klosters» bei Sohag in Oberägypten. Im Jahre 431 ist er mit dem Patriarchen Kyrillos von Alexandrien beim Konzil von Ephesus dabei, wo ihm die Würde eines Archimandriten (= «Oberer eines Klosters») verliehen wird. Sein Schüler und Nachfolger Besa verfasst seine Lebensgeschichte.
Schenute bekämpft rücksichtslos die Lehren des Nestorius sowie die Reste des Heidentums. Er ist der größte koptische Schriftsteller aller Zeiten. Er ist so populär, dass in seinem Kloster die meisten Mönche leben. Seine Klosterregeln orientieren sich an den Regeln des Pachom. Als einmal feindliche Horden einfallen und die Bevölkerung bedrohen, organisiert er in seinem Kloster ein Hilfswerk für ca. 20 000 Flüchtlinge und schreibt darüber einen Bericht. Schenute genießt bis heute bei den Kopten hohe Verehrung. So trägt der jetzige koptische Papst als Schenuda III. seinen Namen.

337 n. Chr.:
Tod Kaiser Konstantins nach Empfang der christlichen Taufe auf dem Sterbelager. (Zur damaligen Zeit ließen sich manche erst auf dem Sterbelager taufen, um so sündlos wie möglich vor Gottes Richterstuhl zu treten.) Aus den Erbstreitigkeiten unter den Söhnen geht als Alleinherrscher Constantius II. hervor.

347 n. Chr.:
Tod von Pachom.

357 n. Chr.:
Tod von Antonius d.Gr. im Alter von 106 Jahren.

360 n. Chr.:
Athanasius von Alexandrien verfasst eine Biographie des hl. Antonius, des Begründers des Mönchtums in Ägypten. Sie wird von Euagrius von Antiochia ins Lateinische als «Vita S. Antonii» übersetzt und trägt wesentlich zur Entfaltung des westlichen Mönchtums in Europa bei.

361-363 n. Chr.:
Regentschaft von Julian Apostata = «der Abtrünnige». Er ist zwar christlich erzogen, fördert aber, nachdem er Kaiser geworden ist, wieder die heidnischen Kulte. Die Christen werden aus den höheren Stellen in Heer, Verwaltung und Justiz entfernt. Der Pöbel geht auch in Alexandria gegen die Christen vor. Die Nachfolger Julians machen jedoch seine Reformen rückgängig.

363 n. Chr.:
Bau des Menasheiligtums, des berühmtesten Wallfahrtsortes der damaligen Zeit und wegen seines Zulaufs unzähliger Pilger auch «Lourdes der Antike» genannt, 80 km südwestlich von Alexandrien entfernt.

Der hl. Menas war Soldat und erlitt unter Diokletian den Märtyrertod. Sein Leichnam wurde von zwei Kamelen nach Ägypten zurückgebracht, die sich an einer ganz bestimmten Stelle niederließen und weigerten weiterzugehen. An dieser Stelle wurde sein Heiligtum erbaut. Das Kultbild, das ihn von diesen beiden Kamelen flankiert zeigt, gelangte auf unzähligen Nachbildungen, besonders auf den berühmten Menas-Ampullen, sogar bis ins Rheinland.

Dieses «antike Lourdes» bestand aus 2 Basiliken, Pilgerherbergen, Palästen der Vornehmen, Unterkünften für 1200 Soldaten, Badeanlagen und Schöpfstellen für das wundertätige Wasser. Allein der Klosterkomplex in der Menasstadt umschloss einen Raum von über 40 000 qm^2. Das Menasheiligtum wurde bis zu seinem Untergang im 8. Jh. mehrfach von islamischen Räubern und Beduinen geplündert. In der Zeit der Hochblüte, kurz vor dem Einbruch des Islam, hatte die Menasverehrung eine solche Bedeutung erreicht, dass Alexandrien in der hagiographischen Literatur den Beinamen «Metropolis des hl. Menas» erhielt.

391 n. Chr.:
Unter Theodosius I. wird das Christentum Staatsreligion. Die Ausübung aller heidnischen Kulte, besonders die Unsitte der Mumifizierung, wird mit einem strikten Verbot belegt. Patriarch Theophilus wiegelt christlichen Mob auf, um das Serapeum, einen bedeutenden heidnischen Tempel in Alexandria, zu zerstören. Dabei werden in den Ruinen des Serapeums zahlreiche Darstellungen der ägyptischen Hieroglyphe «Anch», des Schriftzeichens für «Leben», sichtbar. Zwischen Heiden und Kopten entbrennt ein Streit, weil die Kopten im «Anch» das «Kreuz des Herrn» erkennen wollen. Mit dem Anch-Zeichen versuchen sie nun, die pharaonischen «Götzenbilder» im Serapeum zu vernichten, wie christliche Autoren zu berichten wissen. Seit dieser «Verchristlichung» des Anch-Kreuzes ist es als eines der häufigsten Symbolzeichen auf koptischen Grabsteinen, Öllampen, in der koptischen Buchmalerei und als Schmuckelement wiederzufinden – bis in die heutige Zeit.

BYZANTINISCHE HERRSCHAFT
(395-642 n. Chr.)

395 n. Chr.: Tod von Theodosius I.
Es erfolgt die endgültige Teilung des römischen Reiches in West- und Ostrom: Ägypten gehört nun zu Byzanz unter Arcadius, ältester Sohn von Theodosius I., der den Osten erhält; Honorius erhält den Westen. Konstantinopel beutet Ägypten aus, ohne etwas für das Land zu tun. Pest und Hungersnöte dezimieren die Bevölkerung. Der verständliche Hass der Ägypter auf die byzantinischen Besatzer wächst.

nach 408 n. Chr.:
Der Einbau eines Klosters in einen heidnischen Tempel ist nun möglich, seitdem die Tempel zur öffentlichen Nutzung freigegeben wurden (Cod. Theod. XVI 10,19).

415 n. Chr.:
Die Christen fürchten den Einfluss von Heiden und Juden in Alexandria und bekämpfen beide Gruppen: die Philosophin Hypatia wird ermordet (mit Glasscherben zerfleischt); Synagogen werden in koptische Kirchen umgewandelt.

431 n. Chr.:
Ökumenisches Konzil von Ephesus; Kyrill von Alexandrien setzt die Lehre von der Jungfrau Maria als Theotokos (= «Gottesgebärerin»)

und der einen gottmenschlichen Natur in Christus (= Miaphysitismus) durch; die Irrlehre des Nestorius, die Betonung der menschlichen Natur Christi, wird verworfen. Äbte und Mönche nehmen ebenfalls an solchen Konzilien teil wie z.B. Schenute.

449 n. Chr.:
«Räubersynode» von Ephesus, so genannt, weil Dioskur, der Nachfolger Kyrills von Alexandrien, dieses 2. Konzil von Ephesus ohne Erlaubnis des Kaisers einberuft und mit Gewalt und Knüppeln die miaphysitische Lehre durchsetzt.

451 n. Chr.:
Ökumenisches Konzil von Chalcedon; die miaphysitische Lehre wird zugunsten der Zweinaturenlehre (= Dyophysitismus) abgelehnt. Die von Papst Leo I. formulierte Zweinaturenlehre (Duae naturae, una persona) wird als verbindlich erklärt. Die miaphysitische koptische Kirche spaltet sich jetzt von der byzantinischen Reichskirche ab, neben den Syrern (Jakobiten), Armeniern (Gregorianern) und Äthiopiern.

um 451 n. Chr.:
Tod von Schenute im Alter von 118 Jahren.

451-527 n. Chr.:
Die Versuche der byzantinischen Kaiser, die miaphysitische koptische Kirche wieder in die Reichskirche zurückzuführen, bleiben erfolglos. Zwischen den koptischen und syrischen Miaphysiten werden die Verbindungen enger.
Ägypten geht vom römischen Verwaltungssystem (Verwaltung obliegt bestimmten Städten) zum pharaonischen zurück, das auf einer Einteilung in Nomes (griechisch = «Gau») basiert; das Land fällt zunehmend in die Hände einiger weniger Grundbesitzer, die sogar eigene Armeen aufstellen.

482 n. Chr.:
Kaiser Zenon versucht durch das Henotikon (griechisch = «vereinigend»), ein Edikt in Brieffform, gerichtet an die Christen Alexandriens, Ägyptens, Libyens und der Pentapolis (= «Fünfstadt»: Berenike, Arsinoe, Ptolemais, Kyrene und Apollonia), die Einheit zwischen Dyo- und Miaphysiten wiederherzustellen.

527 n. Chr.:
Justinian wird Kaiser und betreibt vergeblich seine Versöhnungspolitik mit den koptischen Miaphysiten, die unter dem besonderen Schutz seiner Gemahlin, der Kaiserin Theodora, stehen.

536 n. Chr.:
Der miaphysitische Patriarch Theodosius I. wird ins Exil geschickt; die koptische Kirche stürzt in eine schwere Krise.

539 (!) n. Chr.:
Erst jetzt findet die Aufhebung des Isiskultes in Philae statt: so lange also hat sich der Glaube an die altägyptische Götterwelt in Ägypten halten können!

15.6.622 n. Chr.:
«Hedschra» = Flucht Mohammeds von Mekka nach Medina; Beginn der islamischen Zeitrechnung: Das islamische Jahr 1424 beginnt am 5. März 2003.

619-629 n. Chr.:
Besetzung Ägyptens durch die Perser. Mindestens 600 klösterliche Einrichtungen werden durch die sassanidische Armee zerstört.

1.11.630 n. Chr.:
Mohammed kehrt nach Mekka zurück. Er reinigt die Stadt und die Kaaba, das alte arabische Heiligtum, vom Götzendienst. Die neue Lehre siegt in Arabien. Mohammed hat neben 13 Gattinnen und zahlreichen Konkubinen auch eine koptische Sklavin namens Maria, deren Sohn Ibrahim bereits als Kind stirbt.

632 n. Chr.:
Tod Mohammeds in Medina. Der Kalif Omar (634-644) verleiht den Raubzügen der Araberstämme durch die Ausrufung des «Heiligen Krieges» neue Motivation. Gleichzeitig brechen das Sassanidenreich und die Herrschaft der Byzantiner in Palästina zusammen.

ÄGYPTEN EINE PROVINZ DES KALIFENREICHES
(642-935 n. Chr.)

642 n. Chr.:
Eroberung Ägyptens durch die Araber unter Amr Ibn el-As, Feldherr von Kalif Omar, «dem Beherrscher der Gläubigen». Die Kopten wehren sich gegen die Araber nur schwach, da ihnen alles Byzantinische verhasst ist. Der Eroberer Amr Ibn el-As wandelt den nationalen arabischen Staat in ein theokratisches Weltreich um und baut eine Militärverwaltung auf: Der Befehlshaber der arabischen Besatzungstruppen wird zugleich ziviler Statthalter des Kalifen, religiöses Oberhaupt und weltlicher Richter. Das Arabische wird zur offiziellen Amtssprache erklärt; für alle höheren Zivilbeamten ist der Übertritt zum Islam obligatorisch.

689-690 n. Chr.:
Zerstörung koptischer Kultstätten und das Verbot der Anbringung christlicher Symbole an den Außenwänden koptischer Kirchen; seitdem häufiger wiederholt. Es gibt Zusatzsteuern und diffamierende Kleidervorschriften (z.B. das Tragen von gelben Turbanen und bestimmten Stoffen für die Gürtel). Die Kopten sind im öffentlichen Leben zurückgesetzt, als Erben und Zeugen vor Gericht rechtlich gemindert. Sie dürfen keine Waffen tragen und nur auf Eseln reiten.

seit 705 n. Chr.:
Die koptischen Mönche müssen an den islamischen Staat die Kopfsteuer zahlen, von der sie bisher befreit waren. Um die Kontrolle zu erleichtern, werden die Stempel den Mönchen auch in die Hände gebrannt.
Da die Mönche beim Klostereintritt alle private Habe verschenkt hatten und nur vom geringen Verkauf ihrer geflochtenen Körbe und Seile lebten, kamen sie auf die Idee, die Klosterämter an Reiche zu verkaufen, wie eine erhaltene Urkunde des Apa-Mena-Klosters bei Sbeht aus dem 8./9. Jh. belegt: ein Laie, der durch die Bezahlung von 53 Solidi (= Goldmünzen) Klosterabt geworden war, verpflichtet sich hierin, für die Mönche und den Klosterbesitz Sorge zu tragen, Steuern zu zahlen und nicht wegzulaufen. Sollte er dagegen verstoßen, hätte er Strafe zu zahlen. Eine weitere Möglichkeit zusätzlicher Geldeinnahmen bestand darin, in eine Klosteranlage mehrere Miniaturklöster zu bauen, die von den Mönchen zwar gekauft, aber nicht vererbt werden konnten, wodurch sie nach dem Tod jedes Mal an das Mutterkloster zurückfielen und erneut verkauft werden konnten.

706 n. Chr.:
Durch ein Edikt wird das Arabische zur Kanzlei- und Schriftsprache erklärt. Intelligente Kopten eignen sich das Arabische so schnell an, dass man sie als beamtete Schreiber und Dolmetscher nicht entbehren kann.

725-829 n. Chr.:
Die Kopten wehren sich mit sechs Aufständen gegen ihre arabischen Unterdrücker.

750-868 n. Chr.:
Dynastie der Abbasiden.

807 n. Chr.:
Harun al-Raschid verordnet strickartige Gürtel und gesteppte Mützen für die Christen. Sie dürfen nur auf Eseln und Maultieren reiten. So trägt der koptische Geistliche noch heute die den Kopten ehemals zwangsweise auferlegten schwarzen Kleider und den schwarzen Turban.

852 n. Chr.:
Der Genuss von Alkohol wird verboten – bis heute.

868-905 n. Chr.:
Dynastie der Tuluniden.

877 n. Chr.:
El-Mutawakkil gibt den Befehl «in alle Provinzen», die Gräber der Kopten dem Erdboden gleichzumachen, wodurch die Oberbauten, die gemauerten Grabhügel, die Stelen, die Lampenhäuschen und die großen, z.T. ausgemalten Totenhäuser, zerstört werden.

um 900 n. Chr.:
El-Mutawakkil erlässt das Verbot, die Kirchenglocken weithin läuten zu lassen. Um dem Steuerdruck zu entgehen. treten viele Kopten zum Islam über, so dass schon im 9. Jh. die Mehrheit der Ägypter Mohammedaner sind; eine Rückkehr zum koptischen Glauben wird mit dem Tode bestraft.

ÄGYPTEN UNTER SELBSTSTÄNDIGEN HERRSCHERN
(935-1250 n. Chr.)

935-969 n. Chr.:
Herrschaft der Ischididen: der Türke Mohammed el-Ischid, Statthalter von Ägypten, löst sich vom Kalifat los.

969-1171 n. Chr.:
Herrschaft der Fatimiden, die sich auf Fatima, die Tochter Mohammeds und ihres Gatten Ali, zurückführen.

969 n. Chr.:
Gründung von Kairo durch Gohar, Feldherr der Fatimiden.

988 n. Chr.:
Feldherr Gohar gründet die Azhar-Moschee, verbunden mit einer theologischen Hochschule. Sie ist die älteste islamische Universität der Welt und bis heute die bedeutendste.

um 1000 n. Chr.:
Die Kopten werden gewaltsam zur Konversion gezwungen; andernfalls finden Hinrichtungen statt; die Kirchen werden zerstört. Die Kopten müssen ein gelbes Kleid und ein 5 Pfund schweres Kreuz um den Hals tragen. Massenübertritte zum Islam sind die Folge.

18.10.1009 n. Chr.:
Hakim Biamrillah, Kalif von Ägypten, lässt die wiederhergestellte Grabeskapelle in Jerusalem zerstören. Dabei wird der Naturfelsen, der das Grabmonument Christi bildete, gänzlich weggemeißelt. Nur von der Grabstätte selbst, der Felsbank, erhalten sich geringe Reste. Damit ist die Grabanlage des Josef von Arimathäa für immer vernichtet.

1047-1077 n. Chr.:
Der koptische Patriarch Christodulus verlegt den Patriarchensitz von Alexandrien nach Kairo.

1065-1072 n. Chr.:
Herrschaft der «7 mageren Jahre»: tiefer Nilstand, Pest, die Plünderung vom Palast und der weltberühmten Bibliothek von Alexandria, sowie Aufstände der türkischen und berberischen Söldner.

1132-1145 n. Chr.:
Patriarchat von Gabriel Ibn Tourayk, der das Bohairische (= koptischer Dialekt im Nildelta) zur Liturgiesprache bestimmt. Das Koptische hat so die Jahrhunderte im Gottesdienst überdauert.

1171-1250 n. Chr.:
Herrschaft der Aijubiden: Saladin führt in den 22 Jahren seiner Regierung Kairo zu höchstem Glanz. Er baut die Zitadelle und bringt durch Eroberungskriege Syrien vorübergehend wieder zum Reich.

12. Jh. n. Chr.:
Die Kreuzzüge haben zur Folge, dass sich die Beziehungen zwischen den Christen des Orients und Moslems verbessern, weil die Christen im Westen die Christen im Osten als häretisch ansehen. So wollen weder Moslems noch Kopten sich mit den Eindringlingen aus dem Westen abgeben.

1218-1222 n. Chr.:
Fünfter Kreuzzug; die Kopten kämpfen gegen die Kreuzfahrer, die Damiette besetzt halten.

1219 n. Chr.:
Der hl. Franziskus von Assisi (1181/82-1226) zieht als Teilnehmer des fünften Kreuzzuges mit nach Ägypten zum Oberbefehlshaber des muslimischen Heeres, Sultan al-Malek al-Kamil. Franziskus schlägt dem Sultan die Feuerprobe vor, um die Wahrheit des christlichen Glaubens zu beweisen. Der Sultan weigert sich, weil er sonst gesteinigt würde, schlägt aber stattdessen eine Diskussion mit seinen muslimischen Gelehrten über Glaubensfragen vor. Franziskus lehnt ab mit der Begründung, dass der christliche Glaube nicht mit der Vernunft erfassbar sei, und kehrt unverrichteter Dinge ins christliche Heerlager zurück.

1249-1250 n. Chr.:
Ludwig IX. (= der hl. Ludwig) versucht während des siebten Kreuzzuges, Ägypten zu erobern.

13. Jh. n. Chr.:
Viele syrische Christen flüchten nach Ägypten, um den Kreuzfahrern zu entkommen, die wegen ihrer Rohheit und Brutalität gefürchtet sind.

MAMELUCKENHERRSCHAFT
(1250-1517 n. Chr.)

Die Mamelucken sind aus gekauften und militärisch erzogenen türkischen Sklaven (Söldnersklaven) hervorgegangen, um zur Verbesserung der arabischen Armee beizutragen. Sie übernehmen die Regierungskontrolle, indem sie ein Militärregime errichten.

1258 n. Chr.:
Die Mongolen bemächtigen sich Bagdads.

1260 n. Chr.:
Die Mamelucken beschützen Ägypten vor der mongolischen Invasion.

1321 n. Chr.:
Eine Gruppe fanatischer Moslems verbrennt die meisten der noch bestehenden Kirchen und Klöster Ägyptens. Die Kopten rächen sich durch das Anzünden von Moscheen. Massenhinrichtungen und Schikanen aller Art sind die Folge. Die Übertritte zum Islam sind so zahlreich, dass nur noch $^1/_{10}$ der Bevölkerung Kopten sind. Die letzte über Kopten geschriebene Geschichtsdarstellung stammt vom arabischen Historiker Macrizi (1364-1442).

HERRSCHAFT DER OSMANEN
(1517-1798 n. Chr.)

1582 n. Chr.:
Kalenderreform unter Papst Gregor XIII.: der von Julius Caesar 46 v. Chr. eingeführte julianische Kalender wird aufgegeben. (Weil für diese Reform zehn Tage weggelassen werden mussten, starb die hl. Teresa von Avila in der Nacht vom 4. auf den 15. Oktober.)
Da die Kopten den Gregorianischen Kalender nur für das weltliche Jahr übernommen haben, fallen ihre kirchlichen Festtage nicht mit den unseren zusammen. Das koptische Kirchenjahr beginnt am 1. Tut (Thoth); d.h. am 29. August (jul.) oder am 11. September (gregor.).

FRANZÖSISCHE HERRSCHAFT
(1798-1801 n. Chr.)

1798-1801 n. Chr.:
Napoleons Ägypten-Feldzug, um englischen Interessen entgegenzuwirken.

MOHAMMED ALI UND SEINE NACHFOLGER
(1803-1952 n. Chr.)

1803 n. Chr.:
Nach dem Abzug der Franzosen erlangt Mohammed Ali die Macht in Ägypten.
Mohammed Ali (1769-1849), Tabakhändler albanischer Abstammung, wird an Stelle des türkischen Statthalters in Ägypten zum Pascha ausgerufen. Er ist ein großer Reformator und holt europäische Lehrmeister ins Land. Er reformiert das Militär, führt die Baumwolle ein und beginnt mit der Industrialisierung des Landes.

1854-1861 n. Chr.:
Pontifikat von Kyrill IV., der die koptische Kirche erneuert.

1855 n. Chr.:
Die «Giziyah» (= persönliche Steuer) wird abgeschafft. Die Kopten erhalten volle Staatsbürgerschaft.

seit 1860 n. Chr.:
Es erfolgt eine neue Missionierung in Ägypten durch die römisch-katholische und die evangelische Kirche.

seit 1895 n. Chr.:
Ein kleiner Teil der Kopten uniert sich unter einem eigenen Patriarchen mit der römisch-katholischen Kirche.

1935-1941 n. Chr.:
Koptische Sonntagsschulzentren werden gegründet. (Die vier wichtigsten sind: St. Antonius-Kirche, Gizeh, Gizireth-Badran, Erzengel-Michael Kirche). Dieser Typus der Sonntagsschule war bereits im 19. Jh. durch amerikanisch-evangelische Missionare nach Ägypten gebracht worden.

14.5.1948 n. Chr.:
Proklamation des Staates Israel. Im Palästina-Feldzug gegen den neuen Staat Israel kämpfen Kopten und Muslime Seite an Seite. (Die Kopten sind erst seit dem 19. Jh. zum Militärdienst zugelassen). Dabei erkämpft sich der heutige Papst Schenuda III. eine Tapferkeitsmedaille.

Juli 1952:
Sturz von König Faruk I. (1920-1965) durch das «Komitee der freien Kräfte», zu dem auch Nasser und Sadat gehören.

ÄGYPTEN ALS REPUBLIK

18.6.1953:
Proklamation der Republik unter General Nagib, den der Revolutions-Rat absetzt.

1954:
Oberst Gamal Abd el Nasser (1919-1970) übernimmt die Macht (und wird 1956 Präsident). Er führt Reformen zur Überwindung des Massenelends durch (= «arabischer Sozialismus») und betreibt panarabische Politik gegen Israel, u.a. mit Syrien und Saudi-Arabien. In diesem Jahr werden auch das Koptische Institut und die Theologische Fakultät in Kairo gegründet. Ziel ist der Umgang und die Pflege des Koptischen, das Sammeln von Literatur zur Dogmatik, Kirchengeschichte und koptischen Kultur. Die Theologische Fakultät dient als Lehranstalt für Priester zum Lesenlernen koptischer Texte für den Gottesdienstgebrauch.

seit 1957:
Nasser fördert mit Staatsgeldern den Bau der Markus-Kathedrale in Kairo. Sie ist die größte Kirche des Nahen Ostens (ca. 13.000 Plätze).

1958-1961: Vereinigte Arabische Republik (= VAR)
Sie besteht mit Syrien (bis 1961). Nasser verkündigt die Ideologie des arabischen Nationalismus, wobei die Einheit von Sprache, Kultur und Religion im Islam betont wird.

1959-1971:
Das Pontifikat von Kyrill VI., der nach seinem Tod als Heiliger verehrt wird, belebt die koptische Kirche und ihre Klöster.

5.-10.6.1967:
«6 Tage» – Krieg gegen Israel. Israel erobert die Altstadt von Jerusalem zurück. Papst Schenuda III. verbietet auch heute noch den Kopten unter Androhung der Exkommunikation die traditionelle Pilgerfahrt nach Jerusalem, solange Israel die Heilige Stadt besetzt hält.

1968:
Im Frühjahr: Marienerscheinungen über der Kuppel der Marienkirche von Zeitun in Kairo, die von Tausenden Christen, Moslems und Touristen gesehen und bestätigt werden.
Im selben Jahr lässt Papst Paul VI. von seinem Legaten Erzbischof Duval die Reliquien des Koptenapostels und Evangelisten Markus von Venedig nach Kairo in die St. Markus-Kathedrale überführen.

1969:
Papst Kyrillos VI. ruft zur Wiederbelebung des Makarios-Klosters auf. Zu Hunderten treten junge koptische Ärzte, Juristen, Agronome und Ingenieure unter Führung des geistlichen Vaters Matta el-Maskin ein. Dieses Phänomen der «eremitischen Renaissance» erregt weltweit Aufsehen, weshalb die New York Times Matta el-Maskin eine Titelgeschichte widmet – neben Mutter Teresa, Johannes XXIII., Frère Roger aus Taizé und Martin Luther King.

28.9.1970:
Tod Nassers; Mohammed Anwar As-Sadat wird sein Nachfolger.

1971: Umbenennung der VAR (= Vereinigte Arabische Republik) in «Arabische Republik Ägypten»
Neue Verfassung. Sadat toleriert die Islamisierungswelle. Die ägyptische Verfassung wird so verändert, dass die Scharia (= das islamische Sakralrecht) die Grundlage der Gesetzgebung im Land bildet.

Seit 14. November 1971:
Schenuda III. wird zum Papst gewählt und 117. Nachfolger des hl. Markus mit der Titulatur: «Seine Heiligkeit Anba Schenuda III., Papst von Alexandrien und Patriarch des Hl. Stuhles des hl. Markus in ganz Afrika und dem Orient». 1947 schloss er sein Studium der englischen Literatur und der Geschichte an der Universität Kairo ab. 1948 kämpfte er als Offizier im Krieg gegen Israel und erwarb sich eine Tapferkeitsmedaille. Er war als Englischlehrer und als Chefredakteur tätig, bis er 1954 Mönch wurde. Danach war er als Bischof u.a. für Unterrichtsangelegenheiten zuständig. Mehrere Tage pro Woche verbringt der Papst als Einsiedler in der Wüste im Kloster Anba Bishoi. Jeden Mittwoch hält er einen Vortrag in der St.

Markus-Kathedrale von Kairo. Es sind jedes Mal ca. 8000 Gläubige anwesend. Er beantwortet Fragen, die ihm die Gläubigen anonym auf Zettel geschrieben haben.

1972:
«Ramadan-Krieg»; der Fundamentalismus nimmt zu. Vor jeder Kirche in Kairo werden Polizisten stationiert. Muslime legen den Koran sichtbar auf das Armaturenbrett ihrer Wagen. Die Kopten haben Aufkleber mit dem Bild des Papstes Schenuda an den Stoßstangen, die Muslime hingegen Aufkleber, die verkünden: «Es gibt keinen Gott außer Gott!»

10.5.1973: «Declaration of Common Faith»
Gemeinsame Erklärung von Papst Paul VI. und Schenuda III.: Konsens in der Christologie (dadurch Beendigung des Schismas von Chalcedon 451). Auf dem Weg zur Einheit müssen noch weitere Gespräche folgen; ein gemeinsamer Empfang der Sakramente ist zurzeit noch nicht möglich.

Juni 1981:
Fanatische Moslems töten viele Kopten in Ez Zawya El Hamra in Kairo und brennen in verschiedenen Orten fünf Kirchen nieder. Rund 15 000 Moslems und Christen werden verhaftet. Als Papst Schenuda III. gegen die bevorstehende Anwendung der Scharia-Gesetze auf die Kopten und gegen die rücksichtsvollen Regierungsmethoden den Mördern gegenüber protestiert, verbannt ihn Sadat im September mit acht koptischen Bischöfen nach Natrun in das Wüstenkloster Anba Bishoi, wo er vier Jahre bleiben muss. Ihn vertreten fünf Bischöfe unter Bischof Samuel.

6.10.1981:
Während einer Militärparade Ermordung von Präsident Sadat und Bischof Samuel, der ebenfalls auf der Tribune saß. Der bisherige Vizepräsident Mohammed Hosni Mubarak wird neuer Präsident Ägyptens.

Januar 1985:
Nach einer Welle der Entrüstung in der christlichen Welt und einer Intervention durch den Vatikan wird Schenuda III. von Mubarak wieder freigelassen und in seine Ämter eingesetzt.

März 1986:
Tausende von Menschen sehen in einem Armenviertel von Kairo über dem Dach der Kirche St. Damiana eine weiß gekleidete Frau-

enerscheinung. Wunderberichte liegen vor. Schenuda III. ordnet die Untersuchung dieser Marienerscheinung an.

1987:
Präsident Mubarak wird wiedergewählt. Unter Mubarak hat die «Gamaat Islamia» (= Islamische Radikale) den Krieg gegen die Ungläubigen ausgerufen. Sie treibt die laut Gesetz verbotene Sondersteuer für die Christen wieder ein und verfolgt diese mit Repressalien, wenn sie sich weigern, die Steuer zu zahlen. Der islamische Schleier wird von den Frauen wieder verstärkt getragen, junge Männer tragen Bärte; überall werden Moscheen und Gebetsplätze errichtet. Das Kirchenleben wird zum Teil kontrolliert. So sind die Geistlichen verpflichtet, das Innenministerium über ihre Arbeit zu informieren; Kontakte zu ausländischen Kirchen oder religiösen Organisationen bedürfen der Genehmigung. Christen dürfen keine eigene Partei gründen und sind nur mit 5 «Alibi-Kopten» unter 454 Abgeordneten des Parlaments vertreten. Ägypten hat zwar die allgemeine Erklärung der Menschenrechts-Charta der UNO (Artikel 18 Religionsfreiheit) unterzeichnet, welche «die Freiheit, seine Religion zu ändern», garantiert. Dennoch werden Muslime, die zum christlichen Glauben konvertieren, streng bestraft.

1988/1990:
versucht eine Kommission aus griechisch-, russisch- und orientalisch-orthodoxen Christen das Schisma von Chalcedon zu überwinden. Man einigt sich dabei auf eine gemeinsame Formulierung; die kirchliche Gemeinschaft der orthodoxen Christen wird wiederhergestellt.

17.11.1990:
Papst Schenuda III. erhält die Ehrenpromotion der katholisch-theologischen Fakultät an der Universität Bonn für sein Bemühen um Verständigung zwischen den Religionen und Kulturen in Ägypten.

November 1991:
Papst Schenuda III. erhält den Friedenspreis der Vereinten Nationen.

seit 1995:
Ausschreitungen und Übergriffe junger fanatischer Moslems gegenüber Kopten, deren Häusern und Kirchen. Diese Vorfälle werden auch von der internationalen Presse aufgegriffen.

1997:
Die arabischen Sprachbücher in den Schulen werden mit Koranversen gefüllt, die auch für die koptischen Kinder verbindlich sind. Sie müssen sie dem Koran entsprechend lernen und jedes Mal, wenn Mohammeds Namen erwähnt wird, sagen oder schreiben: «Allah segne und grüße ihn!»

Anfang 2000:
Die Presse berichtet erneut von Ausschreitungen in El Kuscheh/Sohag mit Toten und Verletzten, über 70 Geschäfte und Häuser werden niedergebrannt. Von den 30 000 Einwohnern in Sohag sind $^3/_4$ Kopten. Es gibt hier 5 Kirchen und 5 Moscheen.

Februar 2000:
Papst Johannes Paul II. reist nach Ägypten. Am 22.2. trifft er mit Schenuda III., dem «Papst von Alexandrien und Patriarch von St. Markus in Kairo», und mit Scheich Muhammad Saijid Tantawi, dem Oberhaupt der Azhar-Universität, zusammen. Im Kairener Sportstadion feiert der Papst am 23.2. eine Messe vor 20 000 Menschen, Christen und Moslems.

1.6.2000:
Die Ankunft der hl. Familie in Ägypten jährt sich zum 2000sten Mal und wird von den Kopten weltweit gefeiert.

November 2000:
Papst Schenuda III. erhält den Friedenspreis der Vereinten Nationen.

3. August 2003:
Papst Schenuda III. begeht seinen 80. Geburtstag, von internationalen Gratulationen überhäuft.

LITERATUR

M. Krause: «Christenverfolgungen in Ägypten», S. 60f und «Mönchtum in Ägypten», S. 77ff, in: Katalog: Koptische Kunst. Christentum am Nil, Essen 1963.

M. Krause: «Heidentum, Gnosis und Manichäismus, ägyptische Survivals in Ägypten», S. 81ff und «Das Mönchtum in Ägypten», S. 149ff in: Ägypten in spätantik-christlicher Zeit (Sprachen und Kulturen des christlichen Orients; 4), Wiesbaden 1998.

G. Gabra: Kairo. Das Koptische Museum und die frühen Kirchen, Kairo 1996, S. 11ff.

A. Effenberger: Anmerkungen zur Kunst, in: Ägypten, Schätze aus dem Wüstensand: Kunst und Kultur der Christen am Nil. Katalog zur Ausstellung, Wiesbaden 1996, S. 36: zur Adaption des Anchkreuzes durch die Kopten.

F. N. Ibrahim: Kurier der christlichen Mitte. Sonderdruck: Christenverfolgung in den islamischen Ländern, S. 6f: Ägypten.

M. Nil: L'apparition miraculeuse de la Sainte Vierge à Zeitoun, in: Le Monde Copte, Nr. 9, 1980, S. 43-54; Nr. 11, 1985, S. 35-36.

A. und B. Sadek: Les Coptes Victimes d'actions terroristes en Egypte, in: Le Monde Copte. Revue encyclopédique de culture égyptienne, Limoges, Nr. 27-28, 1997, S. 333: zu den Angaben von September 1995-März 1997.

Anmerkung:

Diese Chronologie der koptischen Kirche ist seit einigen Jahren immer wieder erweitert und ergänzt worden, ohne Hinblick auf eine Publikation. Um den tabellarischen Gesamteindruck nicht zu stören, wurde auf die Angabe von Fußnoten verzichtet. Neuere politische Ereignisse wurden den Medien und der Presse entnommen. Sollten sich dennoch wortgetreue Zitate finden oder sollte gar ein Autor übergangen worden sein, so bitte ich um Nachsicht.

Lucia Langener